臺灣歷史與文化 研究輯刊

二六編

第 1 冊

清代新莊街的興起與溪尾庄古契之研究

唐 羽 著

花木蘭文化事業有限公司

國家圖書館出版品預行編目資料

清代新莊街的興起與溪尾庄古契之研究／唐羽 著 -- 初版 --
新北市：花木蘭文化事業有限公司，2024〔民 113〕
目 2+250 面；19×26 公分
（臺灣歷史與文化研究輯刊 二六編；第 1 冊）
ISBN 978-626-344-893-3（精裝）
1.CST：史料 2.CST：臺灣開發史 3.CST：新北市
733.08 113009624

ISBN-978-626-344-893-3

9 786263 448933

臺灣歷史與文化研究輯刊
二六編 第 一 冊
ISBN：978-626-344-893-3

清代新莊街的興起與溪尾庄古契之研究

作 者 唐羽
總 編 輯 杜潔祥
副總編輯 楊嘉樂
編輯主任 許郁翎
編 輯 潘玟靜、蔡正宣 美術編輯 陳逸婷
出 版 花木蘭文化事業有限公司
發 行 人 高小娟
聯絡地址 235 新北市中和區中安街七二號十三樓
電話：02-2923-1455／傳真：02-2923-1452
網 址 http://www.huamulan.tw 信箱 service@huamulans.com
印 刷 普羅文化出版廣告事業
初 版 2024 年 9 月
定 價 二六編 6 冊（精裝）新台幣 18,000 元

清代新莊街的興起與溪尾庄古契之研究

唐羽　著

作者簡介

唐羽，本名蔡明通，字縱橫，宜蘭人，一九三三年生於金瓜石，自幼兼習漢學，成長後入讀文化學院史學系，通過新聞與領事行政人員高等檢定考試，以兼教日文與專從方志、譜牒、礦業史與移墾之研究。著有臺灣採金七百年、臺灣礦業會志、臺陽公司八十年志、雙溪鄉志、貢寮鄉志，以及宜蘭福成楊氏、蓮溪葉氏、彭格陳氏、淡北吳氏、基隆顏氏等譜牒；再則，從明初國際關係探討明太祖之用兵雲南、明帝國置省雲南與黔國沐氏經營滇地之研究、基隆顏家發展史等論述，今居臺北市為臺灣瀛社詩學會顧問。

提　　要

　　本篇論文係以臺灣北部最大河流淡水河系，三大幹流之南支大漢溪所經埠頭：古名蘆竹湳之新莊的開發為經，次以該溪下流與中支主流的新店溪滙流，成為淡水河系，刷過擺接堡的興直埔之溪尾庄邊緣，注入關渡成為洋洋大觀的巨大河流所經流域，在清代之開發到今日的變化為緯，成一地區性與綜合性之論述。

　　斯以論述共有四段，第一段依據關心鄉土之士所主張，古名蘆竹湳之新莊在清康熙中葉已有慈佑宮之草創以祀媽祖云，意在說明此一地區之開發，可能早於郁永河來探殊方以前。

　　第二段與第三段，則筆者於民國七十五年代，由於先後纂修三個溪尾庄當境的姓氏譜牒，在纂述過程中，詳看過各該族人所提供資料，俱含有數十件與當境之土地開發，俱密切關係之古契，因持此批兼具系統的文契，逐件編年月日，並行作註；有族系資料可稽者，並附系統表，先後發表於《臺北文獻》之民間文獻，以及注釋。

　　第四段為上述地區最大姓氏：蓮溪葉氏之渡臺與祭祀組織之探討。由此，可云：「研究價值」十分創新。此間，尤為難得者，第三段之中，有一編號第十九之〈溪尾庄通庄古契（一）〉者，其契之文字，經此間一位行家之精心探討，認為此契應屬道光十六年（一八三六），淡水廳同知婁雲目睹淡水地方，閩、粵聯莊，民番雜處，無如鄉民失教，行同化外，遂為久安之道，因與民人立〈莊規禁約〉，頒給「莊規四則」、「禁約八條」，示昭法守之文字，奈何，該一年代之原文，今已無法看到。

　　因為此一第十九號之古契，雖是立於光緒七年（一八八一），內容卻仍遵照道光十六年之條規。可窺：當年之社會風氣，為十分難得云。

目

次

清乾隆間新莊街之興起與興直埔之開發

一、興直埔之位置

今日所見的臺北盆地，由於平原中部有淡水河系之大幹流淡水河本支，匯合西南向之大漢溪與南面之新店溪，以月牙形環繞臺北縣之三重市與蘆洲鄉，流至五股鄉獅子頭，合流基隆河之水於淡水鎮與八里鄉之間入海。由此，盆地之中心，河流就順地形成為劃分臺北市與臺北縣之界線，東岸隸臺北市，西岸歸於臺北縣之三重等市鎮，形勢自然。其距今約百餘年之前，東岸之大稻埕已為著名之商埠，其南又有艋舺等繁榮之街衢，興盛至今。但本流之西岸直至四十年之前，猶停滯於農耕地帶，稻田、蔗園、花圃，田田相連，遊人但佇立臺北橋頭，放眼眺望，由北面之觀音山下直抵日落處之新莊平頂山下，青蔥蔚然，一片鄉村景色，此則舊淡水廳與興直堡之精華區興直埔所在，其範圍綜合〈契字〉之記述，大抵北自八里坌山或干荳山，南抵大漢溪或海山山尾，西至平頂山下或龜崙山下，東至港或大浪泵港之四至為其境內〔註1〕。並不包括八里坌或林口臺地在內。論開墾之中心，相傳由新莊而起，而區域性之發展，若由始設政治機構之巡檢署於新莊而言亦當之無愧。準此，通觀臺北盆地之開發，歷史脈絡，新莊當較艋舺之興起為早，居重要地位，值得吾人為作興盛過程之探討。

然則，關於興直堡之與新莊，先是陳培桂《淡水廳志》卷二〈建置志〉街里：城北兼東興直堡一十九莊條云：

〔註1〕按興直堡之四至，《淡水廳志》並未有確切之紀述。此處之界址係據雍正五年彰化縣發與楊道弘之〈墾單〉並實際之地理位置而界定。

興直堡一十九莊，西臨海：龜崙頂莊道里從略、塔寮坑莊、陂角店莊、
新莊街、中港厝莊、中塱莊、頭重莊、和尚洲莊、武勝灣莊、三重
埔莊、洲仔尾莊、關渡莊、八里坌街、大坪頂莊、大小南灣莊、山
腳莊、大牛稠莊、島嶼寮莊、長道坑莊。

此中，從略之道里「新莊街」係距淡水廳城「百十里」，「八里坌街」又「距城
百二十五里」，係在本堡之極北；其後，又別為「八里坌堡」〔註2〕。新莊街乃
成為本堡唯一之「街」，其在「堡」之角色，更見分量較重。

其次，此一舊志家記述之興直堡概略。迭經行政區域之調整：光緒間，
臺灣建省，置「臺北府」。光緒二十一年（1895），日人入據，行政區數改。
次大正九年（1920），施行州廳三級制，臺北置州，州下置郡，郡下置街、
庄。舊臺北府轄境中，除新竹外，劃歸臺北州。州下復分九郡，興直堡之舊
壤置郡於「新莊」：名「新莊郡」，郡設「郡役所」，治設新莊街，下轄新莊
一街與蘆洲、五股、林口三庄，各設庄役場。如此，興直堡之地，除八里坌
街以地緣相對，越淡水河口而隸七星郡外，實際之新莊地區，大致維持舊興
直堡在臺北盆地以內部分。質言之，亦則古代凱達格蘭族武勝灣社土地之全
部，見於〈古契〉上面，名曰「興直埔」〔註3〕。仍隔一水與臺北為界。

新莊在古代，既為原住民凱達格蘭族舊狩獵地之一，開發年代為時較晚，
籠統之說，或可上溯康熙末年。蓋修於當時之《諸羅縣志》外紀猶云：「干豆
門從淡水港東入，潮流分為兩支；東北由麻少翁」；「西南由武勝灣至擺接，各
數十里而止，包絡原野，山環水聚，洋洋乎巨觀也〔註4〕。」其次又云：「擺接
附近，內山野番出沒」；「海山舊為人所不到，地平曠；近始有漢人耕作，而內
港之路通矣。〔註5〕」此種「野蕃」出沒之地，若無官方武力之保護，以墾戶
之力，自然，力難於入墾。

但其間之土地，確為膏腴之區。如康熙三十六年（1697），仁和人郁永和來
淡水採硫時，所著《裨海紀遊》已云：「武勝灣、大浪泵等處，地廣土沃，可
容萬夫之耕〔註6〕。」據此已見其人來採硫時，武勝灣尚未有漢人移墾之踪跡。

〔註2〕 見《臺灣省通志》，卷一，〈土地志・疆域篇〉，頁 177。
〔註3〕 按興直堡之四至，《淡水廳志》並未有確切之紀述。此處之界址係據雍正五年
彰化縣發與楊道弘之〈墾單〉並實際之地理位置而界定。
〔註4〕 周鍾瑄《諸羅縣志》，卷十二，〈雜記志〉，頁 287，見臺灣銀行經濟研究室出
版《臺灣文獻叢刊》第一七二種（以下略稱《文叢》）。
〔註5〕 周鍾瑄《諸羅縣志》，卷十二，〈雜記志〉，頁 287。
〔註6〕 郁永河《裨海紀遊》，頁 15，見《臺灣叢書》第一種，方豪合核足本。

日治時期的臺北鐵橋

（吳智慶翻攝）

由艋舺大溪口（大漢溪與新店溪合流處）望過去，對岸正是新莊平原。

（吳智慶攝）

日治時期攝得的淡水河

新莊郡役所

〈諸羅縣山川圖〉

引自《北臺古輿圖集》

二、滄海桑田三百紀

　　然則，有如此「地廣」與「土沃」之區，時之漳、泉墾民為何猶未移墾至此。此一基本之原因，除臺灣之開發係由南向北，為其順序。另一原因，則為康熙間之臺灣，雖依鄭氏之舊壤，設置「一府三縣」，施行消極之治外，最北之諸羅縣，如同前《縣志》卷七〈兵防志〉總論云：

> 自斗六門至雞籠山後八百餘里，溪澗峽谷，既險且遠。當設縣之始，
> 縣治草萊，文武各官僑居佳里興；流移開墾之眾，極遠不過斗六門。
> 北路防汛至半線牛罵而止，皆在縣治二百里之內……虎尾、大肚，
> 人已視為畏途；過此，則鮮有知其地理之險易者，……雖入職方，
> 無異化外〔註7〕。

〔註7〕周鍾瑄《諸羅縣志》，卷十二，〈雜記志〉，頁110。

當官者，有軍隊保護，猶以「視為畏途」，「無異化外」，地處府城就近，望北
遙領；百姓、佃戶又其奈何。

　　雖然，康熙四十八年（1709），有泉人陳賴章，以「上淡水大佳臘地方有
荒埔一所」；「南至興直腳內，北至大浪泵溝，四至並無妨礙民番地界」為由，
提出申請。官方也許其「墾單」，准予開墾〔註8〕。但境內之其他大批荒埔
地，「延袤二千餘里」，固知「田地肥美，畜牧蕃庶」〔註9〕。但開墾之利弊
正如稔悉臺灣事務之陳璸，於許可陳賴章「墾單」之次年（1710），〈條陳經
理海疆北路事宜〉中云：

> 北路諸羅山一帶，當郡右臂，……但有土番三十六社，錯居不諳稼穡，
> 專以捕鹿為生。餉口、輸課咸藉於斯，艱難堪憫，汎防且多疏闊；恐
> 有奸宄竊伏、煽惑番愚為腹心隱憂，是不可不亟謀經理之也〔註10〕。

堂堂說明利害關係，且似兼顧「原住民」之生計後，次於〈條陳〉五條中之
第三條；亟主「禁冒墾以保番產」。理由是「各番社，……每年既有額餉輸
將，則該社尺土皆屬番產，或藝雜籽，或資牧放，或留鹿場，應任其自為管
業」。主張「應將請墾番地，亦行禁止」〔註11〕。

　　郁永河看到之武勝灣，自亦此種鹿場或牧放地之類，緣在清人此一「保
護原住民政策」下，再度延緩漢人之足跡。

　　然而歷史之巨輪，在人類不斷之推動下，往前推進，由郁永河所見之「武
勝灣」，次而「興直埔」，次而「興直堡」，又次「新莊郡」。此一「可容萬夫」
之區，時至今日，上面已有新莊、三重兩市與五股、泰山、蘆洲三鄉，總計
人口凡九十五萬六千三百四十三人〔註12〕在此生息，成為臺北縣最精華之
區。四十餘年前之稻田，已為建築物掩沒，新莊街初發展時，「萬商雲集」、
「千帆林立」之風貌，已成陳跡。但瞭解過去先人「篳路藍縷，以啟山林」
之史實，更為提升居住此間之後人，加強對本土歷史與文化之認識，有裨環
境之愛護，且足為未來更開發之殷鑑。尤以郁永河記述之康熙三十六年，易
西紀為一六九七年。當時，毛少翁社一帶，嘗因三十三年間之地震，造成地
陷，形成「康熙臺北湖」。其景觀今由康熙五十五年（1716），繪製之〈諸羅

〔註8〕　《清代臺灣大租調查書》，頁2，〈墾照（三）〉見《文叢》一五二種。
〔註9〕　陳璸《陳清端公文選》，頁15，見《文叢》一一六種。
〔註10〕　陳璸《陳清端公文選》，頁15。
〔註11〕　陳璸《陳清端公文選》，頁16。
〔註12〕　見《中華民國八十三年臺北縣統計要覽》，頁48～49，84年10月出版。

縣山川圖〉北部圖，猶可看出。陷湖大致在偏臺北盆地東北，大琅泵社與麻少翁社之間。武勝灣社與大琅泵社、擺接社、秀朗社，猶見竹籬茅舍點綴其間。此則「地廣土沃」之抽象表現〔註13〕。

今歲為西紀一九九六年，因自郁永河所目睹之年計起，適為三百週年。此三百年間，滄海桑田，世事多變，本文之探討範圍，由開發至於乾隆一代，藉以探討初期新莊街之開發與興直埔之始墾。亦用誌郁永河前來盆地三百年之紀念。至乾隆以後之消長容恕留於後續。

三、康熙間之化外地帶

興直堡地區之進入具體的開發，直降及雍正以後。此一開發之轉機，若據史料之說，應與康熙六十年（1721），藍廷珍平定朱一貴之起義，頗有關連。蓋是年四月，明鄭遺民朱一貴於羅漢門揭舉義旗，以「反清」為號召。五月，清人檄令南澳總兵藍廷珍，總統征臺水陸大軍。六月一日，舟發廈門。十六日，攻下鹿耳門。至是年秋冬，悉平「反清」論功行賞。但是次之出兵臺灣，廷珍族侄藍鼎元，亦以參贊軍務身分，偕與同來。

藍鼎元在平亂之間，由來自各地之軍情、民情以及足跡所經，目睹臺灣南北路之實際情形後，瞭解臺灣之弊端在於始自施琅平臺之後不久，即施行之「封山禁海」消極政策。其內容：一為大陸沿海墾民，凡欲渡臺灣者，受嚴厲之管制，不得潛渡；二為嚴厲限制閩人之渡臺；三則粵人之渡臺，完全禁止。其次，渡臺者亦不准攜眷〔註14〕。此種措施，僅為防制臺灣再度成為「盜藪」或反對清政府之基地而已，誠為不智之措施。由是，藍鼎元在批評諸將「功成若斯之速也」後，將其所看到的臺灣，於其所著《平臺紀略》中之論禍亂之源，治平之道時，亟加評論云：

> 今日之酬勳，他年之龜鑑，……臺灣海外天險，較內地更不可緩。
> 而此日之臺灣，較十年、二十年以前，又更不可緩。前此臺灣，止
> 府治百餘里，鳳山、諸羅皆毒惡瘴地，令其邑者尚不敢至；今則南
> 盡郎嬌，北窮淡水，雞籠以上千五百里，人民趨若鶩。前此大山之
> 麓，人莫敢近，以為野番嗜殺；今則群入深山，雜耕番地，雖殺不

〔註13〕康熙五十五年〈諸羅縣山川總圖〉，見《北臺古輿圖集》，臺北市文獻委員會出版，民國54年。

〔註14〕參見莊金德撰〈清初嚴禁沿海人民偷渡來臺始末〉，頁2，《臺灣文獻》，十五卷第三期，臺灣省文獻委員會，民國53年。

畏，甚至傀儡內山、臺灣山後，⋯⋯亦有漢人敢至其地與之貿易。

生聚日繁，漸廓漸遠，雖屬禁不能使止也〔註15〕。

漢人之移墾與覓地開發既此。藍鼎元就力主「南北二路，地多閒曠，應飭有司勸民，盡力開墾，勿聽荒蕪〔註16〕。」一再強調臺灣地位的重要，以達到積極開發之目的。

藍鼎元此一呼籲，迅速獲得回應。雍正元年（1723）八月八日，兵部議覆，巡視臺灣御史吳達禮奏言，認為「諸羅縣北半線地方，民番雜處，請分設知縣一員，典史一員。其淡水係海岸要口，形勢遼闊；並增設捕盜同知一員」均應如所請〔註17〕。至是乃析諸羅縣以北抵大甲溪，設立「彰化縣」。又割大甲溪以北，設「淡水廳」，稽查北路兼督彰化捕務，是為臺灣成為「一府四縣一廳」之始。次及五年（1727），又增「澎湖」為廳。祇是此一管轄北路之「淡水捕盜同知」，官方仍認為「以北路初闢，水土苦惡，仍附彰化縣」，成為遙領方式而已〔註18〕。

清人治臺行政建置之漸及淡北，其具體意義亦即說明北部之移墾已達到緊鑼密鼓之階段。此蓋現存之史料，有一紙說明墾民進入興直地區之〈墾單〉，亦則雍正五年（1727），由彰化縣發與「貢生楊道弘」之「恩准給墾單」。〈懇單〉上批明地界云：

> 弘查興直埔有荒地一所，東至港，西至八里坌山腳，南至海山尾，
>
> 北至干荳山，堪以開墾。此地原來荒蕪，既與番民無礙，又無請墾
>
> 在先。茲願挈借資本，備辦農具，募佃開墾〔註19〕。

文字中之言「興直埔有荒地」，以及批明「又無請墾在先」，更足佐證康熙四十八年（1709），陳賴章之入墾「大佳臘」，當不及此間外，楊道弘甚至亦可視之為最初進入新莊一帶之墾戶。但由於文字上又批有「據此，飭行鄉保、通事查明取結」之語，「輔大」尹章義之研究，認為其批法與從前之「著該社社商、通事、土官查勘」等語，大不相同，時之「臺北人口漸眾，漢人社

〔註15〕藍鼎元著《平臺紀略》，頁30，見《文叢》十四種。
〔註16〕藍鼎元著《平臺紀略》，頁69。
〔註17〕據《大清世宗憲皇帝實錄》，卷十，八月初八日（乙卯）條，臺北：華文書局出版。
〔註18〕《臺灣省通志・卷首・大事紀》，頁48，「雍正元年」條，頁50，同五年條。
〔註19〕《清代臺灣大租調查書》，《大租調查書》，頁5，〈墾照（七）〉。

會已形成，鄉治制度已然確立。」云〔註20〕。另外，復藉精闢之分析，認為楊道弘所率佃戶，開墾之位置與地區，著有《新莊發展史》〔註21〕。對於新莊早期之開發，有啟發性之發現。

四、楊道弘之始啟山林

但楊道弘之獲〈墾單〉，雖在雍正五年（1727），實際之著手開墾，卻遲至三年後之雍正八年（1730），其原因係官方雖已「恩准」，惟土地之取得並未同時達成。此蓋如前引《裨海紀遊》所云：「武勝灣……地廣土沃，可容萬夫之耕。」以及當時之臺北盆地，嘗於康熙三十三年（1694）四月之一次地震，盆地之北陲，「陷於巨浸」，使盆地自關渡門以內，有毛少翁等三社，淪入水底。如此，盆地自大浪泵之北，形成一片大湖〔註22〕。此一大湖連帶匯來山水之二大水流；後名「內港北溪」與「內港南溪」者，形若「渺無涯涘」之內灣大湖，淡鹽之水各半，毛少翁、大浪泵、奇武卒、武勝灣各社，沿湖立社，並偕其他盆地邊陲諸社，共二十三俱統於淡水總社，置有土官、正副頭目統領之〔註23〕。興直埔在西陲之興直山下，至於南陲之海山尾，係屬「武勝灣社」之狩獵地，依制亦有「土官」之置。楊道弘雖獲官方之〈墾單〉許其入墾，仍需再獲原住民武勝灣社土官與頭目等人的同意，談妥條件訂立〈合約字〉。

由此，其間當為談妥開墾之條件，以及招徠佃戶諸問題，直至雍正八年（1730）九月，楊道弘與武勝灣社土官，君孝、歐灣等人之間，成立〈招佃贌與合約字〉，由〈約字〉上之批明，知其範圍與條件云：

> 同立合約人武勝灣社土官君孝、歐灣及業戶楊道弘，甲頭七哥、阿八、買那、勝允、卓論、白番武使、斗僅、賣陣、大里興等。茲因本社課餉無徵，孝等同眾番妥議，除本社耕種外，尚有餘剩荒埔一所，坐落土名興直，東至港，西至八里坌山腳，南至海山山尾，北至干荳山，東西四至定碑為界。眾等俱各甘願將此荒埔贌與墾戶楊道弘

〔註20〕尹章義撰述《新莊志》，頁61，民國70年，新莊市公所出版。

〔註21〕尹章義撰述《新莊開發史》，民國69年，新莊市公所出版。

〔註22〕郁永河《裨海紀遊》，頁15，見《臺灣叢書》第一種方豪合核足本。並參見《臺北縣志》，卷三，林朝棨編纂〈地理志〉，頁37，〈歷史時代臺北盆地中之滄桑變化〉。

〔註23〕《紀遊》，頁15。

　　前去招佃開墾。除陞科報課外，三面議定每年願貼本社餉銀五十兩。

　　此雍正九年起，約定八月交完餉銀，其後，逐年循例，不敢拖延短

　　欠……〔註24〕。

此一賣與之荒埔，就毋疑包括：西至今之新莊市平地部分，五股鄉之南伸部分，蘆洲鄉與三重市之全部，據有臺北盆地，淡水河以西之全部平原在內，且為最肥沃之沖積平原。但由於武勝灣原住民之文化師承，營生方式，悉與漢人不同，對於土地之觀念但知其為鹿隻或野生動物棲息之「鹿埔」，祖先以來，以射鹿為生，捕魚為佐。臺灣歷經荷、西之入據，荷人規定原住民以「鹿皮」納餉，表示歸順。進而清治之後，鹿已捕殺殆盡，土地也就成為無生產能力之「荒埔」，從而「甘願立字」賣與「業戶」，以收取區區之「餉銀」，此項「餉銀」，由「雍正九年起，約定八日交完」云，更見並非一次交付，而屬「分期付款」性質。契字之後段，除同立合約之「武勝灣社土官歐灣、君孝」以外，又有原住民社眾之「卓論、文仔、野梢」等七人，並「甲首七哥」以次「白番：武使、賣陣」、「老番：歐乃」外十名社眾具名簽字。

今日臺北市大稻埕為奇武卒社舊社址所在

（吳智慶攝）

　　但官方對於此間之入墾，原亦十分配合。如〈合約字〉取得之後，彰化知縣張與朱，則徇楊道弘之請，發一〈發帖〉與楊道弘至興直埔「掛諭」，「給示嚴禁，以杜混累事」：認為「今情叩懇，……恩准給示嚴禁，庶佃人有知功令，

〔註24〕《清代臺灣大租調查書》，《大租調查書》頁5，〈合約字（八）〉。

而鄰莊不敢越混擾累〔註25〕。」

　　既墾之後,復於十一年(1833),調動淡水營守兵中,以「七十名,分防海防海山口汛」;由把總「一員輪防」率領,當為駐守就近,並保護新莊之措施〔註26〕。

五、街衢之肇建與興盛

　　距今三百年之前,郁永河認為「武勝灣……地廣土沃,可容萬夫之耕」。但當年猶屬瘴煙之區,地半湖沼,若新莊地帶,昔日且傳別有「蘆竹濫」之名〔註27〕。三百年之後,其間或名「新直街」;或稱「興直堡」〔註28〕;或為「新莊郡」、「新莊街」。民國三十六年,又為「新莊區」、「新莊鎮」〔註29〕。六十九年,升為「新莊市」,而所屬各街庄亦分別獨立為鄉、鎮,自成單位。但三百年來之開發,非一蹴可就。復述真正之史實,亦自教育此間之子弟,瞭解所處之環境,以及告訴成人或家長,重視本身之歷史,愛惜所處之鄉土,暨其所失之文化。

　　對於此一舊商埠地區之開發,由於前章所述陳賴章並未留下〈墾單〉以外之具體〈合約字〉諸類,或其他相關文字於此間。斯以楊道弘仍被認為第一個進入此間之漢籍業戶。但今之興直堡舊壤,由於近乎百分之百,屬於閩人之墾地,楊道弘雖為漢人,卻以粵籍,屬「客家人」,說法與定位自亦不免使後人懷疑。其次,尹章義於投入《新莊開發史》之研究時,曾由《明志書院案底》,發現另一名為「胡林隆」之墾號,合夥三人,有一名胡焯猷為汀州永定之貢生,應亦墾於興直地區,復持其成就對於新莊街之發展,著甚大之貢獻。晚年時,且捐獻龐大之業產,創辦「明志書院」於平頂山腳。惟今觀後文將引之史料,墾地大致在較近山嶺之今名泰山、丹鳳、營盤、海山地帶。具體見於文字之間接史料,卻言其始置業於「乾隆十三年」代〔註30〕。

〔註25〕《清代臺灣大租調查書》,《大租調查書》頁7,〈墾照(九)〉
〔註26〕余文儀《續修臺灣府志》,卷九,〈武備志‧營制〉,頁370,《文叢》一二一種。
〔註27〕報導人洪燦楠著〈新莊鎮的沿革〉,見《臺北文獻》直字三十八期,民國65年12月出版。
〔註28〕尹章義撰述《新莊志》,〈開發史〉,頁23。
〔註29〕《臺灣省通志》,卷一,〈土地志‧疆域篇〉,頁169,〈新莊鎮疆域沿革表〉。
〔註30〕《明志書院底冊》,卷一,詳督撫學三院藩阜二司糧鹽本三道暨本府〈清冊〉有云:「至該戶田業,乾隆十三年胡焯猷與林作哲、胡習隆三人合置之產,該生應得三股之一。」見《臺灣教育碑記‧附錄》,《文叢》五十四種,頁61。

直接牽涉到新莊街本身，以及整體興直埔之繁榮與消長者，仍要以楊道弘為主，並認為粵人入墾為始。本文自以楊道弘為首而敘述。

關於楊道弘之相關背景，雖無從深入瞭解，惟〈合約字〉後段之署名；有「貓汝抵焦巴里業戶」之句，地名雖頗費解，前述尹章義亦做過探討，但未定論。今則以「苗栗」之舊名舊作「貓裏」，其出現於民間之契字者，卻常書之為「貓蘿」、「貓里」等譯音；「里」與「汝」同音。厥乃認為「貓汝」或為「苗栗」為異譯〔註31〕。「抵」為動詞，為「迄」之意，「焦巴里」亦屬地名，但所在待解〔註32〕。唯大意似由「貓汝」迄「焦巴里」之「業戶」（參見附契書影）云。準此，備見楊道弘自為一已具相當勢力之大業戶。且亦符合尹章義所論，「是典型的遙領墾首」，為「不在鄉地主」；其人並未真正進駐新莊〔註33〕。但其所招「佃戶」，當以粵人習性屬客籍集團之移墾。

其次，若據本文將後述之興直埔開墾年代，楊道弘墾地之開墾者，嘗與一名「林天成」者並列。此一林天成是早期的著名業戶，漳籍人林秀俊之墾號而非人名。但墾地並列是否意味雙方有合作關係，或者原屬合夥人而由後者實際指揮開墾，則問題費解，留待異日另作探討〔註34〕。

復次，進入墾務以後，由於居住地須集中，若建立新莊街一帶，旁沿大漢溪而水上交通方便，顯見房屋自初期則沿河岸之周圍而建。此中，且意味著背水為防禦之考慮。新莊之街勢，也就由西北，以斜直略向東南之勢發展，街頭在較靠龜崙嶺南來之西北方，中間經過其後建立之「武聖廟」、「慈祐宮」，再則經過「國王廟」後，就漸近街尾，整條街衢，略成「一條龍」之走向。觀察古近之繁華，當推自「武聖廟」至「慈祐宮」、「國王廟」一帶，所在亦最近大漢溪，地區開發後，港邊埠頭從亦順地緣而形成。「廣福宮」，所祀主神「三山國王」，又為粵人之守護神。今之新莊居民或興直地區住戶，其祖籍殆屬泉人居多而漳人次之。墾地中卻奉有「三山國王」。如《淡水廳志》祠廟條：作「國王廟」，並言：「一在新莊街，……一在貓裏街。……祀三山國王，乃潮州人所奉〔註35〕。」

〔註31〕《臺灣省通志》，卷一，〈土地志‧疆域篇〉，頁241，〈苗栗鎮疆域沿革表〉。
〔註32〕《臺灣省通志》，卷一，〈土地志‧疆域篇〉，頁254，〈苗栗泰安鄉疆域沿革表〉：大興村社名「他巴來社」，但是否為「焦巴里」之別譯，仍待求證。
〔註33〕尹章義撰述《新莊開發史》，頁11。
〔註34〕尹章義著《張士箱家族移民發展史》，頁129，民國72年，張士箱家族拓展史研纂委員會印行。
〔註35〕陳培桂《淡水廳志》，卷六，〈典禮志‧祠廟〉，頁152，「國王廟」條云：「國王廟，一在新莊街，乾隆四十五年粵人捐建。一在貓裏街……祀三山國王，乃

廟之建在乾隆四十五年（1780）云，年代雖存爭議，惟新莊人洪燦楠，據現廟中所存〈奉兩憲示禁〉，為立乾隆十五年（1750）而加推論，成廟當在「康雍年間」。惜毀於乾隆十八年（1753）之大火〔註36〕。乾隆四十五年，或為重建之年〔註37〕。唯前尹章義亦有其精闢之論，認為興建四十五年。但毋論何者為是，閩人之墾地而有粵人之廟宇，在舊時代籍貫觀念保守，團結精神綦嚴之移墾時期，正足佐證粵人在此間，嘗居優勢之地位，後至之漳、泉人，在形成勢力之後則與前者，時發生籍貫、信仰之摩擦。

乾隆四十三年〈苗栗古契〉書影

原件 45.5×41 公分，撰者藏

潮州人所奉。三山者，即潮之明山、巾山、獨山也。」《文叢》一七二種。

〔註36〕報導人洪燦楠著有〈新莊鎮的沿革〉，見《臺北文獻》直字三十八期，民國 65 年 12 月出版，頁 69。

〔註37〕陳培桂《淡水廳志》，卷六，〈典禮志·祠廟〉，頁 152。

道光二十二年〈苗栗古契〉書影

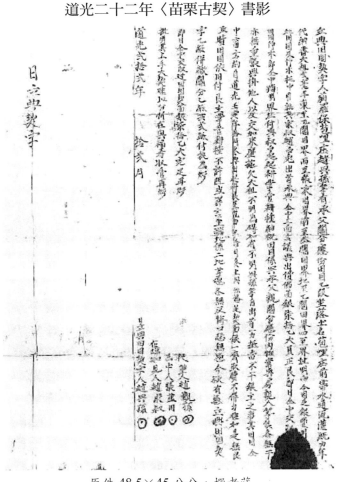

原件 48.5×45 公分，撰者藏

六、八里坌巡檢署之進駐

　　然則，雍正九年（1731），興直地區既啟山林，其他開拓者勢將踵而前來。清廷為配合此一行動，初於是年春二月，則從福建總督劉世明之請，「移福建臺灣同知駐竹塹。」並添設「八里坌巡檢」，推動淡水廳北境之開發，以及就近處理民務〔註38〕。十年（1732），正式派吏員進駐〔註39〕。此一巡檢署之添設，不置新莊而遠置八里坌街之原因，當係八里坌街開發較早，街衢早已形成，地又當臺灣海峽埠頭之利，帆船由對岸福建東來，或臺之南部艤舟北上，皆須先靠岸於此，而後復轉口溯舟臺北湖，可控大佳臘、興直埔；

〔註38〕據《大清世宗憲皇帝實錄》，卷一百三，雍正九年春二月十一日條。
〔註39〕陳培桂《淡水廳志》，卷六，〈典禮志・祠廟〉，〈職官表〉，頁217。

或至擺接、雞籠等地使然。

　　誠然，新莊地區在進入開發後，由於荒埔遼廣，地肥而土沃。大漢溪之航行條件與新莊街衢之沿港埠形成，漸凌駕於八里坌之地位。由淡水廳治竹塹或粵人墾地之貓里地區，北上興直埔，陸路自較海路之迂迴為方便，至於越龜崙嶺進入新莊之道路，亦在其間次第形成〔註40〕。遂有移八里坌巡檢之議出。此間之發展迅速，以及地理、交通位置之居扼要，今藉乾隆二十八年（1763），溪防同知請准建「明志書院」之報請有云：

　　　　查興直堡在竹塹城北百里，北為峰子峙山，南為龜崙山，東面擺接
　　　　山，西枕八里坌山，四面環繞，平原廣闊，水田肥美，實為臺北要
　　　　區，天然巨鎮也。中有新莊街一道，商販雲集，烟戶甚眾。凡內地
　　　　人民赴臺貿易，由郡而來北路，必至於是〔註41〕。

　　此段文字，自為十足可使後人窺見當日埠頭之發展，以及地位之居扼要。其次，復據同前《書院底案》之臺灣府〈府正堂核議〉云：

　　　　核議得……興直保四面環山，列峰秀峙，中間平原廣闊，水田肥美，
　　　　原為淡水巨鎮。惟因遠距塹城百里，地處極北，烟火雖繁，人文未
　　　　振。乾隆拾壹年間，前八里坌保巡檢虞文桂於該地新莊街尾，曾捐
　　　　義學一所，因講堂稀少，旋即改為衙署，移駐巡檢在案。十餘年來，
　　　　居民被沐聖澤憲恩，烝烝向化，人文漸盛〔註42〕。

此一文字，原為「核議」明志書院之設立。卻間接成為「巡檢署」移駐新莊之過程史料。然復據《淡水廳志》，乾隆十五年（1737），由於原建於八里坌之巡檢衙署，因風災圮，則移駐新莊，就前「義學」改為「衙署」，仍以「八里坌巡檢」之名，對外處理公務云〔註43〕。厥毌異說明新莊街之繁榮，已到建署「衙署」之條件。

　　甚至，如前段引用「凡內地人赴臺貿易」；「由郡而來北路，必至於是。」等說法。其實，吾人在今日若稍深入探討之，猶時見臺灣北部，如雞籠、三貂等地之民間《族譜》，或聆其口碑相傳，對於渡臺祖移墾過程，亦屢傳嘗駐足

〔註40〕 參見王志鴻、周守真〈臺北縣的舊街〉，頁38，〈對外交通關係〉，民國83年，
　　　　臺北縣文化中心出版。
〔註41〕 《臺灣教育碑記附錄》，《文叢》五十四種，〈清冊〉，頁60。
〔註42〕 《臺灣教育碑記附錄》，《文叢》五十四種，《底冊》，府正堂核議，頁68。
〔註43〕 陳培桂《淡水廳志》，卷三，〈建置志・廳署〉，頁51。

於新莊此一說法〔註44〕。窺見新莊街在興盛時，確為墾民入臺之第一站，先萃止而分散。考其時間，乾隆初葉已為臺北盆地，概及以北之行政中心、移墾中心，並兼此間最大之商埠。蓋乾隆六年（17441），劉良璧之《重修臺灣府志》所附「淡防廳」之一紙專圖，所看到「武勝灣」，不但在臺北盆地中，顯得最為特出河港分明外，「大加臘社」在武勝灣之對岸，「大浪泵」、「奇武子（卒）」依舊未開發；但早期之臺北湖沼地部份，已浮出一小浮洲，範圍亦縮小。武勝灣之繪製顯明，在繪圖者眼中，似代表開發已入成熟〔註45〕。

三山國王廟——「廣福宮」

（吳智慶攝）

〔註44〕 （一）瑞芳鎮水南洞大塊厝黃氏：「其先南靖人，兄弟八人於乾隆末渡臺，居
新莊。後於嘉慶末，移墾淡水廳下雞籠堡水南洞，買山植茶。」報導人黃螺，
居水南洞檜寮坑大塊厝。（二）頂雙溪苔谷坑連泰和族譜：「十二世祖妣黃氏諱
蕉娘謚恭順，生乾隆廿四年……辛乾隆四十三年戊戌……葬新莊大平頂。」
〔註45〕 乾隆六年〈淡水圖〉載，同註十三《古地圖集》。

「廣福宮」現存的〈奉兩憲示禁〉碑

（吳智慶攝）

淡水圖

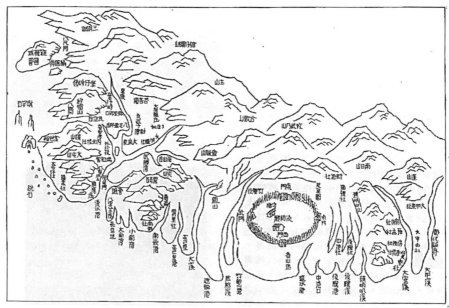

乾隆六年〈淡水圖〉，引自《北臺古輿圖集》。

七、水利與背水防禦

　　新莊在成為八里坌巡檢之駐地後，政治地位大為提升。此一提升，除新莊本身所具地理位置、港埠條件、人文要素、經濟繁榮以外，潛在周圍腹地的農業發展，經濟互動，更為最大之支撐。因為興直埔在此新莊建街後迄於乾隆末年，時間約半世紀，已一改康熙年間郁永河所看到的景觀，原野、蘆蕩以及到處是淤泥地那種「地廣土沃」之草萊原貌，成為「風土秀美，氣象鬱蔥」之稻米產區。雖然興直堡在乾隆年間，究有多少田地，在此短篇中雖未遑進一步之探討，其水利網路之開發，卻與田地之開墾具密切之關係而不能不略作介紹，間接亦可窺見開發之輪廓。

　　水利設施在興直堡而言，則與早期的業戶劉和林、劉承纘父子，以及張士箱後裔張必榮等人最具關連，且具甚大之貢獻。早期的開墾在此間，雖然地近內港南溪，或大崁崁溪（即大漢溪）等水源，引水造圳，須投入龐大之資金與土地，非一般小業主或佃戶所能勝任。由此，若非就地鑿井，則屬看天田。其間，若有完整之水利系統，圳水由上游順地勢，往下直流，灌溉水田後，用過之水又匯流於其下之圳溝；如此，重複使用，直至水尾，再流入大河。由是小流所經田地悉受其惠，用戶與業主之間，訂立「水圳合約字」，年繳水租若干石與業主，雙方俱蒙其利。然則，大業戶在開築水利時，除灌溉其所屬之田以外，水尾亦樂於再賣與不同業戶之水田或佃戶。

　　據《淡水廳志》卷三「水利」之條，流過新莊與興直埔之水利設施，有「萬安陂圳」與「永安陂」。新莊人通稱前者為「劉厝圳」，後者為「張厝圳」或「後村圳」，意亦兼具「飲水思源」方式的紀念開鑿者之倫理意義。

　　開圳之劉和林為為早期之業戶，尹章義根據其所留「給地基字」作探討，認為此一業戶在乾隆初年，已入墾武勝灣社〔註46〕。劉和林開「萬安圳」在海山堡，然後流過新莊、進入興直埔，時在乾隆二十六年（1761）。開圳時，嘗與張必榮家族有過爭議，研究其家族者已有過剴切之探討，在此不再討論〔註47〕。但據《廳志》云：

> （劉厝圳）乾隆二十六年，業戶劉承纘鳩佃所置。其水自擺接堡古
> 寧莊下鑿引擺接溪流而入，至興直堡新莊，以八分之一灌中港厝田；

〔註46〕據《清代臺灣大租調查書》，頁816，乾隆十八年「給地基字（三）」以及頁652乾隆三十九年「典賣字（三）」，識見劉和林墾地在「武勝灣加里珍莊」、「樹林頭洲尾埔莊」等地。並參閱尹章義撰述《新莊開發史》，頁15。
〔註47〕參閱尹章義著《張士箱家族移民發展史》，頁139～140。

其餘，七分化為二百三十甲。至頭重埔，又分六十二甲，付張必榮，
灌二重埔之田；餘直灌至加里珍，通計灌溉二百六十餘甲。年納水
租每甲六石，別抽二石給顧圳者為修費〔註48〕。

此一「劉厝圳」之流路，直至新莊地區未進入近歲之大城市開發以前，又分二
支，新莊人名之為「第一劉厝圳」，流經平原後，走向泰山。「第二劉厝圳」，經
過化成路一帶，進入二重埔，進入加里珍其家之墾地。文中之「擺接溪」，自大
姑嵌流出，後亦匯入「新莊灣」云，當指「大漢溪」之支流。

次為名「永安陂」之「張厝圳」。但三重埔之佃戶，稱之為「海山大圳」，
亦見於古文書〔註49〕。此圳開築於乾隆三十一年（1766），歷三年完成，其流
路《廳志》云：

（張厝圳）在海山堡。……圳長三十里。業戶張必榮捨地、張沛世
出資合置；相傳為沛世陂。其水自二甲九福安陂同引擺接溪源流，
不敷，復移三塊厝下，傍擺接溪溙欄築大陂，遇溝製梘，灌溉海山
莊及擺接堡之西盛、柏子林、與直堡之新莊頭、二、三重埔等田六
百餘甲〔註50〕。……

此條「張厝圳」，不但流路最長，灌溉面積廣大，另一功用，亦成新莊街之防
禦屏障。

蓋如前述新莊街之形成，係旁大漢溪畔，由西北而東南，斜直成街於河
畔。街市本身在當時，尚未達到建立城牆為防禦之條件，街眾在自求多福這
一要求之下，街道之兩端，亦設有隘門以為防禦。其次，面向河港之南面，
暴露線雖然遼廣，卻有水面廣寬之大漢溪，作為天然防線，由大街通往港邊
之街巷，均置有隘門，入夜關閉後，西、東、南三面，皆獲保障。但北面仍
暴露細長之受攻面，面對平原。「張厝圳」之開築，正有意地補強此一受敵
面之防禦，備「護城濠」之功能。蓋街道北面之店鋪或行郊、住家，因採坐
北向南之字向，背圳建立，各宅又將後牆加高修造堅固，彼此形成相連，就
備城牆之功用，「張厝圳」之流路在此段就與街衢並行，而擁有「後村圳」
之另一別名。如此，住民一走出街尾之隘門外，至「大眾廟」附近，就成北
郊，自然形成塚地。嗣至同治九年（1870），艋舺縣丞鄒祖壽，捐建「新莊

〔註48〕參閱陳培桂《淡水廳志》，卷三，〈建置志·水利〉，頁75。
〔註49〕唐羽著《溪尾庄古契彙編》，頁227，乾隆三十四年合約字，載《臺北文獻》
　　　　直字第七十九期。
〔註50〕陳培桂《淡水廳志》，卷三，〈建置志·水利〉，頁74。

義塚」，當於此間〔註51〕。

新莊舊巡檢署位於下街與登龍路交叉處，現已為日治時期所建房舍取代

（吳智慶攝）

新莊街目前僅存可見的水圳，位置在頂街近新樹路口

（吳智慶攝）

〔註51〕陳培桂《淡水廳志》，卷三，〈建置志‧水利〉，「義塚」，頁72。

清朝年間的大眾廟最早原貌

（吳智慶翻攝）

由平頂山尾看新莊市全貌

（吳智慶攝）

武勝灣社人後來搬遷到樹林鎮河岸旁居住，即今日中正路一帶

（吳智慶攝）。

八、流路帶動興直埔之繁榮

　　新莊一帶自粵籍人楊道弘進墾後，街衢形成，交易賣買，則有大漢溪港埠之利。八里坌以地理上的劣勢而走向衰微後，貿易來赴之漳、泉海舶，傳揚消息；認為所在宜耕、宜田，商則位有港邊埠頭，此種條件當為該一時代，漳、泉沿海，夢寐所求之新天地。由是，初自未詳確實年代之「胡習隆」墾號入墾平頂山下一帶；劉和林、劉承傳父子之入墾加里珍莊、樹林頭、洲尾埔莊〔註52〕。郭宗嘏之擬於中港厝建立租館〔註53〕。乾隆中葉，有同安人葉皇山與汪唱、汪麟兄弟之墾於圳子尾溪尾莊一帶〔註54〕。皇山同族葉經譽、葉經望兄弟入墾二重埔〔註55〕。劉厝圳、張厝圳水利網路之開築、延長，自為興直埔廣大之平原，得以順利開發之原動力。

　　然而此種新興之漢人移墾集團，卻亦以高知識之農耕技術，將原住民武勝灣社之社眾，迫向衰微，走向瀕臨被消滅之地步。漢人在興直埔，人口迅

〔註52〕《清代臺灣大租調查書》，頁816。
〔註53〕《清代臺灣大租調查書》，《大租調查書》，頁881，「典賣字（1）」云：「立嘉獻祠地及地租業主郭宗綬，有⋯⋯開墾成地一所，址在興直堡中港厝莊。⋯⋯併欲立租館地一所，⋯⋯今因⋯⋯議立福德祠，而少其地，願將此欲立租館之地獻為祠地。」
〔註54〕唐羽著〈溪尾庄古契彙編〉。
〔註55〕唐羽著〈蓮溪葉氏之渡臺與祭祀田之探討〉，頁101，〈蓮溪葉氏遷臺世系關係表〉，民國77年，《臺灣史研究論文集》，臺灣史蹟研究中心發行。

速蕃滋；相反而原住民卻次第走向衰退。此一兩極性之消長，若論荷蘭時之一六四七年（永曆二年），武勝灣社有戶五十九，丁口二三一人；一六五〇年（永曆五年），有戶六十九，丁口二六三人；一六五五年（永曆十年），有戶五十五，丁口二三五人〔註56〕。次及可稽之乾隆二年（1737），淡水總社並附南嵌、武勝灣、至於金包里等十一社在內，有丁五七九人〔註57〕。稍越本文之斷代於同治九年（1870），南港社管雞柔山、圭母卒、武勝灣等八社在內，有丁二四七人〔註58〕。但女口應未包含在內，因若視女口為數字相同而計之，再以社數除，在乾隆二年，每社尚有丁口一〇五人。至同治九年，每社就祇存六十二人而已。

　　至於漢人，在乾隆時期仍乏資料，而越斷代於後。則《淡水廳志》；志道光二十一年（1841），興直堡凡一萬六千四百六十六丁口〔註59〕。明治二十九年（1896）六月，日人調查：興直堡戶數三千又一十三戶，人口二萬又二百九十二人。新莊街本身十八街巷，為戶一百五十五，丁口三千八百四十五人；此中，謀和街、中南街、土地後街、海山頭街、公館口街、下南街，人口數最高〔註60〕。新莊街以外，當以同堡下之溪尾莊，有戶一百四十三，丁口一千又一十人，為戶數最高；而頭前莊有戶六十四，丁口一千一五〇人，戶數較低，而人口卻最高，當為同戶人口數較高之原因〔註61〕。

　　溪尾莊位在後之三重鎮北面，緊鄰蘆洲、東旁淡水河，為一極富饒之農耕地帶。臺茶興起後，又以改種製茶用之香花等高度經濟作物致富。其他之開發，多年前個人曾據該地出現之古契文書，撰有〈溪尾庄古契彙編〉進行探討，〈彙編〉中，則有乾隆中葉移墾之文書，以及當地莊眾於三十四年（1769）與「張厝圳」業戶，訂立使用其圳尾溢水之「合約字」，識見其農墾之繁榮，並拜新莊地區水利設施之開發〔註62〕。至於早期之生產作物，也運往新莊而

〔註56〕中村孝志〈オランダ時代的臺灣番社戶口表について〉，見日天理南方文化研究會，《南方文化》第二十輯，1993年11月。
〔註57〕范咸《臺灣府志》，卷五，〈賦役二戶口〉，頁1693，（北京）中華書局，1985年，《原刊景印臺灣府志三種》。
〔註58〕陳培桂《淡水廳志》，卷四，〈賦役志‧戶口〉，頁90。
〔註59〕陳培桂《淡水廳志》，卷四，〈賦役志‧戶口〉，頁89。
〔註60〕土屋重雄編《臺灣事情一斑戶口》，頁187，興直堡。《中國方志叢書》臺灣地區一一五號。
〔註61〕土屋重雄編《臺灣事情一斑戶口》，頁188。
〔註62〕唐羽著《溪尾庄古契彙編》。

集散，直迄同治年間，茶葉興起，以香花之銷售在大稻埕，遂遠離新莊街。

乾隆三十四年〈興直埔溪尾莊開墾古契〉書影

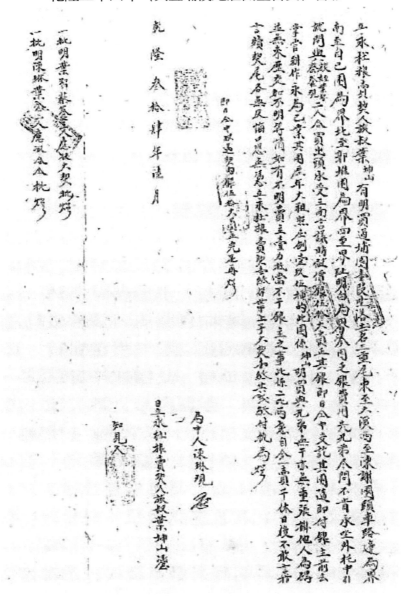

原件 45×29 公分，原藏者溪尾葉金全

「興直埔溪尾墾民向張厝圳主購買溢水合約字」書影

第二十二號　三重埔莊開闢古契

同立合約字人業主君納三重埔庄佃業莊林模郭高吳豌陳吟等緣三重埔庄開墾補闢因淡洲下處蔗投洪水湮沒歷年失收上繳圳課下舊轄緣草有水主張厝圳與二重埔店佃人進圳或田除若水湮分歉與三草庄難照規例仝向業主相議求水灌溉耕田其佃人願自出血本銀十六大員正每甲納水谷三石正約作二季對半充納其票圳下處圳丈畝中忽收大租者三石正亦約作二季對半充納永為定例其圳風水崩壞依舊同呈圍一九五抽的自約以後丈師尪蓮年忽收大租當堂不得增添至開築圳路過田國者佃園頂領遁上流下接任從買築不敢阻當或羅軍為若有恃強阻當等情業主自臨用管理或圳不干佃人之事如有開底圳路過甲約之圖立合約圭二紙各執一紙為照

內批除洛一字另招

再照

又批明所開之圳號遁膏仔坤遁過但坤口原有消水倘乃鄰庄鳴引淡已田之圳泵等不得濫水灌溉柔禍批照

挑明所墾之小圳陪保由晉仔坤遁過但坤口原有消水倘亦不得故其將水濫捷下流

立合約主二紙各執一紙為照

乾隆三十四年十一月　日

同立合約字人

林節番佰　林肯忠
莊碧陸慶　林存
俞平林勸　駐明林
郭高聚掛　賈艷
周亭林接　楊桃
鍋羽余探　陳存
華栗建　郭奐
陳阼會恙成　林鵲
余沖

臺北縣志

說明：一、契與本郡照批載田原業莊林模仝抄收名圖開闢文與。
二、開墾在全二百項。

引自《臺北縣志》卷五〈開闢志〉。

乾隆四十六年〈武勝灣社開墾古契〉書影

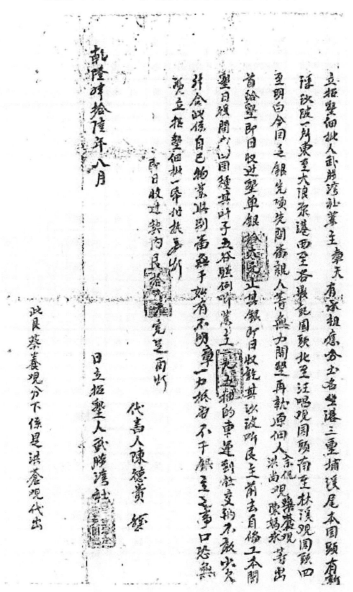

原件 41×29.5 公分，原藏溪尾葉金全。

九、興直埔開發之順序

　　水利之開發既述如前，後面，且將興直埔舊壤興直堡之開墾，以後之鄉鎮單位為劃分，進行移墾年代之探討，並藉「年代表」方法，助資瞭解。其次，則以新莊街為始：

今新莊市地區　　里名依六十九年以前新莊鎮時期

始墾年代	開墾者	祖　籍	墾地名	今地名
雍正九年	楊道弘	粵人	新莊街近淡水河一帶	舊新莊鎮之興漢、全安、文衡、文德、文明、榮和等六里之地
			頭前莊	舊新莊鎮之頭前里之地
	林天成	漳人	中港厝莊	舊新莊鎮中港里之地
乾隆初年	胡焯猷	永定汀州	營盤口莊	舊新莊鎮之營盤里一帶
			石龜地區	
	林成祖	漳州	海山莊	舊新莊鎮之海山里一帶
	胡焯猷	永定汀州	坡角莊	舊新莊鎮之丹鳳里一帶
	藍姓墾民		後港厝莊	舊新莊鎮之後港里一帶
	林成祖	漳州	西盛莊	舊新莊鎮之西盛里一帶
			柏子林莊	舊新莊鎮之柏林里一帶

註：按楊道弘、林天成之入墾原作雍正五年，今據〈合約書〉年代更改。

註：按新莊自升鎮為市後，里名更改，今從舊名。

　　以上，係據《臺北縣志》卷五〈開闢志〉重編之始墾年代與入墾者，並籍貫、墾地。由表而觀，可見，粵人在先而漳、泉人在後，次則粵人所佔，亦較近港之精華。其次為三重地區：

始墾年代	開墾者	祖　籍	墾地名	今地名
乾隆十年間	林姓墾民	泉州	大有	二重里
	葉經望	同安	頂崁	
	葉經舉		陡門頭	
	王姓墾民	泉州	五穀王莊	五穀里
	蔡姓墾民		中莊	
	李姓墾民		後埔	德厚里
	陳姓墾民	安溪	竹圍子	
乾隆十二年	簡姓原住民		簡子畲莊	福祉里
乾隆十三年	林拱照		過圳	過田里
			田心子	
乾隆十四年	林、李二姓墾民	同安	菜寮莊	菜寮地區
	李、陳二姓墾民		大竹圍莊地區	開元、大德、光華、錦通、大園五里
	李姓墾民	泉州	長泰莊	長泰里

乾隆十五年	蔡姓等六份合墾	同安	六份仔莊	六合里
	林姓墾民		三張仔莊	厚德里
			後竹圍仔莊	
	林姓墾民		下竹圍仔莊	永安里
	葉皇山		溪尾莊	溪美里
	汪昌、汪麟昆仲			慈化里

註：本表並參閱《蓮溪葉氏家譜》與《汪氏族譜》〔註63〕。

又次為五股一帶，此地區相傳始於康熙、雍正間：

始墾年代	開墾者	祖　籍	墾地名	今地名
康熙時期	陳姓墾民	漳州	樹林頭	興珍村
雍正年間	張姓墾民	泉州	新塭	
乾隆初年	林姓墾民		褒子寮	
康雍年間	陳姓墾民	漳洲	成子寮	成州村
	蔡姓墾民		御史坑	
	張姓墾民		五股坑	五股村
乾隆初年	陳姓墾民	南安	鴨母港	更寮村
乾隆十五年	陳姓十八人		更寮	
雍正之前	陳姓墾民	泉州	洲子尾	洲後村
乾隆初年	林欽宗祖孫		鳳梨坑	德音村
	胡焯猷	永定	水碓	
年代不詳	佚名	泉州	石土地公	
年代不詳，惟地有凌雲寺成於乾隆四年，則附近各地似於雍正、乾隆間即已開闢			直坑	觀音村
			崩山	
			內岩	
			坑口	
			田子墻	
			興隆山	
年代不詳，但有乾隆時碑誌			獅子頭	集福村
			北勢坑莊	
乾隆末年	張姓墾民	泉州	竹圍莊	竹葦村

〔註64〕

〔註63〕《臺北縣志》，卷五，〈開闢志〉，頁43，三重鎮，並參閱本論文集卷末所附〈蓮溪葉氏遷臺世系關係表〉重編。

〔註64〕《臺北縣志》，卷五，〈開闢志〉，頁45，五股鄉重編。

又次為泰山一帶，此地區原名新莊山腳，因係山地較多，開墾年代，期間亦較長，直至咸豐間：

始墾年代	開墾者	祖籍	墾地名	今地名
康熙五十年	胡、林二姓墾民	泉州	大窠口	山腳村
			溝子墘	
乾隆初年	張姓墾民		楓樹腳	楓樹村
			下田心子	
	胡、林二姓墾民		店子	同榮村
	胡焯猷		義學下	義學村
	林姓墾民		坡子頭	
	林姓墾民		磚子厝	
	張姓墾民		頂田心子	
	胡、林二姓墾民		貴子坑	
			下陂角	
	李姓墾民		大崎頭	明志村
乾隆間	林姓墾民		崎子腳	
乾隆十年	胡焯猷	永定	義學頂	
乾隆初年	王姓墾民	泉州	大窠坑	
	柯姓墾民	安溪	柯厝坑	大料村
乾隆二年	錢爾等十三人		錢厝坑	
乾隆十二年	蘇姓墾民	泉州	橫窠子莊	黎明村
咸豐間	李姓墾民	泉州	半山子莊	
嘉慶初年	陳姓墾民		麻竹坑	同義學村

〔註65〕

最後為蘆洲一帶，此一地區在康熙、雍正間，仍為臺北湖西畔與興直埔東北角連接之蘆蕩地，或水中之浮洲，形成陸地較晚，業戶之進入雖早，實際之開墾卻遲至嘉慶間：

始墾年代	開墾者	祖籍	墾地名	今地名
雍正七年	相傳八里坌業戶由觀音山進入為開闢之始	泉州	水湳莊	水湳村
乾隆間	關渡僧梅福招佃開闢		和尚港	永河村

〔註65〕 《臺北縣志》，卷五，〈開闢志〉，頁48，泰山鄉重編。

嘉慶間	李日春		和尚洲水湳莊	同水湳村
	陳世祥 陳用仲		建池府王爺廟	
	李姓墾民		和尚洲樓子厝莊	保和村 樓厝村
嘉慶初年	張溫		和尚洲中路莊	中路村
嘉慶年間	李姓墾民		和尚洲溪墘	溪墘村
			淡水河與五股小溪交界處	仁復村
	李桃　李岩 李秋　李藩		終年水濕，不可行人，故曰「湳港子」。傳訛為「南港子莊」。	正義村
同治間	南海僧人大幾、成林二僧奉觀音大士神像來居	漳、泉械鬥於此，本地泉人大勝，乃借以村名	和尚洲樓子厝莊	得勝村

〔註66〕

　　現在經由以上之製表，觀其開發順序，窺見整體之開發中，新莊街暨其周圍，在乾隆初年，業已開發周遍。其次之三重地區，始開於乾隆十年（1745）；之後，開至二重、三重一帶。最靠北之溪尾，落在最後，而買「張厝圳」之溢水，則在乾隆三十四年（1769）〔註67〕。此一開墾年代之先後，自與水利之延長時間相符合。

　　至於為五股與泰山一帶，此二地區之稻田，似因地近八里坌山（觀音山）等地之山水可引而灌溉。由此，開墾年代亦較參差，較早者自康熙間，部份直至跨過乾隆以後。

　　最後為蘆洲地區，除一少部分在雍正、乾隆間外，大部分落在嘉慶以後。此一原因，當係早期之土地均屬於淤泥地或蘆蕩地帶，為隨潮汐漲退而浮沉的河上洲。

十、草萊中走向文明之新莊

　　然則，街衢居於要衝，交通備龜崙嶺之下站，港口之聚船則千帆林立。買賣之市廛，又擁興直堡之遼廣腹地，概及對岸之大佳臘，連接之擺接與八里坌

〔註66〕《臺北縣志》，卷五，〈開闢志〉，頁45，蘆洲鄉重編。
〔註67〕唐羽著《溪尾庄古契彙編》，合約字。

二堡後，新莊街衢之發展如何，雖非本文之主題，未遑深入，今亦略述之，窺見整體之概要。

例如本文於前文所引用〈明志書院案底〉云：「乾隆拾壹年間，前八里坌巡檢虞文桂於該地新莊街尾，曾捐義學一所〔註68〕。」此史料係來自時任臺灣知府之余文儀所發〈核議〉。時間雖在乾隆二十五年（1760），惟今由此〈核議〉觀看其過程，虞文桂之任巡檢，其出身不過一吏員而已，官場上地位甚微〔註69〕。唯其捐義學卻不興於前述之八里坌街任地；反而遠至新興不久之新莊建立講堂，豈不引起任地八里坌街紳商、大戶，乃至街民之不滿，提出交涉或勸阻、爭取等意見。但義學卻依然能建於新莊，則後者自必有超越八里坌之條件，以及人文、經濟諸項背景存在。惜其初期義學之建，尚未見第一手之文獻出現，惟若據乾隆二十九年（1764）之楊廷璋所撰〈明志書院碑記〉則云：

> 興直堡者，遠隸臺灣，僻處淡水，風土秀美，氣象鬱葱，髦俊萃臻，
> 向文慕學，實繁有徒。夫結想維殷，不如居肆，馳懷在遠，莫若連
> 鑣，使鼓篋者樂群，擔簦者時術。觥興講席，匪緩圖矣〔註70〕。

文字中所謂「髦俊」，猶言才智出眾，世所希乏之才。其下之「萃臻」，意指聚集來到此間。「鼓篋」，指言擊鼓而集士，發篋以陳書。至於「擔簦」，在此當借喻為「戴笠」之輩。質言之，其大意當指各地之優秀俊傑，既來到此間，彼等原亦有心於向學；夫追求經濟之改善，達到殷富，何如落地生根，建立居肆，使肴馺連鑣，酒駕方軒。之後，又施之以教育，使推車戴笠之輩，亦樂向問學。此當為在此興學之目的。

由是，八里坌由於地在海口，臺灣海峽吹來季節風之關係，「水土頗劣」。義學之首建於新莊，當使八里坌之街民，認為新莊地理條件、前途，均具優越。甚至，原八里坌之商戶，亦有部分來此建立分商號，亦在意料之中。

準此，義學之興建於十一年。然則，是歲也可云：新莊地區結束粗獷之初期移墾社會，成為進入尚教育、崇尚文雅，改善居住品質與生活需求之契機年代。

當時，由於近港之埠頭既啟，始於通商關係，善為營商之漳、泉人亦赴貿

〔註68〕 參閱《明志書院底冊‧正堂核議》，頁68。
〔註69〕 參閱陳培桂《淡水廳志》，頁217云：「虞文桂，奉天承德人。吏員，（乾隆）九年任」。
〔註70〕 見《臺灣教育碑記》，頁26，《文叢》五十四種。

易而來到，各種行郊、埠頭牙商、大型米店、土壟間、大眾客棧、南北貨舖、鹽館、飯舖為應需求而迅速建立，當為舊農耕社會之買賣埠頭，形成必備之條件。新莊街於初期之形成大型商埠，雖非經過事前之縝密規劃，但在考慮防禦與發展之際，當亦經過街眾、董事之集會，就自然之形成，作過若干改善。

新莊通往桃園的交通要地龜崙山，公路兩側現今也已樓房處處

（吳智慶攝）

明治書院現貌

（吳智慶攝）

十一、經濟提升成為政經中心

乾隆時代，整條街有多少街巷與墟集場名字，今日雖然無法看到。其在日據後之明治二十九年（1896），進行第二回戶口調查時，興直堡之記錄卻意外出現當時之舊街巷名十八處於戶口資料上。此十八條街巷名，縱然與乾隆或有多少差異，所在既非經過都市計畫或開道路而大改變，當亦九不離十，足資參考。

此十八條街巷：依次為：

公館口街、海山頭街、城外街、武廟頂街、瀯和街、中南街、土地後街、草店尾街、戲館巷、後街庄、石表街、米市巷、虎姓公街、武廟前街、後厝街、下南街、國王邊七坎仔、國王前街〔註71〕。

此十八條並不包括走出街外之地帶。

舊時代街市之出現，徇消費之所需，行行齊備。況且，在乾隆一代，攜眷渡臺之禁既嚴，墾民亦以男丁為多；娶妻建立家室非易。來自各地之顧客、商人，甚至抽藤釣鹿，伐木、燒炭之單身丁壯，除來此買賣之外，身懷多金則精神之調節，自不能免。由是酒家、茶坊、賭坊、賤業，乃至質鋪亦寄跡其間〔註72〕。惟其較正當的大眾娛樂，戲館也在此出現。最多時，據云：有三個戲班之名，見於廟碑上〔註73〕。街名之有「戲館巷」，自為佐證其行業之存在。

再則，為文明人而生存，風氣在舊時代縱然樸實，周身衣著所用，在臺灣而言，皆須購自商人，因而布店、針線鋪、雜細店、棉被店之外；食料品方面之油車間、種籽店；家庭器具之陶磁店、敢子店亦未能缺少。

其次，神佛之信仰，亦由移民在冒風險遠渡重洋，平安抵達墾地後，復次處於蠻煙瘴雨之區，四處危機潛伏下，依為憑藉，求以保佑；或船戶、海商為求平安航行；農戶為求年冬豐登，信仰中心之廟宇，徇眾要求而肇興建之議。然則，廟宇既建於街衢，相配合而需求之香燭鋪、彫刻鋪、糕餅鋪，亦迅速而出現。

〔註71〕土屋重雄編《臺灣事情一斑戶口》，頁187，興直堡。成文《中國方志叢書》臺灣地區一一五號。

〔註72〕按尹章義《新莊開發史》，頁28，據富田芳鄧之研究：嘗云：「新莊有一條米市街，一條瀯和街，街上都是富家巨商，不但賤業、賭博、飲食業不能進入此區。」此正可證明新莊街之興，亦有酒家、賭坊、賤業等之存在。

〔註73〕報導人洪燦楠著有〈新莊鎮的沿革〉，見《臺北文獻》直字三十八期，民國65年12月出版。

又次，新莊街之興盛，係拜興直埔，乃至大佳臘、擺接、泰山、秀朗等廣大之農耕腹地，為農產、稻米、山產、貨物之集散而興起。耘田疏圳，抽籐伐薪，皆須工具，至是鍛冶耒、犁、耙、鋤、耨、耰與刀具之鐵店，造水車，利灌溉之農具店，俱相繼而見舖立。

復次，人之一生，生、老、病、痛，嫁、娶、喜、慶，俱不可避免，醫家、藥店、卜筮、堪輿師、道士、轎店、彩白店、驢馬店，更應運而產生。然則，寄生其間之各種行業，經紀人、篙師、船戶、工匠，亦先後出現於此間。

其次，新莊街之發展，原屬沿大漢溪，略自西北向東南，斜直而發展，靠近大漢溪之上游就成為街頭，來到國王廟一帶後，就成為街尾。「米市」、「戲館巷」等，皆在街頭一帶，精華之部分，則在慈祐宮迄國王廟之間，昔稱五十六崁，「崁」為閩南「間」或「家」之意。質言之，其間則有五十六家店舖，櫛比相連，每邊二十八間，當屬於文市地帶〔註74〕。經過街尾之後，又有「竹仔市」。至於當年之新莊，究有何商家或大戶在此發跡，抑或營生，即由存於當地廟宇中之古碑，當可略看出輪廓或梗概，在此不為詳述。

但形成市街之繁華，位居要角之信仰中心：「廟宇」之出現，如前述「國王廟」，後名「廣福宮」，疑在初期已成規模外，奉祀天后之「慈祐宮」，又名「媽祖宮」。媽祖之信仰，不獨廣泛及於漳、泉人集團，早期之凱達格蘭族原住民，亦崇奉之。厥或云：原在新莊街興起之前，已有簡陋之小祠〔註75〕。初於乾隆十六年（1751），首次改建為較規模之廊宇。次十八年（1753）廟成，正名「慈祐宮」〔註76〕。

乾隆二十二年（1757），奉祀地藏王菩薩，配祀文武大眾爺之「地藏庵」，俗稱「新莊大眾廟」，肇建於距街尾郊外之塚地一帶〔註77〕。二十五年（1760），大墾戶胡焯猷創建「武聖廟」於街頭，奉祀文衡帝君，蓋亦商業之神〔註78〕。四十一年（1776），奉祀池府王爺與中壇元帥之「保元宮」創建〔註79〕。

〔註74〕報導人洪燦楠著有〈新莊鎮的沿革〉，見《臺北文獻》直字三十八期，民國65年12月出版。

〔註75〕慈祐宮發展沿革見《新莊慈祐宮建宮三百週年特刊》，民國75年12月27日，紀念委員會發行。

〔註76〕慈祐宮發展沿革見《新莊慈祐宮建宮三百週年特刊》，民國75年12月27日，紀念委員會發行。

〔註77〕〈新莊鎮的沿革〉，頁71。

〔註78〕〈新莊鎮的沿革〉，頁68，武聖廟。

〔註79〕〈新莊鎮的沿革〉，頁71，保元宮。

　　由此，興盛之年代觀察，由雍正九年（1731），楊道弘之入墾至此，首尾祇四十六年。其間，最具文化意義者，即前述胡焯猷於年老「茲將歸里」之年七十時，將「年收租穀陸佰餘石，永作膳脩、膏火之資。」云，自乾隆二十九年（1764），悉獻交董事經理，並改平頂山腳之住宅充作義學，建立「明志書院」〔註80〕。由是，相繼前巡檢虞文桂之義學，文風再次在新莊與興直堡蔚起。

新莊街下街段現仍保有許多三落店仔厝

（吳智慶攝）

新莊路 359 巷即為「戲館巷」

（吳智慶攝）

〔註80〕《臺灣教育碑記》，附〈明志書院案底〉，卷一。

新莊 387 巷即為「米市巷」

（吳智慶攝）

慈祐宮現存嘉慶年間石碑

（吳智慶攝）

十二、八里衰退新莊代興

　　時之八里坌巡檢署，原已在新莊署理公務。乾隆三十二年（1767），吏部議准：閩浙總督蘇昌之奏請，認為新莊之經濟地位、政治地位，已完全取代八里坌街，備正式升級設立巡檢署之條件而云：

> 臺灣府淡水同知所屬八里坌，舊設巡檢一員。近來海口漲塞，無船隻往來。該員兼轄之新莊地方商賈輻輳，且北連艋舺、大加臘，民番雜處，南距霄裏汛大溪乾一帶曠野平原，難免奸匪藏聚。應將八

里坌巡檢移駐新莊，並請改給淡水廳新莊巡檢印信〔註81〕。

此一具體之理由，獲清高宗允從。至是名正言順，政治中樞改為「新莊巡驗」，第一任仍由前「八里坌巡檢」最後一任之錢廉，視事為改制而連任〔註82〕。又次五十五年（1790），復裁撤新莊巡檢，改制為淡水廳新莊縣丞〔註83〕。

然則，此一時期，新莊街在臺北盆地與興直堡之中心地位如何，本文附圖之〈乾隆中葉軍備圖〉北部部分，既有「新莊街」，又有「巡檢署」，而和尚洲猶四面環水，臺北湖消失成為河道，更提供吾人對盆地變化之瞭解。

十三、結　論

臺北盆地在康熙年間，基於清人之治臺方針，猶處於消極之態度。以武勝灣而言，在郁永河來此採硫之前，應無漢人入墾其間，則由郁永河著述之未提傳聞，以及歎其土地之「可容萬夫」，略可看出。

其後，陳賴章雖於康熙四十八年（1709），獲「墾單」至「大佳臘地方張掛」，至今，除此「墾單」之外，猶未有較具體之史料出現。其後縱然有其他業戶嘗至武勝灣或狹義之新莊，楊道弘之墾於武勝灣，資料整齊，當可視為首位入墾此間之佐證。

至於胡焯猷，所墾在較近平頂山之下，具體之史料亦較楊道弘年代稍晚，晚年對於地方固有「明志書院」捐建，「武聖廟」之刱創，功在地方當不遜於楊道弘，以開拓者而言，仍視之為早期「業戶」之一，較為妥當，未可以功大掩沒他人之事蹟。其次，楊道弘之入墾，其人雖未實際來到墾地，出資、出力，須周旋於官府、佃戶、土地原擁有者之間，功仍不可沒。至其祖籍，《臺灣省通志》〈人物志〉云：「閩之貢生」，不知據何資料。其實，若據「合約字」之「貓汝」抵「焦巴里業戶」云，前句當為「貓里」之別字，為「苗栗」之粵籍業戶，所招徠當為「客籍」之佃戶。「國王廟」為潮州人之神祇，也是「客家」所崇奉。漳、泉墾地而有「三山國王廟」之興建，自為最好之物證。但興直埔全面之開，仍由漳、泉人。在「和諧各族群」之今日，亦應認同「客家人」在開發初期之貢獻，未可以「族群」不同，而排斥其在歷史中應得之地位。

〔註81〕《大清高宗純皇帝實錄》，卷七百七十九，乾隆三十二年春二月二十日條，臺北：華文書局出版。
〔註82〕鄭喜夫纂輯《臺灣地理及歷史》，卷九，師志第一冊，頁118。
〔註83〕鄭喜夫纂輯《臺灣地理及歷史》，頁103。

至於新莊街之建立，由其發展過程並及街勢、港埠、防禦等多方面觀之，似基於自然性之發展而出，為「草根性」十足之移墾街市。其在「張厝圳」流過其北面以前，仍採任自由發展態度。但建居處或店舖於此間之後來者，因瞻望於未來之發展與繁華之考慮，將其順應歲月與需求而推移，採兩極方向，一向海山口以西之街頭而增建，一向「國王廟」之街尾一帶推進，繁華中心自亦形成於中段「武聖廟」與「慈祐宮」附近，若參閱日明治三十七年（1904）之〈市街圖〉，仍可見此段之南北幅度最大，「海山口」以上之街頭與向東北之街尾，皆「牛角尖」之形〔註84〕。

唯及「張厝圳」將築而流經此間時，對於「街」之發展，亦以「防禦」兼顧，北面闢為圳路，使其備第一道「防禦」之功用，當時若有部分向北延伸之建築，亦經街眾、董事協調，令其拆遷南移，使「圳路」能取直而過。臨「圳路」之房屋，乃採後牆加高，櫛比相連。「張厝圳」雖為「永安陂」之異名，新莊之街眾另稱之為「後村圳」，自是意外之口碑。

其次，今人以為康熙三十三年（1694）之地震後，造成若干「蕃社」沒入水中，造成「康熙臺北湖」〔註85〕。其實，此一範圍，係自關渡口而入後，洋洋一大片之鹽水湖。但大浪泵、奇武卒、武勝灣仍在。四十八年（1709），陳賴章之〈墾單〉云：「大佳臘地方有荒埔」，「北至大浪泵溝」之語，已足說明陷湖並非全盆地，「大佳臘」、「大浪泵」仍為陸地。

又次，另參閱《新莊志》撰述尹章義所搜得，用為封面之「雍正臺北湖」，具見「陷湖」俱在「奇武卒」、「大加臘」之東，「陷湖」邊緣，俱繪成斷崖狀。由此引證康熙五十五年（1716），諸羅縣〈山川總圖〉北部圖，「半月形」大湖在「大浪泵」、「毛少翁」、「關渡門」之間，以及乾隆六年（1741）〈淡水圖〉之演變，則「臺北盆地猶是一片大湖」之概念，仍須作若干修改。毋寧指今之北投區關渡平原，為陷湖所在，其後由於內港北溪（按基隆河）之泥沙淤積，成為浮地始較合理。

復次，武勝灣社所屬興直埔之開發，由其年代與水利兩項，已見受惠於兩「圳路」之延伸，新莊之繁榮，則基於擁有興直埔之墾殖亦居首要。但蘆洲之

〔註84〕 參見王志鴻、周守真《臺北縣的舊街》，頁39，〈新莊街圖〉。
〔註85〕 郁永和《裨海紀遊》，頁15，見《臺灣叢書》第一種方豪合核足本。並參見《臺北縣志》，卷三，林朝棨編纂〈地理志〉，頁37，〈歷史時代臺北盆地中之滄桑變化〉。

開在最後，亦由乾隆〈軍備圖〉之標成其在四水之中央，此一觀念可窺實際。

最後，新莊本街之繁榮，擠身移墾、經濟、政治之三項中心，除開發展較早外。最大原因，係拜河流之利，以及陸路交通之要衝，於整個臺北盆地而言，原屬高卓之區，對外交通發達。港埠之開，船隻免受季節風之害，貨物又可轉載較小型之內河船，進入內山大姑嵌、三角湧等地，均稱方便。由是經濟發展，人文蔚盛，官方亦不得不考慮統治上之方便，將其政治地位一再調升。

〈乾隆中葉臺灣軍備圖〉

三山國王為「客家人」所崇奉

（吳智慶攝）

城中之城（林本源家族在新莊之租館）遺址地，現部分已拆建成大樓

（吳智慶攝）

溪尾庄古契彙編

緒　言

一、

　　七十五年夏，因釐定研究課題：擬從臺灣民間所流傳保存之紅白契文字〔註1〕，亦即先代移民在入墾臺灣以後，私相訂立之私法契券，探討有清一代，來臺漳、泉移民在定居島上之後，有關經濟生活與家族狀況相關諸問題，作庶民生活史之研究時，獲一熱心之葉姓友人，提供經其多年搜集之古契與手抄族譜一批。

　　此批古契與族譜之產生及流傳之地緣帶，位在今臺北縣三重市之北郊溪美、慈化、永安三里，跨越三重市之一部分以至二重埔等地，亦即現南北高速公路三重交流道以北，沿淡水河左岸緊鄰蘆洲鄉之地為之中心，擴及其周圍之地區。其在臺灣進入高度工業開發以前，係屬淡水河沿岸之一典型農業聚落，居民悉從事耕作為生。此一地區，舊名「溪尾」，就行政沿革方面而言：淡水廳時代，劃分為城北兼東興直堡十九莊之三重埔莊〔註2〕。東臨大河、西鄰武勝灣、北接洲仔尾莊，南連同莊之車路頭、下竹圍等地，為淡水河本流，舊「內港二大溪」之北溪左岸。由此，河流所經，在漢人未曾入墾以前，應屬凱達格蘭族武勝灣社番擁有之地。

　　迨及乾隆初葉，福建漳浦人林成祖，僱丁設隘，墾殖淡水廳擺接、興直之

〔註1〕買賣田地、房屋之文契，曾經稅契手續，由官於契上蓋印信者曰紅契，未經報稅蓋印信者曰白契。又，人身買賣之文契，亦屬之。

〔註2〕據陳培桂《淡水廳志・卷三・建置志》:「街里」條：城北兼東興直堡十九莊。

野〔註3〕以後。溪尾一帶以土地肥沃，於乾隆十五年（1750），即有同安縣人葉煌山，以及同縣汪唱、汪麟兄弟等入墾其間〔註4〕。另外，同縣之一佚名林姓移民，亦於同年入墾鄰近之後竹圍地方，遂形成一純泉州人集居之村落。墾耕初期之此一地區從事何種農作物，今已不可考。

乾隆五十年（1765），由於泉籍業戶張源仁聯合武勝灣社番開鑿海山大圳，並由通瑪琫具名開鑿新莊以北至二重埔之水圳，為新莊平原增置一大水利設施〔註5〕，使水圳流路所經之地，旱地頓成良田。三十四年（1769），因包括上述三地庄眾在內之三重埔地區墾民提出要求，業戶張廣福乃將其所築經二重埔之海山大圳，延長流路，使圳水入三重埔庄灌溉〔註6〕，並於三十七年（1772），全部完成，名為「永安陂」。其水由新莊北流，經擺接堡與興直堡二地，灌溉達六百餘甲〔註7〕。至是重大改變下游地區之農業收益，土地由旱作而走向水稻。葉煌山、汪唱兄弟、林姓移民等入墾之地，因處大河流域之三角洲與溪流之末端，至有「溪尾」之名。

二、

由於筆者對於上述葉姓友人提供之古契與譜牒，進行初步之整理。獲知溪尾庄地區之土地，係屬武勝灣社之番業主所擁有，移民入墾其間，須先向番業主贌地承租，取得佃之地位，並依約按年繳納「番大租」與業主。但土地由於旱田耕作，轉變為水稻種植以後，佃耕收益之提升，除早期入墾之汪姓、葉姓二支氏族之同遠祖族人，相繼由同安接踵而至，互為依附至形成地方之豪強與共祖氏族以外，其間，並亦引來其他姓氏之墾民，或同姓之族，入居其間，分享可耕之地。此中，較大之姓氏，則為同安普園之陳氏，以及與蓮谿之葉不同血族之佛嶺葉氏等二大氏族〔註8〕。其餘，即為林氏、李氏、鄭氏等

〔註3〕據《臺灣省通志·大事記》，乾隆十五年庚午條。

〔註4〕按《臺北縣志·卷五·開闢志》：乾隆十五年，同安縣……人汪昌、汪麟兄弟，開闢「溪尾莊地區」，頁45。

〔註5〕參閱尹章義《張士箱家族移民發展史》第四章，頁142。

〔註6〕參閱本文二，〈蓮谿葉氏古契（2）合約字〉，及尹章義《張士箱家族移民發展史》。

〔註7〕陳培桂《淡水廳志·卷三·建置志》「水利」條：永安陂（又名張厝圳）在海山堡……圳長三十里。……灌溉海山莊及擺接堡之西盛。……興直堡之新莊頭，二三重埔等田六百餘甲。

〔註8〕據《佛嶺葉氏族譜》殘本十四世葉實重修譜序云：「吾祖河南光州固始人也，五代間遷閩……徙同安佛嶺，世為嶺下葉氏。」又同上，署王守仁撰〈葉氏

數姓移民。使溪尾庄在農業開發以後，成為汪、葉、陳、林、李、鄭六姓聚居之村落，並以獲有「小租權」之耕地主身分，閱世傳其家業，成為真正具備田地處理權之「地主」。

溪尾庄在歷經上述之開發以後，開基之汪氏，約在乾隆末葉，已登當地之巨富，並獻出部分土地充為庄眾之墓地。但汪氏在傳世百餘年後，至後世子孫卻漸呈後繼無力與盛衰靡常之現象。其次之葉氏，亦以務農漸登素封，蔚成巨族固不論，其間，亦興建數座備「燕尾式」之巨第以外，葉煌山偕其異母弟煌澄之本支，亦經三世而衍為十餘大房之大族以後，呈現衰象。

又次，後至之普園陳氏，原以農作之提升，並登大戶，中間，故不免歷經多次經濟狀況之消長，仍於族系方面，衍番而為臺北盆地有數之巨族，分居六處地區。

至於後來之佛嶺葉氏，即經再傳而為九大房之巨族，至今且列當地最大之茂族。窺見各姓氏族，分衍之概略。

其次為經濟方面之再演變。同治四年（1865），由於英人杜特（John Dodd）來臺考察，目睹臺灣茶葉之產銷製造與茶質之優良而感興趣。翌年，移植安溪茶種入臺，大量栽培。遂由包種茶輸出量之增加，其茶須經人工方法，滲入某種花朵，增加天然香味，使商品之價值相對提高。此種花朵，計有秀英、茉莉，木蘭或樹蘭，以及玉蘭等數種〔註9〕。由此，提供花朵之花業，成為茶業以外之新興農業產品而與茶行之勃興，並衡提高，成為經濟作物〔註10〕，花業在平原各地之農村興起。至是溪尾地區之旱作田，因地近製茶中心之大稻埕一帶，交通方便，土壤之合於種植，始自同治以降，即被迅速改為花圃，種植秀英與茉莉等花樹。隨同茶業之興盛，地區復進入另一近代化之先聲，益趨繁榮。

三、

然而由來農業社會之在臺灣，農作物之改變，或耕地之改良，固可提高

世系記〉云：「葉閩中大姓也。先有三學士泳者，自河南光州固始縣徙浙，處麗水縣，復徙於吾江右泰和，後從王審知入閩，擇處泉州同安佛嶺下。……」
〔註9〕 參閱 James W. Davidson《臺灣之過去與現在》，頁267。按秀英（Su-eng, White Jasmine）、茉莉（Boat-li, Jasmine）、木蘭或樹蘭（Chiu lan. Dlea Fragrans）及玉蘭（Ngki Gardenia）等花朵，因具強烈之香味，每年被收集用於製茶。
〔註10〕 據溪尾花農之報導：花價在日據之中期，其價看好時，曾創每斤花朵，等值一百斤稻穀之價格。

收益與促進社會面之若干成長,但在成長之異面,卻亦潛藏多項之危機,存在其間。此中之最大因素,則為土地無法繼續成長,而居住之人口卻不成比例而迅速上升。當初,溪尾地區之數家大家庭,由於衍繁代數之累增,土地亦隨業產之分爨,一再瓜分,越分越小。能遵守傳統墾耕精神之房分,尚可運用所得有限之業產,再加發揚光大,併入衰房之土地。唯部分不肖之房分,卻反乘經濟之改觀,揮費無度,至漸次走上傾家蕩產之路。

蓋如前述,臺灣在同治中、末葉以後,由於茶葉之興起,促進農村經濟農作物之種植,並提升收穫利潤。但在此一繁榮之同時,吸食鴉片之風氣,亦迅速在臺灣社會風行〔註11〕。並吹入擁有大批土地之農民與小地主階層。據得自鄉野之調查,茶業在臺灣興起以後,鴉片在市面價廉而吸者普遍,為人父母者犯上錯誤之觀念,殆認為:後繼家業之子弟,若能吸食鴉片,則能守成保有恒產云〔註12〕。卻未察鴉片之害,一旦染上則無法戒除。

同治六、七年間,當提供製茶之花業在臺北盆地興起之後,由於花農急須人手藉以增加產量,開始僱用外來之傭工。至是有一同安籍移民後裔之吳姓子弟,自鄰近之擺接堡來到溪尾庄,受僱為花農之長工。數年之後,由於此一外來人之能克苦耐勞,終於庄中娶得一大姓之女為妻,遂在溪尾落籍,成為新加入此一地區開發之另一氏族祖,家成而開始立業。

光緒二十一年(1892),臺灣隨同馬關條約,進入日人之殖民統治,土地制度再次引起重大之變化,社會面與經濟面之改變,自不待言。至於臺人之一切買賣行動,悉受日殖民當局所定律令之限制。光緒二十四年(1898),前述外來人在溪尾以所有之積蓄,購入第一筆自己擁有之土地,於地面建立家園。並且,由此發端,以佃農身分,漸次躋身為「自耕農」,再陸續以其收益購入其他大姓土地;迨及其子裔時,已漸登新興中上之家。

〔註11〕 周憲文《日據時代臺灣鴉片史》引井出季和太《臺灣治績志》云:「自1865~1874(同治四年~十三年)的十年間,臺灣的鴉片進口額,每年平均為193,000斤,迨一八九四(光緒二十年),每年的平均進口額增為470,000斤:而1881年(光緒七年)的進口額多至588,000斤。清末臺灣的人口,估計為260餘萬,則每人吸食量之多,可以概見。」見《臺灣經濟史十集》,頁139。

〔註12〕 故老相傳:早期之臺地富家,為使子弟能安份守己,克紹箕裘保住家傳之田地業產,往往於成年則誘其吸食鴉片,以免淪為呆子孫云。又,佐倉孫三《臺風雜記》,「鴉烟」條:「臺灣人士嗜鴉烟,甚於食色。大抵男子自十七、八歲喫烟,至老尚不廢。每家寢臺,列置烟器,橫臥喻之;有客亦供之。」見《臺灣文獻叢刊》一〇七,頁2。

此種土地之移轉，據云：以來自阿芙蓉之害為最。先是於新穀將登之前，以賣「稻菁」之方式，預售農作物。農作賣盡，則繼而出典土地，終於不斷出現「乏銀別用」之情形，始由典借之方式，至於典期既滿則轉而「贖典為賣」，進行土地之過戶。其間，亙歷日人五十年之統治，事例頻見。

四、

上述經葉姓友人提供之古契與譜牒，首為開闢溪尾地區最初二個姓氏之手抄族譜，以及後期入墾其間之普園陳氏、佛嶺葉氏之譜牒資料外，主要之地方史料則概括乾隆三十四年，闢闢者葉坤山即葉煌山所立之賣地契，歷嘉慶、道光、同治、光緒，乃至於進入日據之明治、大正、昭和各不同朝代，迄於臺灣將歸中國稍前之各種契券在內，多達一百餘件。

此批來自民間之契券，為地方性極小地區之文獻，以大論小，其能裨益臺灣歷史之研究，分量亦屬至微。但若以小觀大，試作個案之探討，以觀草萊之區，開發之過程，至成人烟稠密之都，即資料可云十分完整。

蓋契券之中，計有清代土地之杜賣字、找洗字、合約字、退約字、墾佃字、賣坆地字、闢書字、換地字、質借銀字、庄約字、丈單、乃至進入日據後之各種土地移轉、土地登記、公私土地典借字、覺書、河川地租借字、房屋買賣字、租佃契約等，包羅繁多。並成一系列之案件，由始至末，可資多方面研究之參考。

由此，於歷經整理之後，因見譜牒資料方面，其間或已有刊刻存在，且傳世二百餘年以來，各姓之子孫繁衍既多，範圍過廣。僅擷取嘉慶、道光以前之上世資料與分支之世系，以保留遷徙之過程部分。但佛嶺葉氏之譜，因原手抄本係歷劫火之殘卷，卷上於同安祖籍之資料固詳，渡臺部分之資料，卻至於難考，且古契資料亦未見出自該一族者，因容後日另行考訂外，本篇僅錄存開基之汪、葉、陳三姓，故份量較少，列之於前，明其所自。

其次於契券方面：契券若未加以系統的分類、點校、分別其是否同一案件，則僅止於成堆破碎之文字而已。由此，廼將契券經過選擇取捨，細加整理，按件分段點校。至日據部分，由於土地登記制度之實施，同一案卷而有多件之資料，因將發生之第一件列為主要，其餘則分別其次序而併為附件方式，以通過時間之先後，至最末之附件，為一案之全部資料，並加以附註。

經此整理之後，去除部分祭祀公業之雜碎資料、丈單，以及日人據臺末

期，各種物資統制之配給票卡，再則稍為零碎之買賣契以外，清代部分共得十九件唯缺咸豐朝部分，曰據時期十九件。次序以繫年為據，附件又以別自起號，列為本件之後，共為五十七件。另在總號之下，又別以所屬姓氏契類之小號碼，附於其下，分次系列。契類有必需以世系關係，裨助瞭解者，亦別自製成其關係表，臚列附於文末，資為參考。蓋此批古契資料，或能對於宗族之遷移、渡臺墾耕、區域開發、宗族制度、祭祀公業，乃至於人事之消長諸研究，提供一二微末之力量，固所屬望，其於保存流傳之人，亦云一份貢獻。否則，敝帚而自珍，藏之於篋，徒遭蠹蝕之害，寧匪一大損失。

一、族譜資料

（一）溪尾汪氏族譜

1. 源　流

啟行族字

衢淮大元乾啟子，邦國景士逢永享；

紹求世德昌宗信，宰輔公侯達帝京。

原籍

泉州府同安縣仁德里拾貳都英蒼社三房祖宗支及拮〔結〕宅居白鶴山腳高補〔鶴浦〕內茂社本派下始祖公隆衍公。

宗派

我祖自南京徽州府婺源分派以來〔註13〕，住居於同安縣后蒼英厝鄉，遷于橄頭林埔尾壠，名曰：「尚書墓」。維章公即伯彥是也〔註14〕。生一子名衢挈公，葬在岵宅錫頭鄉，生三子，長子名曰潤宗，遷于外洲〔州〕；次子名曰沃宗，遷于外洲〔州〕；三子名曰淮宗，維〔唯〕淮宗在后岵宅錫頭鄉居住，葬在岵宅錫頭口。生三子，長子名曰大興公，在后村鄉居住；次子名曰大振公，在同安雙圳頭居住；三子名曰大典公，號曰隆衍祖，姒柯氏，葬在石佛山土地公坪。生三子，長元敬公，次元口公，三子元臨公，住在英倉。

〔註13〕 婺源：今縣名，屬江西省，在德興縣東北。唐置，地近婺水故名。故城在今治北；後移今治。清屬安徽省徽州府。

〔註14〕 《宋史》，卷四七三，汪伯彥，字廷俊，徽之祁門人。

2. 世系

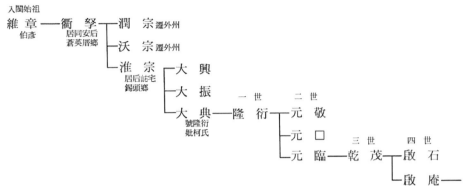

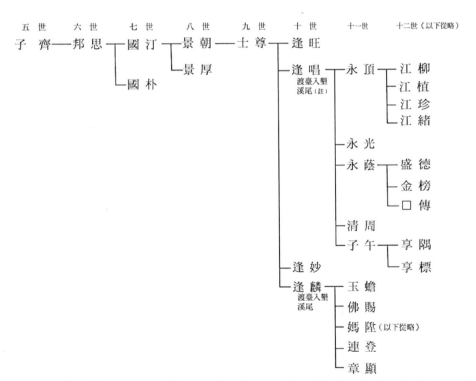

註：汪唱，《縣志》作汪昌。《臺北縣志·卷五·開闢志》：「三重鎮：慈化里，以觀音大士廟得名。亦昔日溪尾莊地區。乾隆十五年，同安縣仁德里十二都英倉社人汪昌、汪麟兄弟開闢。」頁45。

（二）蓮谿葉氏族譜

1. 世 譜

一世

始祖文炳字晦叔號五郎

河北河間府人氏〔註15〕，諸梁公第八十六世孫，生卒失紀，任晉江主簿，歷閩縣丞。子三：長顏、次頤、季顥。

二世

頤公諱頤字子平行十三郎

文炳公之次子。河間府人氏，移居福建同安，為蓮谿之開基祖。生卒失紀（下略）。子二：長元潾、次元淵。

三世

元潾公

頤公之長子，同安縣廿三都嘉禾里雙蓮坂人氏，所居曰「仙岳社」。子六：長作球、次挺、三有功、四國良、五勉功、六六郎。

四世

六郎公

元潾公第六子。蓮坂人氏，分居安宅。子二：長三十九郎、次四十郎。

五世

三十九郎公

六郎公之長子。子一：四十七郎。

六世

四十七郎公

三十九郎公之子。子二：長五十七郎，次五十八郎。

七世

五十八郎公

四十七郎公之次子。世居安宅。子一：遜功。

八世

遜功公

五十八郎公之子。世居安宅。子二：長萬八郎、次萬九郎

九世

萬八郎公

遜功公之長子。子一：溱叔。

〔註15〕河間府：漢為河間國，後魏初置河間郡。隋並置河間縣為郡置。宋升為河間府，元為路。明清仍為府。故治在今河北省河間縣。

一〇世

溱叔公

　　萬八郎公之子。子二：長伯忠、次伯誠、季伯顏。

　　一一世

伯顏公

　　溱叔公之季子。子三：長尚德、次尚賢、次尚亨。

　　一二世

尚賢公號誠齋

　　伯顏公之次子。世居安宅。生於洪武八年（1375）乙卯，卒於景泰二年
　　（1451）辛未十一月四日。與姚合葬于官塘山之原，家姪經，御史張，
　　銘其墓。子六：長廣民，分仙岳西；次廣厚諱晉良，分埶理；三廣禎諱
　　普□，分東山；四廣熙諱普亮，分官廳；五廣孚諱普忠，分仙岳東；六
　　廣由諱普進，分方湖。

　　一三世

廣民公諱普惠

　　尚賢公之長子，分支仙岳之西。子四：長志端、次志茂、三志睦、四志
洪。

　　一四世

志洪公

　　廣民公之第四子，居仙岳之西。子五：長建義、次建實、三建成、四建
通、五建澤。

　　一五世

建實公

　　志洪公之次子　世居仙岳之西。子二：長堯佐、次堯用。

　　一六世

堯用公

　　建實公之次子。世居仙岳之西。子二：長惟蓋、次惟濟。

　　一七世

惟濟公

　　堯用公之次子，世居仙岳之西。子四：長文聰、次文思、三文溥、四文
英。

一八世

文思公

惟濟公之次子。世居仙岳之西。子三：長萬邦、次萬方、季萬常。

一九世

萬常公

文思公之季子。世居仙岳之西。子一：成報。

二〇世

成報公

萬常公之子，世居仙岳之西。子三：長載棟、次載泰、季載履。

二一世

渡臺祖載泰公諱來，又作末。

成報公之次子。生于康熙四十七年（1708）戊子十月十四日吉時。渡海來臺，尊為渡臺開基祖。卒于乾隆二十九年（1764）甲申七月十三日卯時。葬在嘉義縣大目根堡瓦厝庄〔註16〕。妣口氏、忌辰：六月十一日。繼室呂氏，忌辰：九月十七日。子二：長煌山、次煌澄。

二二世

煌山公諱燕字坤山按：《臺北縣志》作「皇山」〔註17〕

渡臺祖之長子。生于雍正十年（1732）壬子十一月初九日申時。卒于嘉慶十八年（1813）癸酉九月廿二日戌時

妣潘氏諱鸞娘

煌山公之妻（系出社番之女）。生于乾隆十八年（1753）癸酉三月初四日未時。卒于道光元年（1821）辛巳三月廿六日卯時，年六十九。子二：長增專、次增德。

煌澄公諱淵水號資深

渡臺祖之次子母呂氏所出。隨兄煌山入墾淡北興直堡溪尾。忌辰：九月二十一日。

妣徐氏

〔註16〕按《臺灣省通志》卷一〈土地志‧疆域篇——大目根堡〉：清屬嘉義縣。瓦厝庄：又作瓦厝埔莊。即今竹崎鄉義隆、復金二村之地。見《通志》，頁344下。

〔註17〕《臺北縣志‧卷五‧開闢志》：溪美里：以昔日溪尾莊得名。以溪尾不雅乃改今名。乾隆十五年，同安縣雙蓮保二十三都連板仙岳社人葉皇山開闢。

煌澄公之妻。忌辰：二月十八日。子一：增耎。（世系從略）

2. 世　系

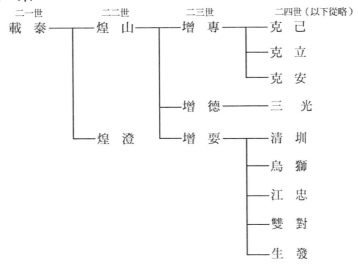

二一世	二二世	二三世	二四世（以下從略）

載　泰 ── 煌　山 ── 增　專 ── 克　己
　　　　　　　　　　　　　　　 克　立
　　　　　　　　　　　　　　　 克　安
　　　　　　　　　 增　德 ── 三　光
　　　　 煌　澄 ── 增　耎 ── 清　圳
　　　　　　　　　　　　　　　 烏　獅
　　　　　　　　　　　　　　　 江　忠
　　　　　　　　　　　　　　　 雙　對
　　　　　　　　　　　　　　　 生　發

（三）普園陳氏族譜

1. 源　流

原籍

同安縣綏德鄉嘉禾里二十三都呂厝堡普園嶼后社人氏〔註18〕。康熙末年渡臺，初居滬尾，後遷興直堡溪尾庄。

宗派

譜載：開漳元光公九世孫田，於唐昭宗光化二年（八九九）致仕歸籍同安，置產朔風，始安諸里，世稱南陳銀同派。明中葉，浙閩沿海倭寇為禍。田公十三世孫仲己之子一郎，避禍移居嘉禾嶼，後裔衍繁。地即泉州府同安縣綏德鄉嘉禾里二十三都呂厝堡普園嶼后社。明末，普園房親有分居於浯江等地，是為碧湖派。別支，普園一郎公九世孫諡肇淡，自嘉禾渡臺，居淡北滬尾開基。再傳四世，衍為十四大房，屢遷為六大派，分居大橋頭。葫蘆島、車路頭、三張、溪尾、大加蚋等地。

〔註18〕「普園」，楊國春〈鷺江山水形勢記〉作「溥園」。見周凱《廈門志》卷二。

2. 世 系

渡臺世系

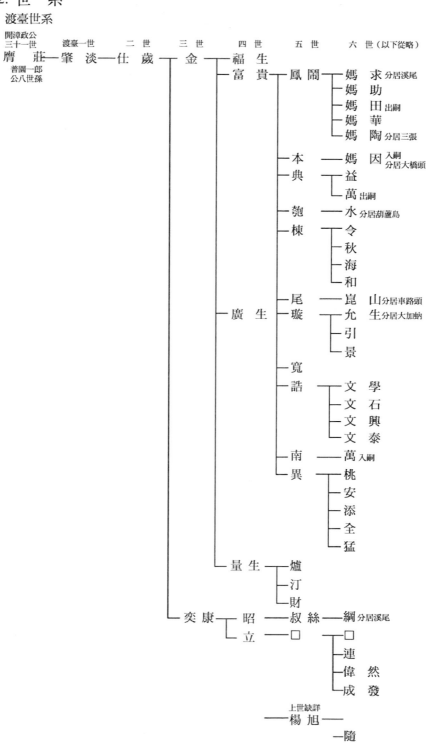

二、古契資料

清 代

一、溪尾庄蓮谿葉氏古契（1）

杜賣根字　出賣埔園之契字〔註19〕

立永杜根賣契人族叔葉坤山〔註20〕，有明買過埔園壹段，坐落土名三重尾，東西大溪、西至陳謝園頭車路邊為界、南至自己園為界、北至郭堆園為界，四至界址明白為界。今因乏銀費用，先兄弟盡問不肯承坐，外托中引就，問與族姪葉智蔡養觀二人合買，出頭承受。

三面言議時值價銀伍拾大員正。其銀即日全中交訖，其園隨即付銀主前去掌管耕作，永為己業。其園歷年大租照庄例，壹玖伍抽的。此園係坤山明買，與兄弟無干，亦無重張掛他人為碍，並無來歷交加不明等情，如有不明，賣主賣力抵當，不干銀主之事。

此係二比兩愿，自今一賣千休。日後不敢言找、言贖契尾，各無反悔，口恐無憑，立永杜根賣契壹紙，並帶上手大契壹紙，共貳紙付執為炤。

即日全中收過契內銀伍拾大員正完足再炤。

為中人　陳琳觀

乾隆參拾肆年陸月　日　　　　　立永杜根賣契人族叔　葉坤山

知見人　　　印

一、批明葉智蔡養二人應收大契批炤

一、批明陳琳葉念二人應收合全批炤

〔註19〕（一）原契縱47公分，寬33公分。（二）契字中除為中人，立字人名下各有畫押以外。知見人名下並有「三重埔庄業主得租管事蓮山葉□記」鈐記一方，長4公分，寬2公分。另契上並蓋有「業主：三重埔庄章天圖記」長印。

〔註20〕葉坤山，譜名煌山，諱燕，字坤山。同安縣雙連堡蓮谿人氏。生於雍正十年（1732），乾隆年間隨父載泰渡臺，初居諸羅大目根堡瓦厝庄。後北上入墾三重埔庄溪尾，娶番女潘氏鶯為妻。卒于嘉慶十八年（1813）九月廿日。見蓮谿葉氏家譜，頁168～169。又盛清沂《臺北縣志・卷五・開闢志》第二十七「三重鎮」：「溪尾里：以昔日溪尾莊得名。……乾隆十五年，同安縣雙連保二十三都連板仙岳社人葉皇山開闢。」按葉煌山亦作葉皇山、葉燕、葉坤山。

二、溪尾庄蓮谿葉氏古契（2）

合約字　延長永安陂水圳合約〔註21〕

同立合約字人業主君納，三重埔庄佃葉燕〔註22〕、林接、郭高興、黃晚、陳時等，緣三重埔庄開墾埔園因溪洲下處屢被洪水淹沒，歷年失修，上誤國課、下荒埔地。茲幸有水主張廣惠等因銀開築海山大圳，水經與二重埔庄，佃人灌溉成田，餘有水分欲與三重庄灌溉，眾佃協同向業主相議求水灌園耕田〔註23〕。

其佃人愿自出血本銀十六大員正，每甲納水谷三石正，約作二季對半完納。其業主因溪洲下處明丈，每甲遞年愿收大租谷三石正，亦約作二季對半完納，永為定例。其圳風水崩壞，依舊同旱園一九五抽的，自約以後，不得增添至開築圳路，應就各佃園頭橫過，上流下接，任從開築，不敢阻當或礙車路。若有悖強阻當等情，業主自應出首理開成圳，不干佃人之事。如有開直圳路過佃之園者，公議每甲約定銀八十大員正。將開園地業主丈明多寡，分數其銀，眾佃鳩齊交業主理明。

此係二比甘愿，日後各無反悔，口恐無憑，同立合約字二紙，各執一紙為炤。

內註課路二字再炤。

批明：所墾之小圳路係由番仔埠經過，但埠口原有消水溝乃鄧謀觀引灌己田之圳，眾等不得藉圳絕水源，致謀觀之田失水，若謀觀之田有水灌溉，亦不得故意將水濫破下流。

批照

又批明所開之圳，誠恐黃隆觀典耕之番田，眾水分之人當將圳水開消，不致淹沒再炤。

	林節	翁岱	林尚忠	莊碧	陳虞
	林存	翁平	林剪	張躬林	郭高
同立合約字人	蔡掛	黃晚	周亨	林接	楊榜

〔註21〕　本契據臺北縣樹林鎮張福壽家藏手抄本「張必榮開闢文契」。見《臺北縣志‧卷五‧開闢志》第二十三號「三重埔庄開闢古契」。為二重埔以北地區庄眾，要求延長水圳之合約。

〔註22〕　葉燕，參閱本文〈葉氏古契（1）〉附註20。

〔註23〕　參閱尹章義《新莊志‧卷首》第七章，頁90，並《張士箱家族移民發展史》，頁142。

顏爾	余標	陳存	葉燕	葉譴
郭興	陳時	余光成	林媽	余冲

乾隆三十四年十一月　　　　日

三、溪尾庄蓮谿葉氏古契（3）

退約字　退還水尾灌溉權之合約〔註24〕

　　立盡繳退約字人葉坤山，緣前年三重埔庄眾向就海山庄，原築武勝灣永安埤水主張廣惠圳中給買水源，分撥灌溉三重埔旱園成田〔註25〕。圳路必由武勝灣北勢社邊埤田經過，並攔拾埤底田中水尾在圳，屢被社番阻塞，庄眾無奈前來央山向社番煥章等勸解買愿，永勿阻塞得以圳水長流，通庄田夥各皆欣忱，愿將除買水主張廣惠水源甲數外餘，拾社番埤田水尾源流批約，付山前來出給水甲並收租費，作以酬山辛勞。山經給賣六甲收租費在先。

　　茲水主出首爭執稱：北埤底水源均伊圳中溢流之水，固屬情理，但念山為通庄向番求懇息爭，並為向借張華日番劍銀三十大元用費盡付烏有，無可清還。是以央公親黃尚叔向懇水主張廣惠從中出銀三十大元給山，以為代墊使費之資，山愿將所受通庄批賞埤底水尾水源，一盡退還與水主歸一掌管，不敢與爭。幸蒙水主俯從，山愿給出銀三十大員還華日，其銀即日同公親收訖，其埤底田中水尾攔拾在圳，俱聽水主分給佃人，並山所有分給之水，不論自己漢番人等，灌溉田園俱聽水主按甲收租，張克陞按甲收取埤費，一退千休，葛籐永斷，並無餘滴水流留存在圳，亦不敢藉番阻塞滋事等情。

　　此係二比兩愿，各無抑勒，恐口無憑。立盡繳退約字乙紙，並通庄與番合約批明埤水付山掌管約字三紙，計共四紙，付執為炤。

　　即日收過退約內劍銀三十大元足批炤。

公親並中見人　黃尚叔

立盡繳退約字人　葉坤山

代書人　陳遜侯

乾隆三十九年三月　　　　日

〔註24〕本契之原件據臺北縣樹林鎮張福壽家藏手抄本「張必榮開闢文契」。見《臺北縣志・卷五・開闢志》第二十七號「三重埔庄古契」。

〔註25〕參閱本文二〈葉氏古契（2）延長永安陂水圳合約〉。

四、溪尾庄普園陳氏古契（1）

墾佃字 承墾番業主章天土地之墾約〔註26〕

　　立招墾佃批人武勝灣社業主章天，有承租應分土名坐落三重埔溪尾本園頭，有新浮沙波一所，東至大浪泵港、西至各夥記園頭，北至汪唱觀園頭，南至林溪觀園頭，四至明白。今因乏銀完項，先問番親人等，無力開墾，再就原佃人 洪尚觀 余侃 蔡養觀 陳媽求 等出首給墾。

　　即日收過墾單銀拾大元正，其銀即日收訖，其沙波聽銀主前去自備工本開墾。日後開成田園，種其叶子五谷，照例聽業主一九五抽的，車運到社交納，不敢少欠升合。

　　此係自己物業，與別番無干，如有不明，章一力抵當，不干銀主之事。口恐無憑，立招墾佃批一咸，付執為炤。

　　即日收過契內銀拾大元完足再炤。

代書人　　　陳德貴

立招墾人　武勝灣社

此銀蔡養觀分下係是洪蒼觀代出

乾隆肆拾陸年八月　　　　　日

五、溪尾庄普園陳氏古契（2）

賣坆地字 承買胡字之墓地〔註27〕

　　□□□□□□□□□□□□□□□松仔寮〔註28〕後世租屋，背坐□向東，因乾隆五十九年□□□□□□□□□原籍，今有陳淵官上有窖坆一穴，全托中將叔廢礦賣與陳淵官□□□□□□□做一穴，任從其意。

　　三面言定廢礦銀價參大元。即日交收足訖，將此廢礦□□□□□與陳淵官開做安葬，永為己坆，保此廢礦係全葬叔之坆，與他人無干，□□□□等情，如有此情以及伯叔兄弟等前來阻擋，全一力抵當。

　　此係兩願，各無反悔，口恐無憑，立賣廢礦字付執為炤。

〔註26〕（一）本契之原件長 47.5 公分，寬 34 公分。（二）原件除代書人名下附有畫　　　　押以外，立招墾人名下有「業主：三重埔庄章天圖記」，寬 2 公分、長 4 公分　　　　印一種，分別蓋於文契之上。

〔註27〕（一）本契之原件縱 45 公分，寬 21.5 公分，右上角業已破損。（二）原件在　　　　知見、為中、代筆、賣廢礦字人名下，均各附有親筆畫押。

〔註28〕松仔寮：即今五股鄉成子寮，名成州村。

即日收過字內銀三員足訖，炤。

知見　胡奕福

為中　李冠冕

代筆　胡洪德

賣廢礦字人　胡全福

嘉慶玖年玖月　日立

六、溪尾庄普園陳氏古契（3）

溪尾陳氏五房鬮分書（一）　陳家五大房分爨合約字〔註29〕

立約字人母吳氏，竊思子兒原屬一體，分爨豈是素心，緣氏年老，長、次男別世，第恐日後難以均分，爰請族房親戚相議，將所建置田園、厝宅、竹園、菓子分定開明，氏自踏的承買葉錢園地併厝宅、竹園、菓子為養膳之資，百歲後我夫婦為祭祀之資，付長、次、四、五男子孫作四分輪流掌管祭祀。三男子孫不的〔得〕分爭。三男媽因與二叔過繼，將承買的林程田園、竹園壹段，付三男掌管，傳祀二叔支派。爾兄弟子侄，不的〔得〕爭長競短，其餘田園、厝宅、竹園，俱付長、次、四、五男子孫作四分均分。其餘現錢、銀、米谷、種子、牛隻、農椇、家器應分現分，不用後批，自分以後，兄弟敦和如初，以光於前，以篤天顯，鬮分已定，合立約字五紙，各執壹紙存炤。

清賦驗訖

代筆人族兄　子明

族兄　林

同在見人

胞叔　棟淑

立約字人　吳氏

嘉慶拾貳年肆月　　　　日

再批明：氏自踏承買葉錢園地併竹園、厝宅、菓子以為養膳之資，付長、次、四、五男子孫作四分輪流掌管祭祀，三男子孫不的〔得〕分爭再炤。

再批明：三男媽因付二叔過繼，應分的〔得〕承買林程田園、竹園壹段，再炤。

〔註29〕　（一）本契之原件縱約 45 公分，寬 44.8 公分，為鬮分書中之第四房所傳。

（二）原件代筆人、在見人、立約字名下各有畫押外，並蓋有「清賦驗訖」之章，長 10 公分，疑係後代蓋上。

一、批明^{四男媽華}_{長孫宗英}二人分下，全分的〔得〕承買蔡望溪埔園、竹圍、菓子，
併典的〔得〕葉行觀田壹段，隆吉店中毋利銀，再炤。

一、批明二房孫四美，應分的〔得〕承買胡四求田園、竹圍壹張半，應分
兮的各壹半與五房全契對分，再炤。

一、批明五男媽陶應分的〔得〕承買胡四求田園、竹圍壹張半應分兮的各
壹半，與二房全契對分，再炤。

再批明：媽因自欠公司銀壹百元，茲扣應分兮的牛隻、家器、種子，銀貳
拾元，即還來銀八十元完明，再炤。再批明：媽求前年自己欠他人銀元貳百六
十元，兄弟代理清還，今日均分不得分出長孫物業，再炤。

再批明：二、五房分的港尾田水路，從三房經過，聽其通流，再炤。

再批明：墾單上手係媽華收存。

新契合約係青扶收存。

附陳氏鬮分世系表（一）

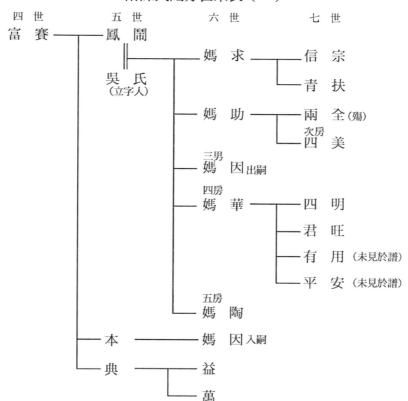

七、溪尾庄汪氏古契（1）

鬮分字 汪林氏五房分爨合約〔註30〕

立鬮書人母林氏于歸汪門，行列第三，生有五子：長曰頂光、次曰光明、三曰三蔭、俱娶妻有子，四曰清周，亦娶妻、五曰子午，但許配未完婚，而先夫棄世。

竊慕張公九世家法，田氏一庭荊花，誠恐人情日偷，古風難再，故田取肥、宅取美，偉見薛包之愛弟，器尚質、物尚舊，曾傳許武之善兄，孔懷固敦共永好內外，豈能無間言，欲其無生嫌隙，何必勉強同居。合我年衰老，諉其治家之職於諸子，將爾父從前在淡地創造，應分竹圍、瓦屋、物業內，抽出菁仔宅田與胞叔對分壹半租額，為我養瞻以及爾父忌辰，祭掃墳墓之費，俟百歲後，爾兄弟照長幼輪流當祭。其餘竹圍、埔園、瓦厝、物業，俱作五分均分，憑鬮拈定，照鬮掌管。日後不得藉端生事，較短爭長，此係爾兄弟甘願，各無反悔，口恐無憑，立鬮書一樣五帋，付執為炤。

計開瞻業大孫園及五子各人分下條列于後

一、批明瞻業田在三重埔，田二段，每年應分收得小租粟陸拾壹石，並帶竹圍在批手。

一、批明觀音山山壹段，每年與胞叔應分，得小租粟拾石。

一、批明大孫汪江柳余家東至大港、西至竹圍後路、南至胞叔園、北至陳家園各為界，永為己業，付執存炤。又補佛銀陸拾大元，每年應納番業主大租銀壹元。

一、批明三重埔菁仔宅田契并上手契券，及完畢水租單、并觀音山契券上手在內，又帶與胞叔均分合全一帋，俱係長子收存，公用取出，不得刁難。

一、批明大厝兩座，前後簷前滴水以外各五丈為界，名分照鬮管業。

次子光明分下壹鬮　東壹大分園帶菁仔園、小分園并帶郭宗契卷收存，每年應納大租銀五大元。

拈得屋身東壹房二間，應收入銀玖拾大員貼起東邊護厝。

五子子午分下貳鬮　東貳大分園帶青埔東邊帶余家契券收存，并帶余家竹圍內及竹圍前園東邊壹半，每年應納大租銀伍大元。

〔註30〕（一）本契原件縱48公分，寬36公分，為開闢溪尾莊一世汪唱遺孀林氏所立鬮書字。（二）原件在知見人、代書人、立字人與諸子名下，均附有親筆畫押。

　　　　　　　　　　拈得厝身東貳房貳間，并帶中護厝西邊貳間面前簷前滴水
　　　　　　　　　　為界，應出銀伍十大元貼蓋居。

長子頂光分下參鬮　　東參大分園帶青埔西，並帶余家竹圍內及竹圍前園西邊壹
　　　　　　　　　　半，帶徐家契收存，每年應納大租銀伍大元。

　　　　　　　　　　拈得厝身東參房貳間，帶過水壹間并帶中護厝東頭壹間，
　　　　　　　　　　應出銀伍拾大元貼蓋居。

四子清周分下四鬮　　東肆大分園帶渡頭青埔，帶陳家契券收存，每年應納大租
　　　　　　　　　　銀伍大元。

　　　　　　　　　　拈得厝身東肆房貳間，帶過水壹間，又帶護厝北邊頭壹間，
　　　　　　　　　　應出銀伍拾大元貼蓋居。

三子三蔭分下五鬮　　東伍大分園帶分子內園，帶郭家契券收存，東五分園加闊
　　　　　　　　　　肆尺，東至大港、西至君孝港，每年應納大租銀伍大元。

　　　　　　　　　　拈得護厝肆間相連在北邊前面簷前滴水為界，應收入銀陸
　　　　　　　　　　拾大元補足居護厝。

在堂知見人　　胞母舅　林登階
　　　　　　　胞叔父　呈麟

代書人房親姪孫　　繡文秉筆

長子頂光（仁心）　　次子光明（義）

三子三蔭（禮）　　四子清周（智）

五子子午（信）　　大孫江柳孝

立鬮書人汪門母親　　林氏

嘉慶貳拾肆年捌月　　　　　　　　日

附汪氏鬮分世系表

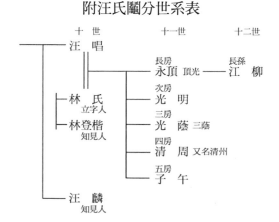

八、溪尾庄普園陳氏古契（4）

溪尾陳氏鬮分書（二）　　陳家五大房再分爨之合約字〔註31〕

　　全再立合約叔媽華媽陶姪信宗四美，緣嘉慶拾貳年間我等分爨，其物業諸件配搭均分已定，俱出至公無私，我等亦各執約管業及今不異〔註32〕。所有買置葉錢官之業，乃母親抽起為養贍之業，百年後欲作祭祀之費，遺命我長、次、四、五房輪流掌管，以第三房媽因經已出嗣二叔，且分業多得所有，是以不與我等共分此業〔註33〕。鬮書併遺囑字據，迨後母親終年殯葬、功果、買卜、酹願，我等亦作四份均攤，再無波及第三房媽因之事，是我等維有受業之名，而無得業之實也。

　　茲媽因已業費盡，較分此業，經訟　分縣未蒙審斷，而因知理短，托親求處我等，念及胞與之情，將業公借出銀捌拾肆元付因收用，而因亦已立甘愿字付我等執憑矣。第念此業不分、外借難容，且存公不終，貽笑鄰里，不得已再延房長、姻親，將業配搭四份，憑鬮拈定，自今以往，各執其約，各管其業，不得爭長較短，致傷和氣。至於祀事公項，亦作四份給當，不得推委。口恐無憑，全立約字肆紙，各執壹紙為炤。

　　計開長、次、四、五房份下園業列左　　內註份下貳字再炤

一、長房信宗份下園在南勢第壹邊，併帶竹圍、菓子、樹木在內，東至大港墘為界，西至車路水圳為界與五房媽陶毗連，為炤。

一、五房媽陶份下園在南勢第貳邊，併帶竹圍、菓子、樹木在內，東至大港墘為界，西至車路水圳為界與媽華毗連為炤。

一、四房媽華份下園在南勢第參邊，併帶竹圍、菓子、樹木在內，東至大港墘為界，西至車路水圳為界與貳房四美毗連為炤。

一、貳房四美份下園在南勢第肆邊，併帶竹圍、菓子、樹木在內，東至大港墘為界，西至車路水圳為界與汪家毗連再炤。

批明北邊竹圍倚汪家竹壹行，係是四房公分，各人該管幾蔀，不得亂管為炤。

批明其大契、司單、甘愿字共參帋，係長房姪信宗收存。又另退字、找洗字共

〔註31〕（一）本契之原件縱約 50 公分、寬 35.5 公分，原件為文中第四房份所傳。
　　　　（二）原作除合約人、在場人、公親、代書人名下各附有畫押外，後面並有「清賦驗訖」之印。

〔註32〕參閱本文六陳氏古契（3）溪尾陳氏五房鬮分書（一）及附「陳氏鬮分世系表」（一）。

〔註33〕參同上註。

貳佈，係四房媽華收存，倘日後四房內要取出公看，信宗^{媽華}俱不得推委、隱匿，
再炤。

全立合約　信宗
　　　　　媽華
　　　　　媽陶
　　　　　四美

知見在場　益叔〔註34〕
　　　　　山叔〔註35〕

秉公姻親　楊猜伯

代筆宗親　陳廷理

嘉慶貳拾肆年拾月　　　　日

　　再批明後圖書中竹園前四美應份田園透水圳換過媽華承管。媽華應份竹園
內連後面埔園透大港換過四美承管，壹換終休，日後子孫不敢爭長競短及異
言生端滋事，再炤。

清賦驗訖

九、溪尾庄蓮谿葉氏古契（4）

杜賣盡根字　承買陳家田地之契字〔註36〕

　　立杜賣盡根絕契字人陳媽華〔註37〕，有承母圖分應得竹園帶後面埔園
〔註38〕。換過胞侄四美圖分應得竹園前田園，併自己合連壹段，坐落土名三
重埔溪尾庄，東至四美竹園邊溝、西至車路頭水溝、南至媽陶園、北至汪家園
為界，四至界址明白。年配納番業主大租折銀壹員壹角貳點半。今因乏銀別
創，愿將自己圖分與四美對換竹園前田園，合連壹段出賣，先盡房親叔兄弟
侄，不欲承受，外托中引就與葉本光出首承買。

〔註34〕益叔：陳氏族譜作「益」。見前揭「陳氏渡臺世系」。

〔註35〕山：同上譜作「崑山」。見前揭「陳氏渡臺世系」。

〔註36〕（一）本契原件縱約 49 公分、寬約 24 公分。（二）原件除代書、作中、知
　　　見、立字人一家，各於名下畫押以外，契上尚蓋有「番業主：三重埔庄章承
　　　義照合記」及「番業主：三重埔庄章承義□合記」印各一方，縱具 4.5 公分、
　　　寬 3 公分，以及篆字（北路淡水□廳同知關防……）」一方，縱 9 公分、寬
　　　5.7 公分與「清賦驗訖」印等，共四顆。又右上角有「石橋」二字圓形小印
　　　一，疑係日人所蓋。

〔註37〕參閱本文六〈溪尾庄普園陳氏古契〉（3）附「陳氏圖分世系表」（一）。

〔註38〕參閱同上六〈陳氏古契〉（3）。

當日三面言議，賣出時價契面佛銀參百柒拾大員正，銀契即日全中交收足訖。其田園隨即踏明付葉本光起耕掌管，栽插竹圍，永為己業，招佃耕作，收稅納課，不敢阻當。保此田園係是媽華自己鬮分應得物業，與叔、兄、弟、侄、房親人等無干，亦無重張典掛他人及拖欠大租，胎借交加，來歷不明為碍。如有不明等情，媽華壹力出首抵當，不干買主之事。其田園從此賣出千休，葛籐永斷，並無粒沙寸土留存。日後子孫，不敢言找言贖，及增添契尾滋事。

此係二比甘愿，各無反悔，恐口無憑，今欲有憑，立杜賣盡根絕契字壹帋，並繳再立鬮書壹帋，退契字壹帋，共參帋付執為炤。

即日全中收過契內佛銀參百柒拾大員定足，再炤。

代書　族弟　光切　四美〔註39〕

作中　堂弟　山老　三元

知見　胞弟　媽陶　侄清扶

立杜賣盡根絕契字人　　陳　媽華

妻葉氏

道光陸年拾貳月　日

清賦驗訖

男四明　君旺　有用　平安〔註40〕

業主	番	三重埔庄
	業	章　承
	主	義照合計

	番	三重埔庄
	業	章　承
	主	義　合記

十、溪尾庄汪氏古契（2）

換地字　汪張二姓交換土地之合約〔註41〕

全立換盡根園約字人汪子午，有承父鬮分應份埔園壹段，併帶竹圍、瓦屋貳間、墻壁三路，併帶中廳在內〔註42〕。張玉指承買過，汪光明鬮分應份埔園壹段，併帶竹圍、瓦屋貳間，墻壁三路相連，坐落三重埔溪尾庄，其東西四至及配納番業主口糧大租，俱載在鬮書、買契字內。緣二比瓦屋壹座相

〔註39〕四美：應為媽華兄子，見「陳氏鬮分世系表」（一）。鬮書誤為「族弟」。

〔註40〕按立字人男有用與平安，未見於後修《陳氏族譜》，疑係失祀房份。

〔註41〕（一）本契原件縱約49公分，寬約23公分。（二）原件除代書人、為中人、立字人各具名下畫押外，又蓋有「清賦驗訖」之章。

〔註42〕參閱本文七〈汪氏古契〉（1）。

連，埔園二坿相近。茲子午欲瓦屋全落居住，玉指欲埔園歸節耕種，是以邀同相議，從中公佸，埔園、瓦屋交換。

子午愿將應份埔園壹段，踏作十份，先抽出壹份與張玉指換瓦屋貳間、墻壁之路居住。其埔園相議對換歸節，子午將前節在西勢踏出埔園壹截，東至子午換過園界，西至君孝港、南至玉指、北至江柳園界，四至明白為界，換過張玉指掌管，永為己業。張玉指將後節在東勢踏出埔園壹截，東至社仔港、西至玉指，換過園界，南至葉家園界。北至子午園界，四至明白為界，換過子午掌管，永為己業。其二比埔園貳段，合作計開貳拾份，子午應得埔園九份，張玉指應得埔園拾壹份，各人照約管業，日後不得爭長競短，任從栽插竹圍、什物，起蓋居住，招佃耕作，聽從其便，不敢阻當，異言生端滋事，亦不敢紛更逾約。

此係二比甘愿，各無反悔，恐口無憑，今欲有憑，仝立換盡根園約字貳乕，各執壹乕付執為炤。

一、批明其東勢埔園或日後冲崩浮復，不干張玉指之事，批明再炤。

清賦驗訖

代書人　張必政

知見人　張文要

為中人　汪全會

　　　　楊光斷

仝立換盡根園約字人　張玉指

道光拾壹年　月　日

　　仝　　合　　約

十一、溪尾庄蓮谿葉氏古契（5）

杜賣盡根字　葉本觀承買汪家土地〔註43〕

立杜賣盡根園契字人汪子午，有承父鬮分應得埔園、竹圍、瓦房，坐落

〔註43〕（一）本契原件縱 48.5 公分、寬 23 公分，為葉原本，見本文葉氏古契（6）附「葉氏鬮分世系表」　承買汪家土地之契約，因列於葉氏契類。（二）原件除知見人、為中人、立字人各於名下畫押外，契上並蓋有番業主之章，縱 4.5 公分、寬 3.2 公分，以及「清賦驗訖」印。篆書「北路淡水□廳同知關防……」縱 9 公分、寬 5.7 公分等共三方。另左上角「石橋」二字圓型小印，疑為後之日人驗契所用。

土名溪尾庄，於道光十一年間與張指觀按：張玉指公估交換埔園踏明界址一段掌管，并與兄弟、姪鬮分應得埔園一段，合連一所；東至社仔港界，西至瓦厝後舊竹外松為界、南至葉家竹圍園界、北至胞姪江柳園界，四至踏明界址明白為界〔註44〕，應配納番業主抽的（得）口糧，租拆銀壹元貳角半，今因乏銀別創，愿將鬮分內抽出瓦厝后新宅地、什木、菓子、樹欉、竹圍帶路下埔園一段并與張指觀換過：比連埔園、竹圍一段合連一所，踏明出賣，先盡問房親、叔、兄、弟、姪人等，不欲承受，外托中引就向與葉本觀出首承買。

當日三面議定，依時值園價銀四百捌拾大元正，即日全中交收足訖，即時踏出瓦屋后宅地、菓子、樹木及新橫竹帶路下埔園至大港為界，交付銀主葉本觀前去添插竹圍起耕，招佃掌管、收稅納課，永為己業，不敢阻當。保此竹圍帶埔園，係子午兄弟、姪鬮分應得園業及與張指觀換過實園業，從此一賣千休、割籐永斷，寸土粒砂不留，日後子孫不敢找贖，增添契尾滋事與房親人等亦無干，亦無重張典掛他人，財物交加，來歷不明為碍。如有不明等情，子午出首一力抵當，不干買主之事。

此係二比甘愿、添在僆右居住、仁義買賣，各無反悔，口恐無憑。今欲有憑，立杜賣盡根園契字一帋，并帶換過張指觀約字一帋，合共貳帋，付執存炤。

即日全中收過契面番佛銀四百八拾大元正完足存炤。批明上手大契係是高玉記收存，併徐家契卷，江柳收存。應份鬮書一紙，帶在林照觀收存。

批明倘要用之日，取出公看，不得刁難再炤。

		三蔭
	胞兄	光明
		清州
在場知見人母親		林氏
胞侄		江柳
為中人		陳偉觀
立杜賣盡根園契字人		汪子午親筆

業主 ☐☐

清賦驗訖

道光拾參年拾貳月　　　　　　日

〔註44〕 參閱本文七〈汪氏古契（1）鬮分字〉與十〈汪氏古契（2）換地字〉。按「張指觀」，前契作「張玉指」。

十二、溪尾庄蓮谿葉氏古契（6）

再新鬮分合約字　再分長孫園大租〔註45〕

全立再新合約字人^{兄本}_{弟能}等，前嘉慶拾捌年貳月間，有承母命遺言鬮書字分居，各業掌管俱已均分明白。茲有分仔內長孫園大租，現未分配，至此兄弟言競相爭，難以面約議，於是爰請諸親戚、房長人等公仝相議，至公無私，將兄本帶念骨肉情誼，備出番銀壹百貳拾大員正，即日付交弟能老親收去足訖，以作前差納長孫園之大租銀。

從今以後，不得言長語短，其後各配已定，毋得混爭，其住居竹圍地，前分坪均分，今恐後來子孫日熾，顯耀門閭，厝宅難以同住，於是再議按作貳處對半均分，自今拈定以後，各人掌管，不得阻當，異言生端滋事。口恐無憑，全立再新合約字壹樣貳紙，各執壹紙付執存炤。

即日仝親戚、房長付交弟能老親收過合約字內番佛頭銀壹百貳拾大員正，完足再炤。

一、長房本應分得東竹圍地壹處，東西四至公仝踏明俱各照界掌管，不得混爭。

　　又批明分仔內長孫園言議配納大租佛艮〔銀〕柒角正，又帶庄中神福演戲，應該出緣銀五占八正。又所分之業，應該納大租佛艮〔銀〕貳元六角五占，演戲應該出緣艮〔銀〕貳角貳占正，係本自應納。

一、次房能應分得西勢竹圍地壹處，東西四至公仝踏明俱各照界掌管，不得混爭。

　　又批明前所分之業應該納大租佛艮〔銀〕貳元六角五占正，庄中神福演戲，應該出緣艮〔銀〕貳角貳占一正，係能自應納。

代筆人　三興叔公

　　　　達叔　進益弟

在場知見房親　領叔　堯兄

　　　　　　　魏叔　向兄

　　母舅親　張守觀

全立再新合約字人　^{兄本}_{弟能}

〔註45〕（一）本契之原件縱 48.5 公分、寬 23.7 公分。（二）原件在代筆人、知見人、立字人名下具各附有畫押。

道光拾捌年正月　　　　日

　全立再新合約字

附葉氏鬮分世系表〔註46〕

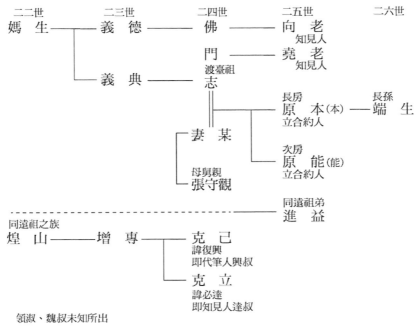

二二世　　二三世　　二四世　　二五世　　二六世

媽生 —— 義德 —— 佛 —— 向老
　　　　　　　　　　　　知見人

門 —— 堯老
　　　知見人

義典 —— 志
　　　渡臺祖

長房　　　　長孫
原本(本) —— 端生
立合約人

次房
原能(能)
立合約人

妻某

母舅親
張守觀

同遠祖弟
進益

同遠祖之族
煌山 —— 增專 —— 克己
　　　　　　　　譚復興
　　　　　　　　即代筆人興叔

克立
譚必達
即知見人達叔

領淑、魏叔未知所出

十三、溪尾庄蓮谿葉氏古契（7）

　找洗字　　承買陳家田園之找洗字〔註47〕

　　立找洗契尾字人陳媽華〔註48〕，有自己應份分得鬮書園壹段，并自己應份公園一段，合共兩紙，坐落土名三重埔溪尾庄，其東西南北四至俱登載兩紙賣契內，前經杜賣葉有本〔註49〕契盡價足，不敢言及找貼〔註50〕。今因拙荊身中有恙，恐旦夕不測，難免無脫賻之助。

　　爰是思之無奈，再托原中陳山向興葉有本懇求找貼之事，有本官念及姻

〔註46〕據《蓮溪葉氏家譜》，頁104、108、112。

〔註47〕（一）本契之原件縱43公分，寬21公分。為道光六年（1826）12月承買陳媽華土地後，再經十五年之找洗契尾字見九〈葉氏古契（4）杜賣盡根字〉。（二）原件在代書人、原中人、知見人、立字人名下，俱各附有親筆畫押。

〔註48〕陳媽華：參閱本文古契六——〈陳氏古契（1）〉〈溪尾陳氏五房鬮分書（一）〉。

〔註49〕葉有本。本名原本，號有本，字鴻基。見本文古契十二〈葉氏古契（4）〉附〈鬮分世系表〉。又本〈找洗字之原杜賣盡根字〉作「葉本觀」。

〔註50〕參閱本文古契九〈陳氏古契（3）〉。

親，原備出佛銀伍拾陸大員，即日仝原中交收足訖，以為百歲後送終之資。自今既找貼以後，日後子孫，永不敢言及找貼等事。

今欲有憑，立找洗契尾字壹紙，付執為憑。

即日仝原中交收過找洗契尾字內佛銀伍拾陸大員，完足再炤。

作代書人　楊沾恩

作原中人　陳　山

在場知見人　男四明

立找洗契尾字人　陳媽華

道光貳拾壹年拾貳月　　　　　日

十四、溪尾庄蓮谿葉氏古契（8）

賣坟地字　葉希觀承買陳家墓穴〔註51〕

立賣坟地字人陳貞記，有明買過陳葉氏等成雅寮〔註52〕後山崙上風水地壹所，前後左右各五丈為界，貞記因葬先妻骸確不合山〔仙〕命，扦起別葬，願將此坟地壹所出賣，托中引就與葉希純觀前來承買。

三面言定價銀貳拾大元正，其銀即日仝中交收足訖，其舊坟地隨即踏明界址，交付買主前去開築成坟，貞記及子孫不敢異言阻擋。保此坟地係貞記明買之坟，與他人無干，亦無重張給掛不明為碍，如有等情，貞記出首一力抵當，不干葉希純之事。

此係二比甘愿，各無異言反悔，口恐無憑，合立賣舊坟地字壹紙，併繳山批壹紙、上手字貳紙，共肆紙付執為炤。

即日仝中收過字內佛銀貳拾大元定足，再炤。

代筆人　陳捷登

為中人　陳現通

立賣舊坟地字人　陳貞記

同治參年拾貳月　　日

〔註51〕（一）本契之原件縱 40 公分，寬 18.5 公分。疑係本文五陳氏古契（2）賣坟地字之同一穴地三賣字。（二）原件除代筆人、為中人各於名下附有親書畫押外，立字人名下尚蓋有方型「貞記圖書」印一方，周各 2.5 公分。

〔註52〕成雅寮：即今五股鄉成子寮。前契作松雅寮。

十五、溪尾庄普園陳氏古契（5）

質借銀字　承典社番之土地字〔註53〕

立質借銀字武勝灣社番炭娘，有承祖遺下應得管收三重埔后竹圍庄佃人陳換觀每年應納番大租參石肆斗貳升正，今因乏銀別費，願將此管收租谷為胎，質借銀員，先盡問社番、房親等，不欲承受，外托中引就與佃人陳遜等借出佛面銀柒大員正。

歷年應貼銀主利谷參石貳斗正，銀即日全中親收足訖，其大租隨即對付現佃陳遜等收息抵利，不敢異言生端，不定年限，若要贖回原字，備齊母親清楚，贖出借字，不得刁難，如無銀可贖，仍將依舊租谷付銀主收租抵息。

此係仁義交關，二比甘愿，口恐無憑，即立質借銀字壹紙，付執存炤。

即日全中親收過質借字內佛面銀柒大員正，足訖再炤。

再批明至於同治丙寅年，當場就字再添借去佛銀肆大員限至乙亥年終，拾年為滿，備齊母銀清楚贖出原字，不得刁難，如至期無銀可贖，仍將租谷依舊貼納批明再炤。

批明同治拾壹年再添借佛面銀壹大元。

秉筆人　　林大德

作中人　　張孝觀

場見人　　連　情

立質借銀字社番　潘炭娘

同治肆年正月　日

十六、溪尾庄蓮鰠葉氏古契（9）

找洗字　葉^合_本記承買楊家土地之找洗字〔註54〕

立找洗字人楊^{虞宗}_{字琴}四房兄弟等，承父親應得鬮分買過陳家埔園一所，址在興直堡三重埔溪尾庄舊港嘴，於道光貳拾肆年十一月間，盡根憑中引就賣與葉^合_本記承買〔註55〕，盡根價足，本不欲啟齒。

〔註53〕（一）本契原件縱約 48.5 公分，寬約 21 公分。（二）原件除秉筆人、作中人、場見人、立字人各具名下畫押外，另有長方型番業主鈐記四方，唯字跡無法辨認。

〔註54〕（一）本契之原件縱 40 公分，寬 18.5 公分。為祭祀公業葉合記與葉本記於道光二十四年（1844）承買楊家土地後，復經二十二年之找洗字。（二）原件在為中人、知見人、找洗字人名下，俱各有親筆畫押。

〔註55〕葉合記、葉本記，為溪尾蓮鰠葉氏族人所創設之祭祀公業。成立年代待考。二公業均以奉祀康濟明王為主神，並定十一月廿七日為祭典之日，葉合記成

　　茲因此本年五月間，父親不幸身故，乏項喪費，托中求向葉合本記求出找洗番佛壹拾肆大員，銀即日全中親收足訖。又、前父親於道光貳拾柒年借收過佛銀參元，合共收過番佛銀壹拾柒大員正，各自甘愿。兄弟等，保后日子孫永不敢言及找貼等情，亦不敢生端滋事。

　　此係二比兩愿，各無反悔異言。今欲有憑，立找洗字一帋，付執為炤。

　　即日全中收過找洗字內番佛銀壹拾柒大員正，完足再炤。

為中併代筆　楊必明

在場知見人　母林氏

虞宇宗琴

立找洗字人　楊

同治四年伍月　日

十七、溪尾庄蓮谿葉氏古契（10）

　　鬮書合約字　葉孝記振合合買林家土地之附件〔註56〕

　　全立鬮書約字人長房嗣男林奇生、二房林元興、三房曾侄孫婦周氏、四房曾侄進來江海等。蓋聞張公九世同居，田氏感荊復茂，周公有同被之風，如其人心不古，誰能繼此而得見乎。自長房胞兄石明，前年不幸去世，將小兒奇生承接胞兄宗支。惟有二、三、四房自昔年間已經分爨，另居各食，均分明白。四房頭再相議、邀請族房親，公同妥議，將有承祖父建置溪尾庄竹圍一所，憑鬮拈定，俱各作四房頭照份均分明白，各業各管。自分約以後，再有廣置田園資財，該房粒積，各人造化，不得爭長較短，致傷和氣，富貴雙全，子

立之過程，係初由蓮谿一族宗人三十七名為發起成立，唯現存「祭祀公業葉合記先賢芳名」列四十六名為：仕強、仕參、仕供、增向、仕管、仕珠、仕桃、仕端、仕山、仕清、興旺、復興〔克己〕、仕講、仕誌、祖成、夸蟲、仕接、三結、興宗、有本〔原本〕、仕鶴、仕爽、仕祿、伯達、仕分、光印、向老、三光、仕勇、仕菊、意誠、仕點、仕招、文魏（疑則魏叔見葉氏古契（6））、仕仲、興山、仕來。

〔註56〕（一）本契原件縱約49公分，寬23公分，原件為二重埔林姓所有，於同治七年（1868）分爨，其後林氏將其位處溪尾庄之土地杜賣與祭祀公業葉孝記與葉振合，本契遂以上手字名義隨地歸於葉氏所有。（二）原件疑分為「忠、孝、信、義」四份，蓋原件之上方，書有「義字」二字，由此度之，原件應係第四房所出。（三）原件在代筆人、知見人、在場人、立字人名下均有親筆之畫押。

孫團圓。

　此係憑族房親至公無私，明分甘願明白，各無反悔，口恐無憑，仝立鬮書約字一樣四㳄，各房執一㳄付執，存炤。

一、長房嗣男奇生分過溪尾庄竹圍在東畔，首份一段，東至黃家園、西至二房園、南至黃家園、北至三房園，炤。

一、二房元興分過溪尾庄竹圍在南畔，第二份一段，東至長房園、西至黃家園、南至黃家園、北至四房園，炤。

一、三房曾侄孫婦周氏分過溪尾庄竹圍在北畔，第三份一段，東至黃家園、西至四房園、南至二房園、北至葉家園，炤。

一、四房曾侄^{進來}_{江海}分過溪尾庄竹圍在西畔，第四份一段，東至三房園、西至黃家園、南至二房園、北至葉家園，炤。

一、批明大契係是田心仔林家收存，舊鬮書自前年被大水漂流，聲明再炤。

代筆人　　楊明月

知見人房親　光　懓

在場人四房　楊　　氏

四房　　進　　來

江　　海

仝立鬮書約字人三房　周　　氏

二房　　元　　興

長房　　奇　　生

同治柒年拾貳月　　　　　日

附林氏鬮分世系表

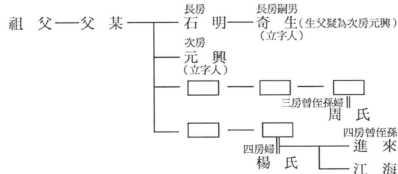

十八、溪尾庄蓮礜葉氏古契（11）

找洗字　祭祀公業葉孝記振合合買楊家土地之找洗字〔註57〕

　　立找洗字人楊江海全胞弟三湖，有明買陳成德埔園壹塅〔段〕，土名溪尾庄舊港嘴。兄弟以〔已〕經鬮分，對半均分，應納番屯大租谷東西四至俱載大契內明白。於道光貳拾陸年拾壹月托中引就，立杜盡根向賣與葉孝記振合合買，價足銀實，本不欲啟齒。

　　茲因邇來家兒妖〔殀〕亡、家中窘乏，衣食維艱，舉手莫措，告貸無門。無奈，托中引就向葉孝記振合找洗出佛銀壹拾大元〔註58〕。又、前所借佛銀陸大元，共壹拾陸大元正，銀即日全中親收足訖。保后日子子孫孫，不敢言找洗等情，亦不敢反悔滋事，俱各甘愿。

　　今欲有憑，立找洗字壹紙付執為炤。

　　即日全中親收過字內找洗佛銀壹拾陸大員正，完足再炤。

代筆併中人　朱成章

知見 男兒 楊 碧贊

男孫　楊　常

立找洗字人　楊江海

同治拾年貳月　日

〔註57〕（一）本契之原件縱40.5公分，寬18.5五公分。原契係祭祀公業葉孝記與葉振合於道光二十六年（1846）承買楊家土地後，復經二十五年後再提出要求之找洗字。但原「杜盡根字」已失。（二）原件在代筆併中人、知見人、立字人名下均有親筆畫押。

〔註58〕葉孝記：為溪尾庄葉氏四會祭祀公業之一，成立年代待考，係初由蓮礜葉氏族人三十二名所創設，以奉祀劉府元帥為主神，定每年農曆五月初四日為祭典日：會員採繼承方式，第一代會員今尚可考者為：天助、媽讚、天吉、磨石、有本〔直本〕、媽生、光義、耍生、拱照、昭生、柳老、烏龍〔明能〕等十二名，唯第二代卻保存完整，其會員為：猪肚、葉正樹、葉棟、葉活、烏皮、飾裘、葉撬、葉蝦、烏鰻、頭北、清江、葉瓦、烏三、侯秋、振裕、金火、炎山、談、水枝、桃、葉蝦、天行、阿水、文照、有仔、德發、香味、趖、軒、啟運、清香、牡蠣等。葉振合，疑即葉合記之原名。

十九、溪尾庄通庄古契（1）

　　庄約字　守望相助公約〔註59〕

　　仝立禁約字興直堡三重埔溪尾庄職員、總理暨紳耆、庄眾等，竊聞官有正條，民有私約，我庄自昔稠居以來，非不欲鄰里和睦，共安無事之天，第人類不齊，風俗為之一變，則與其聽流弊於胡底，孰若申嚴禁於今茲。爰是邀集紳耆、庄眾，公仝訂約，嚴立條規，自禁以後，惟祈出入親友，守望相助，庶上之科條，已布而下之禁約，復行仁厚之風，得以丕振於我庄矣。

　　合仝立禁約字壹樣拾紙，分執存炤，并立條規，開列於左：

一、公議庄中置公館一所，凡大小之事，皆先集紳耆、庄眾，訂日在公館評斷曲直，不得袒庇，庶免強弱欺凌，是非詞訟之弊，如有事不先投明紳耆、庄眾，而遽自多放投詞，至生事端與好事控告者，均同公罰。

一、公議庄中或有匪人偷盜物件及園中五穀，該總理、紳耆、庄眾等，不論何姓、何家，均宜鳴鑼搜贓，倘有窩藏搜出，公罰加賠十倍，革出外庄，違者稟官究治。

一、公議庄中五穀什物，務應同心協力，公仝守護，不准私許鱷惡包顧，違者重罰。如是鱷惡，陰謀損壞，不論何人何物，均宜高聲疾喊，公仝捉拏，送官究治，有一家不前者，察出重罰。

一、公議庄中安份守己之人，被盜賊供累，并被人誣陷，公仝具稟保結，不得袖手旁觀，以致分門別戶。

一、公議庄中被強盜劫奪，各家應執器械分途截伏，有一家不前者，查出重罰。若被強盜戕傷者，公仝延醫調治，以痊為度。廢疾者，公仝給養贍銀貳拾元，斃命者，公仝給延祀銀肆拾元。其銀庄中人等，應當捐便付領，不得挨延觀望，希圖幸免。

一、公議庄中若遇凶吉事，乞丐使費，凡婚娶紅簽定給錢肆佰文，烏簽定給錢貳佰文。凡追薦功德，不論三朝五夜，各定給錢貳佰文，當依規例而行。若違約而強乞吵擾，合應公誅，倘有奸徒流棍，假冒

〔註59〕（一）本契之原件縱47.5公分，寬49公分。（二）原件除庄眾陳忠記等十四人及職員楊應清各於名下，附有親筆畫押以外，總理之下，並蓋有「淡水縣正堂□：給大稻埕街庄銀兩、總理卓宗□戳記」縱6.8公分，寬4.7公分印，「淡水縣正堂顧：給興直保保長、程國安戳記」縱8公分、寬5.5公分以及「三邑新記」2.8方型等，共三顆鈐記。按淡水縣正堂顧溶，光緒七年在任，見《臺灣地理及歷史‧卷九‧官師志》第一冊。

乞丐之名，入庄串索強乞，盜取物件，公全捉拏，送官究治。

一、公議庄中若遇洪水漂流，園內所掛樹木，應歸現耕佃人掌管，或掛在園界中，應歸現佃二比均分，不得恃強爭佔，違者公罰。

一、公議庄中有數間小茅店，淮伊經商，不准窩藏匪類，私設賭場，致惹禍端，違者稟官究治。

一、公議庄尾有塚埔，皆人家父母祖宗魂墓，不許放牛踐踏，恐其崩壞，以致棺骸暴露，違者公罰官音壹檯，拏獲者給賞錢貳佰文。

一、公議庄中凡有應用資費，各按家資多寡分派，不許瞞祖，將所需計共若干，按作十分而攤，遇事之人，應開得三分，眾庄之人，應開得七分，若是橫逆外庄與不先投明公議者，有事開費須自己擔當，不得分派庄眾，違者公全從重議罰。

一、公議若有大船被風水飄流，掛在我庄園內，不准庄中人等拾取此船物件，如是水退之時，船主若要車此船落港，當向園主相商，將五穀估價，併將踏園價銀共若干，付園主收訖，准其開導，違者公全稟官究治。

一、公議我庄園尾係近溪邊，倘有水流無定死屍，掛在溪浦，該紳耆、庄眾，協同總董保正，向官稟明，不得依違觀望，以致棍惡誣陷之弊。

黃申全	李士褒	汪水車
陳忠記　張萬水	葉邦瞻	鄭士興
林士仁　楊朱記	楊進盤	彭淡能
汪克修	李神庇	汪美基
	職員楊應清	
	總理	

光緒七年拾月　日全立禁約字

日據時期

二十、溪尾庄吳氏古契（1）

杜賣盡根字　承買林家土地之契字〔註60〕

〔註60〕（一）本契之原件為吳水性承買林有義竹園地一所之契約字。時為日人據臺後之光緒二十四年日明治三十一年（1898），因起用日人年號。但民間之買賣，仍沿用國人傳統之方式，訂立白契存炤。然後，向官方進行申告。參閱《臺灣風物》第三十五期，莊英章：《日據時期「土地申告書」檔案資料評介》。（二）契字

立杜賣盡根契人林有義，有承先祖父鬮分應得南畔竹圍一所，址在興直堡三重埔溪尾庄，東至長房園、西至黃家園、南至黃家園、北至四房園各為界，四至界址踏明〔註61〕。遞年應納抽的六成口糧，租金五錢。今因乏金別用，願將此竹圍帶樹木、菓子、水井，一切出賣他人。先問房親人等，不欲承受，外托中引就與吳水性出首承買〔註62〕。

三面議定時值價金捌拾大員正，金即日全中交有義親收足訖；其竹圍隨即踏明界址，付水性前來掌管，永為己業。一賣千休，四至界址內，寸土無留。日後有義及子孫，不敢言找贖之事。

保此竹圍，係有義承先祖父鬮分應得之業，與房親人等無干。亦無重張典借他人以及來歷交加不明等情為碍。如有不明情弊，有義出首一力抵當，不干買主之事，此係二比甘願，各無反悔，口恐無憑，今欲有據，立杜賣盡根契壹紙，併繳鬮書壹紙，合共貳紙，付執為炤。

即日全中親收過杜賣盡根契內金捌拾大員正完足再炤。

一批明其大契係田心仔庄林家收執舊鬮書因前年被洪水流失合亟聲明批炤。

代書人　　葉偉梧〔註63〕

為中人　　李水蓮〔註64〕

在場知見堂兄　水　性

立杜賣盡根契人　林有義

明治三十一年　　月　　日

之原件，縱為 45 公分，寬 23 公分。因沿承傳統之方式，在代書人、為中人、在場人、立字人名下，均各附有親筆畫押。另右上方有「石橋」二字小型圓印一方，應為行「土地申告」時，日方官吏之驗正。（三）原契參閱十七葉氏古契（10）。

〔註61〕土地所在在其後之契券列為三重埔字溪尾三〇四番地。

〔註62〕吳水性，即此件買賣之承買人。原籍同安縣石訒社，生於咸豐四年（1854）3 月 9 日，卒於民國 4 年（1915）6 月 24 日。祖吳用時渡臺居淡水廳擺接堡番仔園庄三抱竹。同治間，水性外遊營生溪尾庄受僱於葉姓為長工，因落籍，並入贅葉氏女，以佃起家，遂為溪尾吳氏始遷之祖。參閱《延陵吳氏族譜》。

〔註63〕葉偉梧，字清秀，蓮谿葉氏二十七世，為葉原本見（葉氏古契（6）附〈鬮分世系表〉）之孫，任私塾師，村人尊稱為「奇仙」，傳說鄰近褒仔寮仙公廟地，即為偉梧所選。

〔註64〕李水蓮，溪尾人，曾任溪尾庄保正。

附件一　土地臺帳謄本一〔註65〕

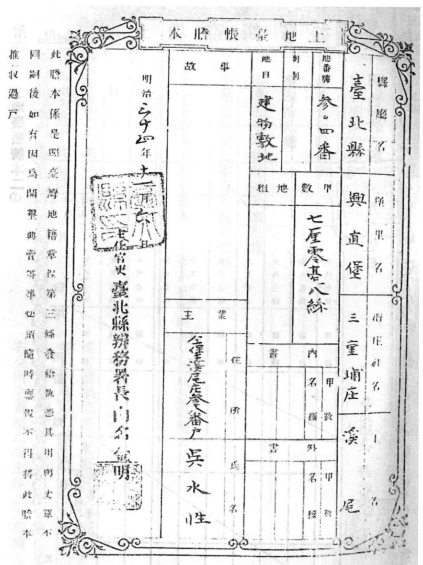

〔註65〕附件一為溪尾三〇四番「建地」之土地臺帳謄本。由時之臺北縣辦務署署長山名金明所發。時為光緒二十七年（1901）11月6日，原件為官方印發之用紙，屬十六開一面，尺寸從略。

附件二　土地臺帳謄本二〔註66〕

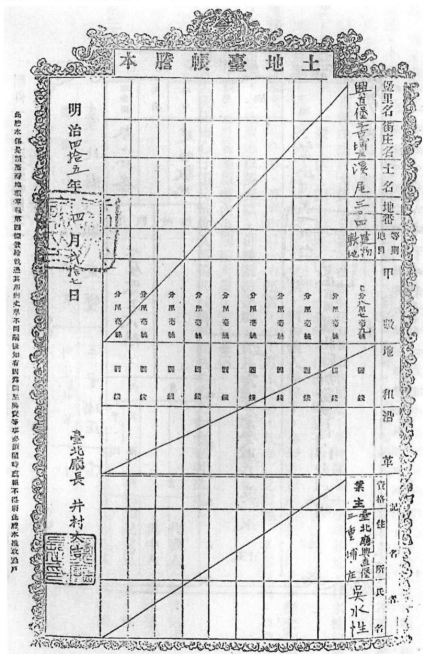

附件三　業主權保存登記申請書〔註67〕

土地表示	末尾記載の通
登記ノ目的	業主權保存登記
課稅標準	價格金百四拾圓
登記稅	金四拾貳錢
申請條項	相續未定地整理規則第壹條 不動產登記法第百五條第壹號
	申請書副本、戶口抄本、子孫系統證明書、土地臺帳謄本

　　右登記申請候也

大正四年拾月　日

　　　　　　　　　　　　　臺北廳興直堡三重埔庄土名溪尾

　　　　　　　　　　　　　參百四番地亡業主吳水性相續人

　　　　　　　　　　　　　　　持分均等申請人　吳乞食

　　　　　　　　　　　右全所全番地亡業主吳水性相續人

　　　　　　　　　　　　　　持分均等　全　吳乞成

　　　　　　　　　　　右全所全番地亡業主吳水性相續人

　　　　　　　　　　　　　　持分均等　全　吳勝興

　　　　　　　　　　　右全所全番地亡業主吳水性相續人

　　　　　　　　　　　　　　持分均等　全　吳文德

臺北地方法院　御中

　　　　土地之表示

　　　興直堡三重埔庄土名溪尾

　　　　第參〇四番

一、建物數地八厘七毛九系

　　價格金百四拾圓

　　　　以上

〔註67〕附件三為「業主權保存登記」之申請書，時為民國四年日大正四年十月，向臺北
　　　地方法院申請前記溪尾三〇四建地之繼承。末尾並附有土地之表示，蓋是年六
　　　月間前業主吳水性亡故，故由其四子吳乞食等提出。為官方印發之用紙八開
　　　二十四行箋，共占一大張半，尺寸從略。

附件四　登記濟證〔註 68〕

登記濟證用紙（不第六十條第一項）

街庄名又ハ土名	土地番號	登記番號	順位番號	街庄名又ハ土名	土地番號	登記番號	順位番號
	三〇四	一三六〇	一				
申請書受附年月日	大正四年十月廿五日			受附番號	第一〇〇二三號		
右登記濟							
				印鑑簿	自第　冊　號 至第　冊　號		

二一、溪尾庄吳氏古契（2）

杜賣盡根字　承買葉家土地之契字〔註 69〕

立杜賣盡根契人葉水濕李分〔註 70〕，有明買過林水性竹圍地一所，時將此竹圍地分作四份，內抽起西畔一份杜賣，址在興直堡三重埔，土名溪尾庄，東至自己地，西至吳水性地，南至黃遠芳畑，北至葉戇地，四至界址踏明，遞年帶納六成口糧，租銀壹點貳尖五末正。今因乏銀別用，願將此竹圍地分作四份，內抽起西畔一份，出賣他人。先問房親人等，不欲承受，外托中引就與吳水性出首承買。

三面議定時值洋銀貳拾大員正，銀即日仝中交水濕分二人親收足訖。其竹圍地隨即踏明界址，付吳水性前來掌管，永為己業，一賣千休，四至界址內寸土無留。日後水濕分及子子孫孫，不敢言找贖之事。保此竹圍地係水濕仝分父合夥備資，明買之業，與房親人等無干。亦無重張典借他人，以及來歷交加

〔註 68〕附件四為進行前註 8 之業主權保存登記後，由臺北地方法院發給之「發明證明」。為官方印發之用紙，原並蓋有臺北地方法院之大印。

〔註 69〕（一）本契原件亦為吳水性承買葉家土地之契字。時為光緒二十六年日明治三十三年（1900）十一月間。（二）原件縱 47.5 公分，寬 24 公分，原件在代書人名下蓋有印章外，為中人、知見人、立字人名下，均用有指印，至於其他有關之附件，惜未出現。（三）請參閱葉氏古契（10）。

〔註 70〕葉水濕，蓮谿葉氏二十五世，為葉坤山弟煌澄之曾孫。李分為水濕子，出嗣李姓。

不明為碍，如有不明情弊，水濕全分二人，出首一力抵當，不干買主吳水性之事。

此係二比甘愿，各無反悔，口恐無憑，今欲有據，全立杜賣盡根契一紙，付執為炤。

即日全中親收過杜賣盡根契內洋銀貳拾大員正，完足再炤。

批明其買林水性之契，契內有批明此竹圍地分作四份，內抽起西畔一份，杜賣吳水性掌管，日後不敢翻異滋事，其上手鬮書以及買林水性之契，葉水濕及李分二人留執。要用之日，持出公閱，不得刁難，合再聲明炤。

代書人　葉偉梧〔註71〕

為中人　李水連

在場知見人　堂弟　戀〔註72〕

同立杜賣盡根契人　　葉水濕

李　分

明治三十三年十一月　三日

二二、溪尾庄普園陳氏古契（6）

囑書鬮分字　　陳鍾氏六房分鬮合約〔註73〕

仁字

立囑書人母陳鍾氏與爾先父陳麟〔註74〕在日，生下六子，長曰泮水、次曰勝、三曰諒〔註75〕、四曰照〔註76〕、五曰準、六曰開陽。不意三子諒，經自壯年，無娶仙逝。其餘均已置室生孫矣。而泮水與勝，於今亦各騎鶴西遊，幸泮水有傳長子名珠、勝傳長子新波，俱各成人，婚娶兒孫，濟濟一堂。但此第五男潭，本自少時承繼我夫胞兄陳玉禮祀，可以得管其遺下物業，奚堪源泉再滾。然而孔懷兄弟，原屬同氣連枝，須盡友恭之道，宜效張公合居九世，何忍圖各鬮。第以眾口紛囂，子孫賢愚不一，每生嫌忌，寧無淺狹之見。爰

〔註71〕葉偉梧，見前件〈吳氏古契（1）〉註63。

〔註72〕戀，為葉坤山弟煌澄之曾孫，諱中戀，或作惷，見《蓮谿葉氏家譜》，頁115。

〔註73〕（一）本契原件縱70公分，寬68.5公分。原契為普園陳氏渡臺七世陳麟妻所立鬮書字，時為日據後之光緒三十一年（1905）。（二）原件為長房「仁字」後裔所保存。

〔註74〕陳麟：陳氏族譜作「陳玉麟」。

〔註75〕諒：陳氏族譜作「有諒」。

〔註76〕照：陳氏族譜作「神照」。

是值吾在，即邀請房親族長，到家僉議，將與先父共承祖父遺下田園，及爾建置厝宅業產，並家器、牛隻、什物等件，而經配搭公平，除先抽起老身養贍銀聯〔連〕長孫額，並傳諒香煙嗣費外，尚剩之餘，按作五房均分，皆係由天主宰，焚香祝禱祖先，拈鬮為憑。

自今以後，各守家規，各業各管，發達各人造化，勿得競短爭長，壞根失本，是所厚望也。倘若起釁鬩牆，敢違吾囑，罪于不孝，用以弁言，聯為箴戒，話久恐忘，筆則有據，合立囑書字壹樣五紙，以仁、義、禮、智、信為序次，付各房各執壹紙存炤。

謹將所囑鬮分聲明列後

一、批明公議，抽起龍銀四佰大圓為老身養贍之資，同堂暫交爾每房各收貯捌拾圓。迨吾百年後，各人務宜備齊足數，填出付用，以作塟費之需。有餘攤入，缺欠者五房內均要攤出。不許爾各房推諉，藉端滋事，無違為孝，聲明炤。

一、批明三房諒，壯年身故，未曾娶室生孫，田園業產，議無分他，幸爾長房孫意〔註 77〕、次房孫新波、巧生、福生〔註 78〕、四房孫振國、毯、然、五房孫文、六房孫號〔註 79〕與伊過繼，共傳此房，永遠禮祀。長、次、四、五四房，仝公踏出龍銀捌拾圓與八人均分，為作歷年忌神費用。惟第六房開陽另踏龍銀參拾圓，即交伊子號收入，仍奉此三房香煙。日后，子孫各不得翻异〔異〕，聲明炤。

一、批明當堂公踏龍銀四拾捌圓，面交長房孫珠收訖，以為長孫額。又踏出龍銀伍拾圓貼六房開陽養媳婚費。此乃我老人裁舉，欲全爾一團和氣，至於現時全座茅屋，間數無計，分配作五房永住。從〔將〕來不論何房，若要別移各處，依舊照所居之額拆卸，抑是相商坐價，而地基應歸各份各管，而西勢一半竹園內地基，係是承大長房先伯父陳玉遺下嗣業，務須歸爾五房潭掌管，竹配在地，東西四至，俱登載上手合約內明白：其東勢一半公，估價銀貳佰大圓，作五份均分，潭願收自己份額銀四拾圓，地基永遠歸與四房柱內，拈鬮分管，以便後日起厝居住。爾長房孫珠分得一份，在北畔西勢中，東至新波

〔註 77〕意：陳氏族譜作「恚意」。
〔註 78〕巧生：陳氏族譜作「大恚」。
〔註 79〕號：陳氏族譜作「賀」。

兄弟地基，西至潭承管大伯父嗣地，南至照地基，北至竹外林家園，
其竹配地；次房孫新波兄弟等，分得一份在東北角，東至自己竹外潭
及開陽園，西至珠地基、南至開陽地基、北至竹外林家園，其竹配地；
四房照分得一份在南畔西勢中，東至開陽地基、西至潭承管大伯父嗣
地、南至自己竹圍外路、北至珠地基，其竹配地；六房開陽分得一份
在東南角，東至自己竹外蔡家、黃家園、西至照地基，南至竹圍外
路、北至新波兄弟地基，其竹配地。或日後各房要自起厝，長房孫珠
當踏出應份地南北橫貳尺，補貼四房照出入之路通行。次房孫新波亦
宜踏出應份地南北橫貳尺，補貼六房開陽通行出入之路，聲明炤。

一、批明爾長房孫仁字號珠拈得第貳圖，應管竹圍後園六份，壹份分得
　　頭斬〔段〕一節在三張庄，東至次房新波兄弟園、西至六房開陽園、
　　南至蔡家園、北至五房潭園；又分得第貳斬〔段〕園一節，東至次房
　　新波兄弟園；西至六房開陽園、南至蔡家園，北至五房潭園；又分得
　　第參斬〔段〕路上園一節，東至新波兄弟園、西至六房開陽園、南至
　　蔡家園、北至五房潭園；又分得第四斬〔段〕橫路下園一節，東至次
　　房新波兄弟園、西至六房開陽園，南至蔡家園、北至五房潭園；又分
　　得第五斬〔段〕蔗廍下港尾垾園一小段，東至大港中、西至四房照園、
　　南至六房開陽園、北至次房新波兄弟園；又分得竹圍前宅仔內地一
　　所，六分應壹份在中央，東至六房開陽地，西至次房新波兄弟地、南
　　至黃家厝地、北至林家竹圍地；又分得水田一節，六份壹份，在北
　　畔中央，東至六房開陽田、西至次房新波兄弟田、南至五房潭田、北
　　至林家田，每年共配納租項及地租金等費，務宜依例攤完，聲明炤。

一、批明爾次房孫義字號新波兄弟等，拈得第參圖，應管竹圍及園六份
　　壹份，分得頭斬〔段〕一節在三張庄，東至四房照園、西至長房珠園、
　　南至蔡家園、北至五房潭園；又分得第貳斬〔段〕一節，東至四房照
　　園、西至長房珠園、南至蔡家園、北至五房潭園；又分得第參斬〔段〕
　　路上園一節，東至四房照園、西至長房珠園、南至蔡家園、北至五房
　　潭園；又分得第四斬〔段〕橫路下園一節，東至四房照園。西至長房
　　珠園、南至蔡家園、北至五房潭園；又分得第五斬〔段〕蔗廍下港尾
　　垾園一小段，東至大港中，西至四房照園、南至長房珠園、北至四房
　　照園；又分得竹圍前宅仔內地一所，六份應壹份在中央，東至長房

珠地、西至四房照地、南至黃家厝地、北至林家竹圍地；又分得水田
一節六份壹份，在北畔中央，東至長房珠田、西至四房照田、南至五
房潭田、北至林家田。每年共配納租項及地租金等費務宜依例攤完，
聲明炤。

一、批明爾四房禮字號照拈得第四鬮，應管竹圍後園六份壹份，分得頭
斬〔段〕一節，在三張庄，東至六房開陽園、西至次房新波兄弟園、南
至蔡家園、北至五房潭園；又分得第貳斬〔段〕園一節，東至路外六
房開陽園、西至次房新波兄弟園、南至蔡家園、北至五房潭園；又分
得第參斬〔段〕路下園一節，東至橫路外六房開陽園、西至次房新波
兄弟園、南至蔡家園、北至五房潭園；又分得第四斬〔段〕橫路下園
一節，東至蔗廍前小路齊、西至次房新波兄弟園、南至蔡家園、北至
五房潭園；又分得第五斬〔段〕蔗部下港尾垾園一小段，東至大港中、
西至照自己園、南至次房新波兄弟園、北至五房潭園；又分得竹圍前
宅仔內地一所，六份一份，在西畔，東至次房新波兄弟地、西至路、
南至黃家厝地、北至林家竹圍地；又分得水田一節、六份壹份，在
半畔西勢，東至次房新波兄弟田、西至君孝港、南至五房潭田、北至
林家田，內有多帶塗崙仔壹個，此乃補垾尾因永〔湧〕被洪水損傷之
額。日後子孫各得异〔異〕言，每年共配納租項及地租金等費，務宜
依例攤完，聲明炤。

一、批明爾五房智字號潭拈得第五鬮，應管竹圍後園貳份合作壹垾，一
份斯時承管大伯父陳玉遺下嗣業，一份與爾兄弟侄均分，係共六
份，應得貳份之額在北畔三張庄，東至大港中、西至次房新波兄弟
竹、南至照開陽、珠、新波等園，北至林家園；又分得竹圍前宅仔內一所，
六份應貳份在東勢，東至黃家竹圍地、西至六房開陽地、南至黃家
厝地、北至林家竹圍地；又分得水田一垾，六份貳份在南畔，東至
公坡及路外林家地、西至君孝港、南至林、黃、歐家田，北至照、
珠、開陽、新坡等田、每年共配納租項並地租金等費，務宜依例攤完，
聲明炤。

一、批明爾六房信字號開陽拈得第壹鬮，應管竹圍後園六份壹份，分得
頭斬〔段〕一節在三張庄，東至長房珠園、西至次房新波兄弟竹、南
至蔡家園、北至五房潭園；又分得第貳斬〔段〕園一節，東至長房珠

園、西至四房照園、南至蔡家園、北至五房潭園；又分得第參斬〔段〕路上園一節，東至長房珠園、西至路及四房照園、南至蔡家園、北至五房潭園；又分得第四斬〔段〕橫路腳園一節，東至長房珠園、西至橫路內四房照園、南至蔡家園、北至五房潭園，此斬〔段〕之內，有加踏貳丈長補水屈〔窟〕浸注闊額；又分得第五斬〔段〕蔗廊下港尾垮園一小段，東至大港中、西至四房照園、南至蔡家園、北至長房珠園；又分得竹圍前宅仔內地一所，六份應壹份在中央，東至五房潭地、西至長房珠地、南至黃家厝地、北至林家竹圍地；又分得水田一節六份壹份在北畔東勢，東至公坡及路外林家地、西至長房珠田、南至五房潭田、北至林家田，每年共配納租項並地租金等費，務宜依例攤完，聲明炤。

一、批明長房孫珠，憑公親議定，自己踏出龍銀伍拾圓面交四房照之第三子吉收入，以為奉祀早年珠之先父泮水繼室許氏梅涼神牌，此乃同堂喜悅，兩無反悔，日后，珠之業底與吉無干。吉若富貴與珠無涉，聲明炤。

一、批明夫功侄孫陳永埤〔註80〕，此代後裔無傳，爾五房內兄弟、叔侄人等，均要共祀永遠香煙，所有祖先忌神〔辰〕以及每年墳墓祭掃，各房應當協力照顧，憫念血脉同源，是為至囑，聲明炤。

一、批明四房照總交收存竹圍後園歸就陳永埤契券壹宗，謄本拾四枚；又收竹圍內東勢一半額謄本壹枚；又收竹圍前宅仔內謄本壹枚；又收先父麟與伯父均分闔書壹紙。五房潭總交收存竹圍後園及竹圍前田用先祖媽駝〔註81〕名字清國文單壹紙；又收買胡延求補給印契壹紙；又收媽駝分約壹紙；又收上手吳氏立約字壹紙，共四紙。次房孫新波兄弟等總交收存竹圍前田五柱內份額謄本參枚；又收歸陳永輝契券壹宗，謄本參枚。此乃同堂當公擬定，要用之日，各宜取出共觀，不得刁難。或有公項照各份額均攤，違者重罰不貸，聲明炤。

秉筆人	宗 親	陳光崙	囲
		陳新見	▨▨▨
在場見人	夫族侄	陳士火	囲

〔註80〕永埤：疑為陳氏族譜之「連登」，為玉鏡長子，無嗣。
〔註81〕媽駝：陳氏族譜作「媽陶」。

夫胞侄　　陳　川　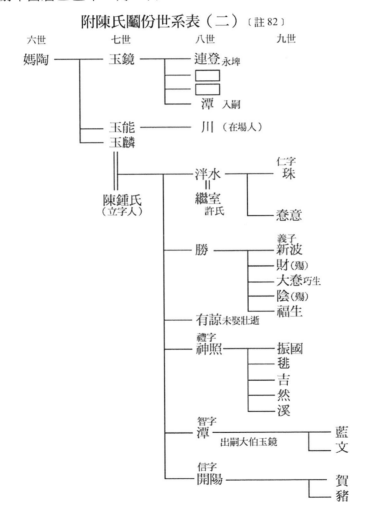

宗親　　　陳滄浪

長房孫　　陳　珠

次房孫　　陳新波

同堂受囑書人　四　男　陳　照

五嗣男　陳　潭

六　男　陳開陽

立囑書字人母陳鍾氏束（手印代）

明治參拾捌年舊曆乙巳年二月　日

附陳氏鬮份世系表（二）〔註82〕

六世	七世	八世	九世

媽陶 ── 玉鏡 ── 連登 永埤
　　　　　　　　□
　　　　　　　　□
　　　　　　　　潭 入嗣

　　　　玉能 ── 川 （在場人）
　　　　玉麟

陳鍾氏
（立字人）

泮水＝繼室 許氏 ── 仁字 珠
　　　　　　　　　　養意

勝 ── 義子 新波
　　　財(殤)
　　　大卷 巧生
　　　陰(殤)
　　　福生

有諒 未娶壯逝

禮字 神照 ── 振國
　　　　　毬
　　　　　吉
　　　　　然
　　　　　溪

智字 潭 出嗣大伯玉鏡 ── 藍
　　　　　　　　　　文

信字 開陽 ── 賀
　　　　　豬

〔註82〕據《陳氏銀同普園派族譜》溪尾媽陶公世系 見前揭楊陳氏渡臺世系。

二三、溪尾庄吳氏古契（3）

印鑑證明願〔註83〕

> 興直堡三重埔庄土名溪尾參百四番地
> 印鑑：㊞吳水性安政元年參月貳日生○

右登記申請の為め必要に付，自分使用の印鑑に相違たき旨御證明被成下度，此段奉願候也。

明治四拾五年四月貳拾四日

興直堡二重埔庄土名溪尾參百四番地

吳水性

新庄支廳長□□中間光太郎殿

右屆出の印鑑と相違無きな證明す。

明治四十五年四月貳四日。

臺北廳新庄支廳長中間光太郎㊞

二四、溪尾庄吳氏古契（4）

胎借字　民國元年承典葉家土地之契約〔註84〕

立胎借字人葉頭北，今因乏金別用，即託中引向與現佃田人吳水性手內胎借金壹百貳拾元正，其金即日仝中交與借主全部親收足訖。是日，仝中三面議定，約束條項詳開於左：

一、為胎土地表示

興直堡三重埔庄土名溪尾　第貳百九拾四番

〔註83〕（一）本契原件為日人頒發之印鑑證明，原件縱約 28 公分，寬約 36 公分。
　　　　（二）支廳長名下並蓋有「臺北廳新庄支廳長印」。

〔註84〕（一）本契之原件，為原業主葉頭北以二九四番之土地一筆，原佃戶吳水性胎借金錢之契約。其餘附件為胎借後，債權人持胎借字等有關文件向臺北地方法院，申請設定胎借登記。以及債務人亦相對而提出「業主權保有」之定記諸契字。時為民國元年日大正元年（1912）十月間。但在胎借期限內，由於原債權人吳水性死亡，因而其子乞食、乞成、勝興、文德等四人，持原訂之胎借字與戶籍謄本諸文件，再向地方法院申請胎權之繼承，並完成手續。以及民國六年日大正六年（1917）十一月間，債務人另持土地一筆：地番一四六號，杜賣與債權人，然後償還前項二九四番土地之胎借字，並向地方法院申請註消原胎借登記。共得附件十件，連同本契十一件。資料可云完整。（二）原件「胎借字」為九開二十四行箋一全張，尺寸從略。契上並貼有一錢印花三枚、三錢一枚，共六錢四枚。

一、畑壹分參厘壹毫參系
　　以上土地壹筆
一、債權額　金壹百貳拾圓也
一、辦濟期　不拘年限，聽討聽還，若要還之日，須於是年八月拾五日
　　先送還定頭金拾貳圓付還金主收回為憑，其餘待至全年拾貳月末日
　　一齊清還贖回此胎借字。
一、利息額　壹個年金拾貳圓也。
一、支拂期　每年拾貳月末日對該畑稅金抵納。
　　右二比喜悅，各無反悔，口恐無憑，立胎借字壹紙，付金主收執為憑。
大正元年拾月貳拾九日

立胎借字人　葉頭北㊞
在場保證人　王氏熟㊞
為中人　葉芋菀㊞
代書人　陳駿清㊞

金主吳水性　　殿

　　附件一　土地設定登記〔註85〕

申請書受附年月日	大正元年十一月十一日
受附番號	第四七二八號
登記權利者ノ住所氏名	吳水性
登記名義人ガ多數ナル場合ニ於テ其一部ガ登記義務者ナルトキハ登記義務者ノ氏名住所	
登記原因及ビ其日附	大正　年　月　日胎借字
登記ノ目的	
右大正　年　月　日　　登記濟 ㊞	

〔註85〕附件一為貸方之「土地設定登記」，係債權人向臺北地方法院提出申請之登記
　　書。編號為四七二八。原件為院方規定之用紙，十六開大，尺寸從略。用紙上
　　雖印有「明治」二字，係因前年明治四四年（1921）7月30日日皇明治駕崩，
　　至是年七月始改元大正，故疑其仍沿用舊用紙，致未及更改，在此乃更正為大
　　正六年十一月，契上並蓋有「臺北地方法院」之大印。

附件二　登記濟證〔註86〕

街庄名又ハ土名	土地番號	登記番號	順位番號	街庄名又ハ土名	土地番號	登記番號	順位番號
	二九四	一・〇二九	二				

申請書受附年月日	大正元年十一月十一日
受附番號	第四七二八號

　　右登記濟　　印

附件三　業主權保存登記申請書〔註87〕

土地表示	末尾記載ノ通	
登記ノ目的	業主權保存登記	受付　大正　　年　　月　　日　第　　　　　號
課稅標準	價格金貳百四拾壹圓	
登記稅	金七拾參錢	
申請條項	相續未定地整理規則第壹條　不動產登記法第百五條第壹號	
添附書類	申請書副本、土地臺帳謄本、子孫系統證明、委任狀、戶口抄本。	

　　右登記申請候也

大正元年拾壹月　　日

　　　　　　臺北廳興直堡三重埔庄土名溪尾參百七番地

　　　　　　　亡業主葉中戇相續人　　葉頭北㊞

　　　　　　仝　廳大加蚋堡大稻埕稻新街貳拾九番戶

　　　　　　　　代理人　　陳駿清㊞

臺北地方法院　御中

〔註86〕附件二為「登記濟證」，為註84之申請登記後，同日發出之證明書。「濟」字為「完竣」之意。契上仍蓋有地方法院之大印。原件為十六開官方用紙，尺寸從略。中間之空白欄在此省略五行。

〔註87〕附件三為借方之「業主權登記」，蓋前記二九四番之土地，原係債務人葉頭北之父葉中戇又名惹，參閱本文吳氏古契（6）葉吳二氏關係表所有。中戇死於是年民國元年7月2日參閱《蓮谿葉氏家譜》，頁171。由此，土地在發生移動之同時，繼承之葉頭北亦循例提出「業主權」之登記，並向法院提出申請。原件為八開大規定之「業主權保存登記申請書」第五號用紙，尺寸從略，文字共占一大張。

土地之表示〔註88〕

興直堡三重埔庄土名溪尾

第貳百九十四番

一、畑壹分參厘壹毛參系

價格金百八拾壹圓

仝　　　　　所

第貳百九拾四番ノ壹

一、田四厘五毛五系

價格金六拾圓

以上

附件四　登記濟證〔註89〕

街庄名又ハ土名	土地番號	登記番號	順位番號	街庄名又ハ土名	土地番號	登記番號	順位番號
	二九四	一、〇二九	一				
	二九四／一	一、〇三〇	一				
申請書受附年月日	大正元年十一月五日						
受附番號	第四三三五號						
右登記濟　　印							

附件五　胎權相續登記申請書〔註90〕

一、權利の表示

末尾記載の土地に付き，大正元年拾壹月拾壹日登記受附，第四七貳八號業主葉頭北に對する順位貳番，債權額金百貳拾圓の胎權。

〔註88〕土地之表示，原件係附於註87之申請書末後，為十六開十二行箋，共占一面，尺寸從略。內容除上述二九四番土地以外，另有一筆二九四番之一，亦一併登記在內。

〔註89〕附件四為「登記濟證」，係前註87之「業主權」登記後，於十一月五日由地方法院發出之證明。契上並蓋有地方法院大印。

〔註90〕附件五為「胎權相續登記」申請。原因係前記債權人吳水性於民國4年7月24日亡故。參閱《吳氏家譜》。由此，其子乞食、乞成、勝興、文德等四人乃共同提出證明文件，由「亡胎主吳水性」相續「胎權」，末後並附「土地表示」。原契之用紙為八開二十四行箋，共占一大張又半，尺寸從略。

一、登記原因及其日附

　　大正四年八月四日債權と共に相續。

一、登記の目的

　　胎權取得の登記。

一、課稅標準

　　債權額金百貳拾圓

一、登記稅

　　金壹圓貳拾錢

一、添附書類

　　申請書副本、戶口抄本、證明書。

　　右登記申請候也。

大正四年拾月　日

　　　　　　　　　　　　　興直堡三重埔庄土名溪尾參百四番地

　　　　　　　　　　　　亡胎主吳水性相續人　吳乞食㊞

　　　　　　　　　　　　　右仝廳仝番地

　　　　　　　　　　　　　　　仝上仝　吳乞成㊞

　　　　　　　　　　　　　右仝廳仝番地

　　　　　　　　　　　　　　　仝上仝　吳勝興㊞

　　　　　　　　　　　　　右仝廳仝番地

　　　　　　　　　　　　　　　仝上仝　吳文德㊞

臺北地方法院　御中

　　　　土地表示

　　　興直堡三重埔庄土名溪尾

　　　第貳百九拾四番

一、畑壹分壹厘八毛九系

　　以上

　　附件六　登記濟證〔註91〕

　　登記濟證用紙（不第六十條第一項）

〔註91〕附件六為胎權相續登記後，由法院發出之「登記濟證」。原件為官方規定之十
　　　　六開用紙，在此略去空白部分五行。

街庄名 又ハ土名	土地番號	登記番號	順位 番號	街庄名 又ハ土名	土地番號	登記番號	順位 番號
	二九四	一、〇二九	二				
申請書受附年月日	大正元年十一月十一日						
受附番號	第四七二八號						
右登記濟　㊞							

附件七　杜賣盡根契字　承買葉家土地之契約〔註92〕

立杜賣盡根契字人葉頭北，有承祖父遺下之業壹所，土地表示記載於後明白。今因乏金別用，願將此業出賣，托中引就，向與 吳乞食 吳勝興 吳乞成 吳文德 四人，出首承賣。

當時，三面議定，依時值杜賣盡根業，價金壹百五拾圓正。其金即日全中交收足訖，願將此業隨即踏明界址，交付買主前去掌管，數租納課，永為己業。自此一賣千休，寸土無留，日後子孫，不敢言及找贖，異言生端滋事。

此係二比喜悅甘願，各無反悔，口恐無憑，今欲有據，立杜賣盡根契字壹紙，併繳保存登記濟壹通，付執為炤。

即日全中親收過杜賣盡根契字內金壹百五拾圓正足訖。

　　　土地表示

興直堡三重埔庄土名車路頭第壹四六番。

一、口壹分壹厘五毫八系

　　以上

大正六年拾壹月貳拾八日

立杜賣盡根契字人　葉頭北㊞

為中人　李水連㊞

吳乞食　吳勝興
吳乞成　吳文德　　仝殿

〔註92〕附件七原為另案之「杜賣盡根契字」，係前記債務人葉頭北，於民國6年日大正六年（1917）11月28日，另持車路頭一四六番之土地一筆，杜賣與吳乞食等四人，代價為150元正。並於同日收取地價，又同日償還前於民國年所負吳家之債務見附件一〇、十一，由此，並列於註84古契之附件。本契之原件為八開二十四行箋，共占一大張。尺寸從略，契上貼有一錢、二錢、五錢之印花各一枚，共八錢。

附件八　領收證〔註 93〕

一、金壹百五拾圓也。

　　但此金大正六年拾壹月貳拾八日付杜賣盡根契字內金額，全部受領足訖，

炤。

右正二領收候也。

　　大正六年拾壹月貳拾八日

　　興直堡三重埔庄土名溪尾參百七番地

　　　　　　　　　　　　　　　　　　領收人　葉頭北㊞

　　吳乞食
　　吳乞成
　　　　　　　仝殿
　　吳勝興
　　吳文德

附件九　領收證〔註 94〕

一、金壹百貳拾元也

　　但此金大正元年拾壹月拾壹日登記受附第四七貳八號順位一番，債權
　　額金辨濟，全部清還，贖回字樣，炤。

　　右正に領收候也。

大正六年拾壹月貳拾八日

　　　　　　　　　　　興直堡三重埔庄土名溪尾參百四番地
　　　　　　　　　　　　　　　　　　　　　　吳乞食
　　　　　　　　　　　　　　　　　　　　　　吳乞成
　　　　　　　　　　　領收人
　　　　　　　　　　　　　　　　　　　　　　吳勝興
　　　　　　　　　　　　　　　　　　　　　　吳文德

葉頭北　殿

　　以下餘白

〔註 93〕附件八為前記註 92 杜賣盡根契字之地價收據。原件為八開二十四行箋半張，
　　　　尺寸從略，契上並貼一錢、二錢印花各一枚。
〔註 94〕附件九為葉頭北償還元年所借四七二八號設定債權之收據，由債權人吳乞食
　　　　等四人開具。原件為八開二十四行箋半張，尺寸從略，契上貼有二錢、一錢印
　　　　花各一枚。

附件一○　登記濟證〔註95〕

街庄名又八土名	土地番號	登記番號	順位番號	街庄名又八土名	土地番號	登記番號	順位番號
	土地	全部	三				
	胎權	抹消					

申請書受附年月日	大正六年十二月三日
受附番號	第一二一五四號

右登記濟　　㊞

二五、溪尾庄吳氏古契（4）之一

杜賣盡根契字　　承買葉家土地之契約〔註96〕

立杜賣盡根契字人葉頭北有承祖父遺下之業壹所，土地表示記載於後明白，今因乏金別用，願將此業出賣，托中引就，向與 吳乞食 吳勝興 吳乞成 吳文德 四人，出首承買。

當時三面依時值杜賣盡根業價：金貳百五圓正。其金即日全中交收足訖，願將此業隨即踏明界址，交付買主前去掌管，收租納課，永為己業。此一賣千休，寸土無留，日後子孫，不敢言及找贖，異言生端滋事。

此係二比喜悅甘願，各無反悔，口恐無憑，今欲有據，立杜賣盡根契字壹紙，併繳保存登記濟壹通，付執為炤。

即日全中親收過杜賣盡根字內金貳百五圓正，足訖再炤。

　　土地表示

〔註95〕附件十為前記註84之「胎權」，由於註92之買賣成立，並償還借銀而經債權人開具註94之收據。由此，借方乃持一干文件，向地方法院提出「胎權抹消」之登記，「登記濟證」乃批明「土地全部，第三順位番號、胎權抹消。」與申請人收執。原件為官方規定用紙，在此略去空白五行，尺寸從略。

〔註96〕（一）本契之原件為前吳氏古契（4）之葉家，於民國6年日大正六年（1917）11月28日行附件七「杜賣盡根契字」之附帶買賣。但本文為使案例之不致混淆，因另行抽出，並列前古契（4）之一，以利研究之方便。原件為借方之葉頭北於償還登記第四七二八號之債務同日，復將包括前記設定之二九四番土地，以及另一筆二九四之一番田，進行一併隨前記買賣，杜賣與吳乞食等四人。（二）原件與前案附件七為同一格式，可見係出同一代筆人之手。但前件之為中人為李水蓮，本件為葉芋靤之不同而已。契上並貼有一錢、二錢印花各一枚。

興直堡三重埔庄土名溪尾

第貳百九拾四番

一、田壹分壹厘八毫九系

全所

第貳百九拾四番，壹

一、田四厘五毫五系

以上

大正六年拾壹月貳拾八日

立杜賣盡根契字人　葉頭北㊞

為中人　葉芋匏㊞

吳乞食

吳乞成

吳勝興　　全殿

吳文德

附件一　領收證〔註97〕

一、金貳百五圓也。

但此金大正六年拾壹月貳拾八日付杜賣盡根契字內金額，全部受領足數訖，炤。

右正：領收候也。

大正六年拾壹月貳拾八日

興直堡三重埔庄土名溪尾參百七番地

領收人　葉頭北㊞

吳乞食

吳乞成

吳勝興　　全殿

吳文德

〔註97〕附件一為註96「杜賣字」之土地價款收據。原件為八開二十四行箋，占半張，契上貼有一錢、二錢印花名附件二，原應為地方法院「移轉登記證」。但原件未見，疑已遺失。至其土地之「業主權登記」可參閱前案附件四與註89。

附件二　登記濟證〔註98〕

（原件未見從略）土地參閱吳氏古契（4）附件四「登記濟證」。

附件三　登記濟證

街庄名又八土名	土地番號	登記番號	順位番號	申請書受附年月日	大正六年十二月三日
		一〇二九	三	受附番號	第一二一五六號
		一〇三〇	三	登記權利者ノ住所氏名	吳乞食外三人
				登記名義人ガ　多數ナル場合ニ於テ其一部ガ登記義務者ナルトキハ登記義務者ノ氏名住所	
				登記原因及ビ其日附	杜賣契字
				登記ノ目的	業主權移轉
			右登記濟　　印		

二六、溪尾庄吳氏古契（5）

業主權保存登記申請書〔註99〕

土地表示	末尾記載ノ通
登記ノ目的	業主權保存登記
課稅標準	價格金百九拾五圓
登記稅	金五拾九錢
申請條項	相續未定地整理規條第壹條。 不動產登記法第百五條第壹號。

〔註98〕附件三「登記濟證」為買賣成立後，買方吳乞食等四人向地方法院提出申請之「杜賣契字」與「業主權移轉」證明。原件官方規定用紙，尺寸從略。契上並蓋「臺北地方法院」大印。

〔註99〕（一）本契之原件，據附件一「登記濟證」之編號相連，可見其為民國元年日大正元年（1912）十一月間，葉頭北繼承其父葉中慧遺產見吳氏古契（4）附件三時，同時辦理繼承登記申請之另二筆土地契券；並屬葉中慧死後，由其子頭北向法院提出之相續文件，但本契之以上手字進入吳氏古契原因，卻因其他附件之契券疑有遺失，致無法確定。唯現存之附件，除本契外，尚有民國元年11月5日，編號第四三三四之地方法院「登記濟證」，以及民國18年日昭和四年（1929）之「抵當權設定金錢借用證書」等三件，可資參考，因列為吳氏古契部分之（5）。（二）原件仍為八開大規定之「業主權保存登記申請書」第五號用紙，屬八開二十行箋，尺寸從略。土地表示部分即為十六開十一行箋。

添附書類	申請書副本、土地壹帳謄本子孫系統證明委任狀。 戶口抄本。

　　　右登記申請候也。

大正元年拾壹月　日

　　　　　　　　　　臺北廳興直堡三重埔庄土名溪尾參百七番地

　　　　　　　　　　　　亡業主葉中戀相續人　葉頭北

　　　　　　　　　全　廳大加蚋堡大稻埕稻新街貳拾九番戶

　　　　　　　　　　　　　　代理人　陳駿清

臺北地方法院　御中。

　　　　土地ノ表示

　　　興直堡三重埔庄土名溪尾

　　　　第貳百九拾六番

一、畑九厘八毛七系

　　　　價格金百拾八圓

　　　全　　　所

　　　　第叁百貳番

一、建築敷地七厘七毛六系

　　　　價格金七拾七圓

　　　以上

　　　附件一　登記濟證〔註100〕

街庄名又ハ土名	土地番號	登記番號	順位番號	街庄名又ハ土名	土地番號	登記番號	順位番號
	二九六	一、〇二七	一				
	三〇二	一、〇二八	一				
申請書受附年月日	大正元年十一月五日						
受附番號	第四三三四號						
右登記濟　印							

附件二　抵當權設定金錢借用證書〔註101〕

立抵當權設定金錢借用人葉頭北，今般向與　貴殿借用金五拾圓正。其金即日交收足訖，當日言議所有約束事項，列記于左：

一、債權金額：金五拾圓也

一、辨濟期：昭和七年六月拾九日

一、利息：金七圓五拾錢也

一、利息支拂時期：每年六月拾九日

一、抵當權設定不動產：末尾記載通

照前記如約履行，決不敢拖延。且末尾記載之不動產為擔保設定抵當權，若到期無如約履行者，聽　貴殿即時抵當權之實行，亦不能異議也。

右二比喜悅，各無反悔。口恐無憑，特立抵當權設定金錢借用證書一紙，付執為照。

昭和四年六月拾九日

借主：葉頭北㊞

貸　主黃西辛　殿

附件三　不動產の表示〔註102〕

新莊郡鷺洲庄三重埔字溪尾

第貳百九拾六番

一、田九厘七毫　　一〇二七

全所　參百貳番

一、建物敷地七厘六毫　　一〇二八

附件四　登記濟證〔註103〕

地　名	土地番號	登記番號	順位番號	申請書受附年月日	昭和四年六月廿八日
		一〇二七	一	受附番號	第九九六二號

〔註101〕附件二為民國18年6月19日，以前記四三三四號登記土地向債權人黃西辛借銀之契約，原件為九開十八行「松久商行製」用紙，占一大張，契上貼二錢印花一枚。

〔註102〕附件三為「不動產之表示」，原件為十六開司法代書人□□□之十一行箋。但土地面積與民國元年之面積見註99之土地表示，略為出入，疑為經過重新測量之故。

〔註103〕附件四為債權人黃西辛之法院設定登記證。

		一○二八	一	登記權利者ノ氏名住所	黃西辛
				登記名義人カ　多數ナル場合ニ於テ其一部カ登記義務者ナルトキハ登記義務者ノ氏名住所	
				登記原因及ビ其日附	昭和四年六月十九日設定
				登記ノ目的	抵當權設定
				登記濟　印	

二七、溪尾庄吳氏古契（6）

胎借字　承典葉家土地之契字〔註104〕

立胎借字人 葉新傳、葉查某、葉阿份、葉樹監 等，今因乏用別項，托中向吳乞食手內胎借金百九拾圓，其金即日全中交收足訖，當日全中三面言議，所有約束事項列明于左：

一、為胎土地表示

興直堡三重埔庄土名溪尾貳九五番

一、田壹分壹厘四系

全　所　貳九五番ノ壹

一、田五厘五毛九系

以上土地二筆

債權額：金百九拾圓

辦濟期：大正九年拾貳月貳拾日返還，中秋前先送回定頭金拾貳圓付金

〔註104〕（一）本契之原件為民國 6 年日大正六年（1917）12 月 26 日，債務人葉新傳等四人詳見附〈葉吳二氏關係表〉以其共有土地為胎，向吳乞食典銀使用之「胎借字」。並約定於民國 9 年 12 月 20 日將債務還清。但胎借物除溪尾二九五番與二九五番之一等二筆土地以外，並立下各人持分數字之保證書一紙，由蔡春德與曾添二人具保，二人亦各於契字上註明願受各擁有之土地二筆，必要時接受登記。豈知，降及民國十二年，債務人猶未還清上記之借銀。由此，於十二年十二月間，將胎借之土地，另行議價杜賣與債權人，並還清債務。原件連帶其後之附件共得七件，資料甚為完整，各附於後。另外，並據《蓮谿葉氏家譜》與《吳氏家譜》製作〈葉吳二氏關係表〉於後，以利研究之參考。（二）本契之原件為八開二十四行紙一大張，尺寸從略，契上貼有十錢印花一枚。另外，在原件之前段空白部分，蓋有「抵當權消滅」之長印，應係還清債務後由官方所蓋。

主為憑。殘候屆期湊足還清，抹消登記。

利　息：壹個年壹拾九圓。

支拂期：每年九月拾五日，將以上田租金扣抵足額，其餘地租、水租，暨
　　　　歸金主納清以上，田貳筆，秈金主耕作，兩不刁難也。

一、前記胎借之金額，照以上持分額分攤，各分各借之額，各名支理也。

右二比喜悅，各無反悔，口恐莫憑，特立胎借字壹紙，付執為照。

大正六年拾貳月貳拾六日

　　　　　　　　　　　　　　　　　　　立胎借字人　葉新傳㊞
　　　　　　　　　　　　　　　　　　　　全　葉阿份㊞
　　　　　　　　　　　　　　　　　　　　全　葉樹藍㊞
　　　　　　　　　　　　　　　　　　　　全　葉查某㊞
　　　　　　　　　　　　　　　　　　　　中人　葉頭北㊞
　　　　　　　　　　　　　　　　　　　　代筆　曾省三㊞

金主吳乞食　殿

　　附件一　保證書〔註105〕

　　　　興直堡三重埔庄土名溪尾參百參番地

　　持分拾貳分ノ貳　　　　　　　　　登記義務者　葉新傳㊞
　　　全所全番地

　　持分拾貳分ノ貳　　　　　　　　　登記義務者　葉阿份㊞

　　　　興直堡新庄土名新庄街九百七拾四番地

　　持分拾貳分ノ六　　　　　　　　　登記義務者　葉查某㊞
　　　全所全番地

　　持分拾貳分ノ貳　　　　　　　　　登記義務者　葉樹藍㊞

登記を受けべき土地表示

　　興直堡三重埔庄土名溪尾貳九五番

　　一、田壹分壹厘四系

　　全所　貳九五番ノ壹

　　一、田五厘五毛九系

登記の目的：胎權設定の登記

〔註105〕附件一為前記胎借案之「保證書」。契上並詳記保證人願受連帶處分或登記之
　　　　土地二筆。原件之用紙同註104，並占一大張半。

右登記義務者の人違無きことを保證仕候也。

大正　年　月　日

保證人蔡春德が登記を受けたる土地及登記年月日

　　擺接堡西盛庄土名西盛壹貳六番

　　一、田五分四厘四毛壹系

　　右，明治四拾年九月拾六日登記

保證人曾添が登記を受けたる土地及登記年月日。

　　擺接堡西盛庄土名西盛壹參四番

　　一、田壹甲壹分四毛九系

　　右明治四拾年九月拾六日登記

　　　　　　興直堡新庄土名新庄街五百六拾四番地

　　　　　　　　　保證人　蔡春德㊞

　　　　　　　　安政五年五月貳拾四日生

　　　　　　興直堡新庄土名新庄街五百四拾九番地

　　　　　　　　　保證人　曾添㊞

附件二　登記濟證　借方之業主權登記〔註106〕

街庄名又ハ土名	土地番號	登記番號	順位番號	街庄名又ハ土名	土地番號	登記番號	順位番號
	二九五	六〇五	一				
	二九五之一	一二五	一				
申請書受附年月日	大正六年十二月廿九日			受附番號	第一五〇三號		

右登記濟　印

附件三　登記濟證　貸方之胎權設定〔註107〕

街庄名又ハ土名	土地番號	登記番號	順位番號	申請書受附年月日	大正六年十二月廿九日
	二九五	六〇五	一	受附番號	第一五〇二一號

〔註106〕附件二為業主之登記證編號一五〇九。原契為官方規定十六開用紙並蓋有地方法院大印。

〔註107〕附件三為債權人持向地方法院為「胎權設定」之證明書。原契為官方規定十六開用紙。契上蓋有地方法院之大印。

	二九五之一	一二五	一	登記權利者ノ住所氏名	吳乞食外二人
				登記名義人ガ多數ナル場合ニ於テ其一部ガ登記義務者ナルトキハ登記義務者ノ氏名住所	
				登記原因及ビ其日附	胎借字
				登記ノ目的	胎權設定
				登記濟　印	

附件四　土地賣渡證 〔註108〕

　　立土地賣渡證人葉新傳、葉阿份、葉查某、葉樹藍等，有承祖父遺下應得之業壹所，土地表示記載於後明白，今因乏金別用，爰是託中引就，向與吳乞食、吳乞成、吳勝興、吳文德出首承買。

　　當時，全中三面議定，依時值賣渡價格金四百貳拾圓正。其金即日全中交收足訖，愿將此業隨即踏明界址，交付買主前去掌管，收租納課，永為所有權。日後子孫，永遠不敢言及找贖，異言生端滋事。

　　此係二比喜愿，各無反悔，口恐無憑，今欲有據。特立土地賣渡證壹紙，付執為炤。

　　　　不動產ノ表示

新莊郡鷺洲庄三重埔字溪尾

　　　　貳百九拾五番　　　　　　　　　　　　　　　　六〇五號

一、田壹分貳厘五毛

　　　　全　　所

　　　　貳百九拾五番ノ壹　　　　　　　　　　　　　一一一五號

一、田六厘五系

　　　　以上

大正拾貳年拾貳月拾日

　　　　　　　　　　　　　　　　　　　　　賣渡人　　葉新傳印

〔註108〕附件四為債務人為償前記一五〇〇九號之胎借案，改典為賣，將設定胎借權之二九五與二九五之一番等二筆土地，杜賣與債權人而另立之「土地賣渡證」。原件為九開二十二行箋，共占一大張半，尺寸從略。契上貼有一錢一枚與十錢二枚等印花，共二十一錢。另外，並蓋有「臺北地方法院」之驗印一段。唯為中人部分未具有名字。

全　　葉阿份㊞

全　　葉查某㊞

全　　葉樹藍㊞

為中人　　□□□

吳乞食

吳乞成

吳勝興　　殿

吳文德

附件六　領收證〔註109〕

一、金壹百九拾圓也。

　　但大正六年拾貳月貳拾九日登記受付第壹五○○參號，債權額金辨濟清

還，炤。

右正二領收候也。

　　大正拾貳年拾貳月拾日

領收人　　吳乞食㊞

葉新傳

葉阿份

葉查某　　殿

葉樹藍

附件七　登記濟證〔註110〕

登記番號及順位番號八　各物件，名下二記記載ス			
申請書受附年月日	大正十二年十二月廿四日	受附番號	第一八五四六號
登記濟　　㊞			

〔註109〕附件六若依之他案，應為土地價款之收據。但在此未見該件之收據。現所
　　　　列之「領收證」即為債權人之一吳乞食開具與賣方之葉家，並批明為「第
　　　　一五○○三號ノ債權額金辨濟清還」而已。更是此一土地之移轉性質與買
　　　　賣方式之變異。原件為九開二十二行箋半張，尺寸從略，契上貼有三錢印
　　　　花一枚。

〔註110〕附註七為前記一五○○三號胎權之消滅登記。仍由臺北地方法院開發。契上
　　　　並蓋同院之大印。用紙仍為官方提供之十六開用紙。

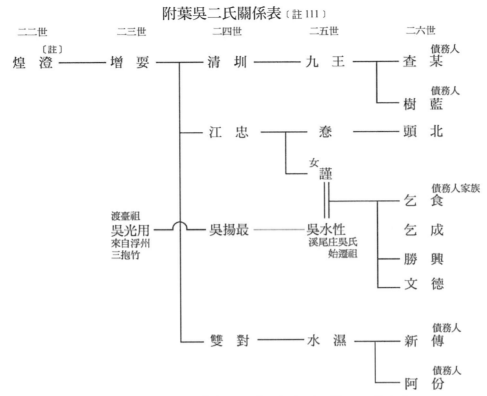

附葉吳二氏關係表〔註111〕

〔註〕：葉煌澄，同安縣人氏，為葉坤山之弟，乾隆間，隨兄入墾溪尾。

二八、溪尾庄吳氏古契（7）

胎借字　承買陳家土地之上手承典字〔註112〕

立胎借字人陳昌有承先人遺下應得之業壹所，土地表示記載於左，今因乏金別用，願將此業與人為胎出借。爰是託中引就向與謝廷英手內，取出胎借金壹千貳百圓正。

其金即日全中交收足訖，當時全中三面議定其所有約束事項，詳記於左。

一、為胎土地：

新莊郡鷺洲庄三重埔字溪尾第四六番

〔註111〕　關係表係據《蓮谿葉氏家譜》與《吳氏家譜》製成，以利研究之參考。

〔註112〕　（一）本契之原件原為民國十一年日大正十一年（1922）1月9日，吳家承買陳昌土地四筆之上手「胎借字」。為民國十年日大正十年間，陳昌以同批土地向謝廷英胎借錢銀之契字。其後，在原約束之「辦濟期」以前，陳昌再將土地賣斷與吳家，因此，此「胎借字」亦以上手契名義，隨同土地移轉入吳家。

（二）原件為八開二四行箋，共占二張，尺寸從略。契上並貼有十錢與五十錢之印花各一枚。

　　一、田：五厘壹毛
　　　　全所　　　　　　　　　　　　　　　第四六番之壹
　　一、田：貳分九厘五系
　　　　全所　　　　　　　　　　　　　　　第四七番
　　一、田：貳分貳厘參毛
　　　　全所　　　　　　　　　　　　　　　第四八番
　　一、畑：八分貳厘五毛五系
　　　　以上
一、債權額：金壹千貳百圓也
一、辨濟期：大正拾參年壹月貳拾六日
一、利息：壹箇年金壹百八拾參圓
一、支拂期：每年壹月貳拾六日
右係二比明約，到限之際須將母利一齊辨還清楚，取回原字，并將胎權登記抹
　　消，均不得刁難。
　　此乃雙方喜愿，各無反悔，口恐無憑，特立胎借字壹紙，付執為炤。
　　大正拾年壹月貳拾六日

　　　　　　　　　　　　　　　　　　立胎借字人　　陳　　昌㊞
　　　　　　　　　　　　　　　　　　為中人　　　　林　　偉㊞
　　　　　　　　　　　　　　　　　　代書人　　　　林榮九㊞

　　謝廷英　　殿
　　附件一　登記證〔註113〕

街庄名又八土名	土地番號	登記番號	順位番號			
	四六	六七六	各二			
	四六－一	六八〇				
	四七	六八一				
	四八	六八二				
申請書受附年月日	大正十年二月一日			受附番號	第一四六八號	
右登記濟　㊞						

〔註113〕附件一為前項土地之設定登記證。原件為十六開用紙，尺寸從略，在此並略
　　　　去空白部分四行。

附件二　領收證　按原杜賣字已失〔註114〕

一、金貳千七百圓也。

　　但し大正拾壹年一月九日附杜賣盡根字之業，價金全部領收，焻。

右正に領收候也。

　　大正十一年一月九日

　　　　　　　　　　　　　　　　　　領收人　陳　　昌㊞

　　　　　　　　　　　　　　　　　　為中人　陳根土手印

　　　　　　　　　　　　　　　　　　　全　　林水柳㊞手印

　　吳乞食

　　吳乞成

　　吳勝興　　　殿

　　吳文德

附件三　約束證〔註115〕

一、金貳千參百七拾圓也。

　　　　　但し業價殘金

右限賣買登記明白，並土地交付拙者掌管及花欉引渡之時交付，不敢遷延，焻。

　　右，約束之。

大正十一年一月十三日

　　　　　　　　　　　　　　　　　　買主　　吳文德㊞

　　　　　　　　　　　　　　　　　　　全　　吳乞食㊞

　　　　　　　　　　　　　　　　　　　全　　吳乞成㊞

　　　　　　　　　　　　　　　　　　　全　　吳勝興㊞

　　　　　　　　　　　　　　　　　　為中人　林水柳㊞

　　　　　　　　　　　　　　　　　　　全　　陳根土手印

陳　昌　殿

〔註114〕　附件二為土地設定期間，陳昌為償還前項之債務，復將同批土地「杜賣盡根」
　　　　　與吳乞食等四人。但原「杜賣盡根字」未見，本契原件即其地價之收據。原
　　　　　件為八開二十四行箋，尺寸從略，為中人名下除印章外，並蓋有指印。契上
　　　　　貼有三錢印花一枚。

〔註115〕　附件三依其內容，所謂「約束證」，係指地價以外地上農作物補償條件之約
　　　　　束，由買賣雙方同意訂立。原年同註114。契上並貼三錢印花一枚。

附件四　領收證〔註116〕

一、金貳拾圓也。

　　　　　但し陳昌之田送取續定金也。

右正領收候也。

大正十二年又月廿一日

　　　　　　　　　　　　　　　　　　　　　謝廷英㊞

貴殿

附件五　辨濟證〔註117〕

一、金壹千貳百圓也。

　　　　　但し大正拾年貳月壹日登記受附第壹四六八號，債權額金辨濟。

右辨濟に候也。

大正拾貳年拾貳月貳拾四日

　　　　　　　　　　　　　　　　領收人　謝廷英㊞

吳乞食
吳乞成　　　殿
吳勝興
吳文德

附件六　登記濟證　抵當權消滅〔註118〕

登記番號及順位番號ハ　各物件ノ名下ニ記載ス			抵當權消滅
申請書受附年月日	大正十二年十二月廿四日	受附番號	第一八五〇四號
登記濟　㊞			

〔註116〕附件四仍前記買賣之附件，稽其內容，係原債權人謝廷英開具，同意前記買
　　　　賣之定金收據。原件為十六開紙寫就。尺寸從略。

〔註117〕附件五之「辨濟證」，係前記第一四六八號設定登記見附件一之謝廷英，於收
　　　　回前「胎借」與陳昌之債權後，開具與新買主吳家之收據。所謂「辨濟證」
　　　　係日文，為履行債務之意。用紙同前。契上並貼三錢印花一枚。

〔註118〕附件六為附帶為前件「辨濟證」之「抵當權消滅證」。尺寸從略。契上並蓋有
　　　　「臺北地方法院」之印。

二九、溪尾庄吳氏古契（8）

金圓借用證〔註119〕

一、金壹千八百圓也。

右之金額を大正拾壹年六月八日左の契約を以て正に借用致候。

一、前記の借用金は大正拾壹年拾貳月叁拾壹日迄据置，大正拾貳年壹月壹日より同貳拾壹年拾貳月叁拾壹日までに賦濟崩の方法に依り、返濟すべし。

二、利息は据置期間中年九分七厘、年賦期間中年九分七厘とし、此割合を以て算出したる年賦金は金貳百八拾五圓貳拾貳錢とす。

三、元金据置期間中の利息は每年壹月壹日より六月叁拾日までの分を六月拾五日までに、七月壹日より拾貳月叁拾壹日までの分を拾貳月拾五日までに、貴行代理店株式会社臺灣銀行に拂込むべし。

四、每年の年賦金は之を二分し、其半額金百四拾貳圓六拾壹錢を每年六月拾五日までに、他の半額金百四拾貳圓六拾壹錢を每年拾貳月拾五日までに　貴行代理店株式会社臺灣銀行に拂込むべし。

五、貴行より前二項の拂込指定銀行變更の通知ありたるときは其指定の銀行に拂込むべし。

六、借用金の一部、若くは全部を契約期限前に返濟せんとするときは、拂戾高の百分の壹の手敷料を支拂〔う〕べし。

〔註119〕 （一）本契之原件為民國 11 年日大正十一年（1922）6 月 8 日，普園陳氏族人陳乞食（按：渡臺第九世裔）以土地九筆為抵押，向日本勸業銀行借銀一千八百元之契約。當時，契約上訂明由十二年元月一日開始，每年分二期，以分期付款方式，約定於十年間共二十期攤還本息。但迨及民國 13 年 11 月間，債務人改將上記之九筆土地，以杜賣盡根方式，議價為五千元，賣與李虎蹄。另外，由買方於地價之外，再補貼地上物之農作物二千一百八十九元九十八分，為全部賣斷盡根。債權人遂於同年十二月間一次償還勸業銀行之債權。但李虎蹄於買入上述九筆土地後，復轉手賣與李水連以及吳乞食等五人，此中，前者買四筆，後者買五筆。並於民國 16 年日昭和二年（1927）10 月 13 日分別完成過戶登記。因此，自陳乞食於民國 11 年 6 月向銀行借款訂立契約起，迄於一再轉賣進入李、吳二家之手，連同本契約共得十件，以上手字名義隨同土地移交與吳家手中。但其中雖缺一件由李虎蹄賣與李、吳二家「賣渡證書」云，仍可探討出日據中期土地貸款之全部過程。（二）本契原件為八開二十六行箋，印就條款之銀行規定用紙，再加上土地表示等，共占三大張半，尺寸從略。契上貼有十錢印花四枚，五十錢一枚，共五枚，九十錢。

七、左の場合には　貴行の要求次第即時元金竝に利息を返濟すべし。

　　一、擔保物其他拙者財産に對し、第三者より差押、仮差押、又は競
　　　　賣の申立ありたるとき。

　　一、貴行に於て此債權を侵害すべき行爲ありと認められたるとき。

　　一、本契約を履行せざるとき、若くは履行する能はざるとき。

　　一、法令により期限の利益を失ふとき。

八、拂込期日、又は期限前返濟を要求せられたる場合に於て　貴行の
　　指定期日に拂込を怠りたるときは期日の翌日より現入金の日ま
　　で拂込むべき金額に對し、百圓に付一日金四錢の割合に當る遲延
　　利息を支拂〔う〕べき。

九、擔保物の實況につき〔い〕て調査を爲さるとき、若くは報告を求め
　　らるるときは何時にでも其要求に應すべし。

十、擔保物の現狀若くは其業主權に異動を生じたるときは債務者は直
　　に之を　貴行に通知すべし、但擔保物の現狀を變更し、又は擔保物
　　を讓渡し若くは擔保物上に典權、胎權、贌耕權其他の權利を設定せ
　　んとする場合に於ては、債務者は豫め　貴行の承諾を受くべし。

十一、貴行が日本勸業銀行法第貳拾六條第壹項に依り、增擔保者くは貸
　　　渡金壹部の償還を要求せられたるときは其要求に應ずべし。

十二、本契約に關しては臺灣總督府臺北地方法院を以て合意裁判籍とす
　　　べし。

十三、借入金の擔保として左記物件の業主權に權利順位第壹番の胎權を
　　　設定すべし。

十四、前項の擔保地にして競賣に附せらるる場合に於て灌漑用の池沼あ
　　　るものは、其池沼の業主權持分をも附隨して競落人に無償にて移
　　　轉すべし。

　　　　土地表示

　　新莊郡鷺洲庄三重埔字溪尾四貳九番

一、田：五厘參毛五系　　　　　　　　六七五號
　　　　同所　　　　　　　　　　　　四參七番

一、田：壹厘七毛五系　　　　　　　　三五二號之一
　　　　同所　　　　　　　　　　　　四參九番

一、田：四分六厘壹毛　　　　　六七六號之一
　　　同所　　　　　　　　　　四四〇番
一、田：壹分五厘參毛　　　　　六七七號之一
　　　同所　　　　　　　　　　參五九番
一、田：貳分壹厘參毛　　　　　六七一號
　　　同所　　　　　　　　　　參九〇番
一、田：壹甲五毛五系　　　　　六九三號
　　　同所　　　　　　　　　　四壹五番之貳
一、田：四厘六毛　　　　　　　一四一八號之一
　　　同所　　　　　　　　　　四壹八番之貳
一、田：參厘六毛　　　　　　　一四一九號之一
　　　同所　　　　　　　　　　叁六壹番之壹
一、畑：貳厘八毛五系　　　　　一四六四號之一

　　右為後日證書，仍て如件。

　　大正拾壹年六月八日

　　　　　　　臺北州新莊郡鷺洲庄三重埔字溪尾參八貳番地

　　　　　　　　　　債務者　陳乞食㊞

株式會社日本勸業銀行

　　總裁　志村源太郎　殿

　　附件一　借用金領收證〔註120〕

一、金千八百圓也。

　　　但大正拾壹年六月八日金圓借用證に對する分。

右領收候也。

　　大正拾壹年六月拾日

　　　　　　　新莊郡鷺洲庄三重埔字溪尾參八貳番地

　　　　　　　　　　陳乞食㊞

株式
會社日本勸業銀行　御中

〔註120〕附件一為銀行提供，由借方陳乞食填具之「借用金」收據。此契之上方蓋有
　　　　「抵當權消滅」之長印與下方另有「渡部」二字之卵型印，應為還清債權時
　　　　蓋上。原契為十六開十三行箋，但未貼印花。

附件二　土地賣渡證〔註121〕

新莊郡鷺洲庄三重埔字溪尾

　　　第參百五拾九番　　　　　　　　　登記第六七一號

一、田貳分壹厘參毛〇系

　　　　全所　第參百六拾壹番之壹　　　登記第一四六四號

一、畑零分貳厘八毛五系

　　　　全所　第參百九拾番　　　　　　登記第六九三號

一、田壹甲〇分〇厘五毛五系

　　　　全所　第四百拾五番之貳　　　　登記第一四一八號

一、田零分四厘六毛〇系

　　　　全所　第四百拾八番之貳　　　　登記第一四一九號

一、田零分參厘六毛〇系

　　　　全所　第四百貳拾九番　　　　　登記第六七五號

一、田零分五厘參毛五系

　　　　全所　第四百參拾七番　　　　　登記第三五二號

一、田零分壹厘七毛五系

　　　　全所　第四百參拾九番　　　　　登記第六七六號

一、田四分六厘壹毛〇系

　　　　全所　第四百四拾番　　　　　　登記第六七七號

一、田壹分五厘參毛〇系

　　　此賣渡代金五千圓

　　右之土地拙者所有之業，今般以前記代金，賣渡　貴殿。該金經已領收足訖，隨將該土地交付貴殿前去掌管，永為己業。日後，確不敢異言生端滋事。口恐無憑，特立土地賣渡證壹紙，付執為炤。

　　大正拾參年拾壹月貳拾六日

　　　　　　　　　　　　　　　　　　　賣渡人　陳乞食㊞

　　　　　　　　　　　　　　　　　　　為中人　葉　集㊞

李虎蹄　殿

〔註121〕附件二為前記債務人陳乞食於民國 13 年將原抵押於銀行之土地九筆，杜賣與李虎蹄之「土地賣渡證」。原件為八開二十二行箋，共占一大張半，以「司法代書人郭尚文用紙」寫就。契貼有一圓印花二枚，五十錢一枚，以及蓋有「臺北地方法院」長型驗印一小段。

附件三　領收證〔註122〕

一、金貳千壹百八拾九圓九拾八錢

　　但し大正拾參年拾壹月貳拾六日新莊郡鷺洲庄三重埔字溪尾參百五拾九番田外八筆，賣渡　貴殿貼業價外之金額全部。

右，正に領收候也。

　　大正拾參年拾壹月

　　　　　　　　　　　　　　　　　　　　領收人　陳乞食㊞
　　　　　　　　　　　　　　　　　　　　為中人　葉　集㊞

李虎蹄　殿

附件四　領收證〔註123〕

一、金五千圓也。

　　但是大正十三年拾壹月貳拾七日附土地賣渡字內之業價，金全部。

右，正に領收候也。

　　大正拾參年十一月　日

　　　　　　　　　　　　　　　　　　　　領收人　陳乞食㊞
　　　　　　　　　　　　　　　　　　　　為中人　葉　集㊞

李虎蹄　殿

附件五　債權消滅證〔註124〕

　　大正拾壹年六月八日附金員借用證書に基く貸付金全部完濟，相成候に付債權消滅致候也。

大正拾參年拾貳月參日

〔註122〕附件三為前記債務人陳乞食杜賣土地時，因土地上種有農作物；如茉莉花、秀英花等用以收成花朵提供臺北地區製茶業者為製花茶之用，故依溪尾庄一帶買賣土地之舊慣，於地價以外，買方尚須額外補貼一筆「地上物補償費」。本契之所謂「貼業價外之金額」即為此項「地上物補償費」之意。至於金額之多寡，係依花木之數字，以欉為單位計算，故金額亦往往出現小數字之存在。原件之用紙同註121，但祇占半張，契上並貼三錢印花一枚。

〔註123〕附件四為前記註121杜賣土地之價款收據，地價為五千日圓，外加地上物補償費，應為七千一百八十九元九角八分。原件之同註122，並貼印花三錢。

〔註124〕附件五為日本勸業銀行開具與債務人之「債權消滅證」，可見前記債務人在十一月間出賣土地後，即於12月3日還清債務。原件為銀行提供之「代貸第七號」用紙，十六開十一行箋。契上貼三錢印花一枚。

東京府東京市麴町區內山下町壹丁目壹番地

株式會社日本勸業銀行

臺北市大和町四丁目八番地

右臺北支店支配人　久米孝藏㊞

陳乞食　殿

附件六　登記濟證　債務消滅證〔註125〕

登記番號及順位番號ハ　各物件ノ名下ニ記載ス			
申請書受附年月日	大正十五年十二月十日	受付番號	第一六五二〇號
登記濟　　㊞			

附件七　登記濟證〔註126〕

（格式同附件六）

附件八　限金證〔註127〕

一、金貳千圓也。

但し別紙記載之賣渡證書內，賣渡之土地，該金八千六百六拾圓貳拾錢。

今般前記貳千圓候，舊十月末日一齊奏呈，炤。

右限金候也。

昭和二年十月十三曰

買主　李水連㊞

吳乞食㊞

吳乞成㊞

吳勝興㊞

吳文德㊞

為中人　李阿牛㊞

〔註125〕附件六為地方法院之「登記濟」證，係「抵當權消滅」之證明，由地方法院出具，編號第一六五二〇。原件為法院規定之官方用紙。

〔註126〕附件七之「登記濟證」格式日期同註125。編號為一六五二一號。用意待考。

〔註127〕附件八為「限金證」。依原件之內容所述以及附件九之地番，應為註121之李虎蹄在承買陳家土地九筆之後。經過若干時日，復將該九筆土地，以八千六百六十元二角之價而包括地上物補償，再次分二批賣與李水連與吳乞食等四人。唯契字上所述「別紙記載之賣渡證書」已失所在。但在原件之紅絲欄外，並記有吳乞食一千一百六〇元李水連八百四〇元之碼子。可見此二千元之中吳所付為一、一六〇元，李所出為八四〇元，為二家共買土地之前款。

吳乞食一千一百六〇元

李水連八百四〇元

李虎蹄　殿

附件九　登記濟證〔註 128〕

地　名	土地番號	登記番號	順位番號	申請書受附年月日	大正二年十月廿六日
		六七一	七	受附番號	第一二七四四號
		六七三	四	登記權利者ノ氏名住所	李水連
		六七七	四	登記名義人カ多數ナル場合ニ於テ其一部カ登記義務者ナルトキハ登記義務者ノ氏名住所	
		六五二	七		
				登記原因及ビ其日附	大正二年十月十三日　賣買
				登記ノ目的	所有權移轉
				登記濟　㊞	

附件十　登記濟證〔註 129〕

地　名	土地番號	登記番號	順位番號	申請書受附年月日	大正二年十月廿六日
				受附番號	第一二七四五號
		六七五		登記權利者ノ氏名住所	吳乞食
		七九三		登記名義人カ多數ナル場合ニ於テ其一部カ登記義務者ナルトキハ登記義務者ノ氏名住所	李虎蹄
				登記原因及ビ其日附	大正二年十月十三日　賣買
				登記ノ目的	所有權移轉
				登記濟　㊞	

〔註 128〕 附件九為「所有權」移轉之「登記證」，李水連得四筆，編號一二七四四，吳乞食等四名得五筆，編號一二七四五。時為民國 16 年日昭和二年（1927）10 月 26 日。為官方規定用紙，但因沿用舊紙，故僅將「大正」二字刷去。

〔註 129〕 附件十為吳乞食之「所有權」移轉「登記證」，參閱同上註。

三十、溪尾庄吳氏古契（9）

領收證　承買唐家土地附件〔註130〕

一、金壹千四百圓也。

　　但是拙者等所有新莊郡鷺洲庄三重埔字分子尾百七拾參番外四筆，各應得所有權持分八分之壹賣渡代金，即日親收足訖是實，此據炤。

　　右正に領收候也。

領收人　唐塗薩㊞
　　　　唐養繼㊞

昭和參年拾貳月貳拾六日

吳乞食　殿

代書人　陳曰儀

三一、溪尾庄吳氏古契（10）

抵當權設定金錢借用證書　承典葉家土地之證書〔註131〕

　　立抵當權設定金錢借用人葉會，今般向與　貴殿借用金千五百圓正。其金即日交收足訖，當日言議所有約束事項，列記于左：

　　一、債權金額：金千五百圓也

　　一、辨濟期：昭和拾壹年五月拾六日

〔註130〕（一）本契原件為承買唐家共有土地之附件：持分讓渡之收據。但原「杜賣字」未見。（二）原件為八開二十二行箋，尺寸從略。契上並有三錢印花一枚。

〔註131〕（一）本契之原件為民國22年（日昭和八年，1933）5月17日，吳家承典葉家土地三筆，以設定抵當權向法院提出登記之「借用證書」。當時，雙方曾於文字上約定至民國25年（日昭和十一年）五月，以三年滿為期，還清所借債務。但至民國24年（日昭和十年）五月間，債務人葉會復持另外土地三筆，再設定抵當權向同一債權人賡續借用款項，並向法院提登記，借用期間即約定以一年為滿，並還清債務。唯降及民國25年5月間，前記先後二筆債務均已屆滿時日，債務人似均無力還清借款。之後，次及同年之九月間，乃改將二次設定抵押之溪尾二三七番之七等三筆土地，寫下賣渡證以杜賣方式出賣與債權人，於同日將土地交割清楚，收下地價。然後，還清二十二年與二十四年等二筆債務，於四天後，由買方向法院辦理登記，完成過戶，本契除二十五年九月間之「土地賣渡證書」以外，連同同案之附件，共得十件，資料尚稱完整，而可探討出該一時期，土地移轉之全部過程。（二）原件為八開十八行之現成「抵當權設定金錢借用證書」，紙上印有「松久商行製」字樣，尺寸從略，共占一大張，契上貼有五十錢印花一枚。另「不動產表示」為九開二十二行箋，文字祇占半張。

一、利息：年壹割壹分

一、利息支拂時期：每年五月拾六日

一、抵當權設定不動產：末尾登記通

照前記如約履行，決不敢拖延。且末尾記載之不動產為擔保設定抵當權，若到期無如約履行者，聽　貴殿即時抵當權之實行，亦不能異議也。

右二比喜悅，各無反悔，口恐無憑，特立抵當權設定金錢借用證書一紙，付執為照。

昭和八年五月拾六日

借主　葉　會㊞

金　主吳乞食　殿

不動產表示

新莊郡鷺洲庄三重埔字溪尾

貳百叁拾六番の三

一、畑四分四厘貳毛　　　　　　　　　　六六〇　各一

全所　貳百叁拾七番の七

一、田七厘參毛　　　　　　　　　　六六二

全所　貳百叁拾八番の參

一、田貳分四厘壹毛　　　　　　　　　　六六三

附件一　領收證〔註132〕

一、金千五百圓也

但し昭和八年五月貳拾五日登記受付、第九壹六〇號抵當權設定登記の分。

右正に領收候也。

昭和八年五月貳拾九日

借主　葉　會㊞

一、批明金千五百圓也，一個年利息金百六拾五圓也。

吳乞食　殿

〔註132〕附件一為前記典借之借款收據，由債務人葉會開具，契上並註明「登記受付第九一六〇號」之抵當權設定。原件為「代書人蔡火慶」提供之九開二十二行箋，文字占半張，契上貼有印花三錢一枚。

附件二　登記濟證〔註133〕

登記番號及順位番號は　各物件の名下に記載す			
申請書受附年月日		受附番號	第五一六〇號
登記濟　印			

附件三　抵當權設定金錢借用證書〔註134〕

立抵當權設定金錢借用人葉會，今般向與　貴殿借用金九百圓正，其金即日交收足訖。當日言議所有約束事項列記于左

一、債權金額：九百圓也。

二、辨濟期：昭和拾壹年五月拾九日

一、利息：年壹割壹分

一、利息支拂時期：每年五月拾九日

一、抵當權設定不動產：末尾記載通

照前記如約履行，決不敢拖延。且末尾記載之不動產為擔保設定抵當權，若到期無如約履行者，聽　貴殿即時抵當權之實行，亦不能異議也。

右二比喜悅，各無反悔，口恐無憑，特立抵當權設定金錢借用證書一紙，付執為照。

昭和拾年五月貳拾日

新莊郡鷺洲庄三重埔字溪尾貳六四番地

借主　葉　會㊞

為中人　葉　爽㊞

貸主吳乞食　殿

不動產表示

新莊郡鷺洲庄三重埔字溪尾

貳百叁拾六番の叁

一、畑四分四厘貳毛　　　　　　　登記第六六〇號二

全所　貳百參拾七番の七　　　登記第六六二號二

〔註133〕附件二為債務人向法院提出之土地設定登記。編號五一六〇號。

〔註134〕附件三為上記債務人於昭和 10 年 5 月 20 日，復持另一批土地共三筆，續向債權人吳乞食為抵當權設定登記，借用金錢之證書，批明於期滿之 11 年五月償還。原件之用紙同註 1（二）。契上並貼二錢印花一枚。末後之不動產表示，為印有「司法書士行政代書人蔡火慶」之八開二十行箋，文字占半張。

一、田七厘叄毛

　　　　仝所　貳百叄拾八番の叄

一、田貳分四厘壹毛　　　　　　　登記第六六三號二

　　　　以上

　　附件四　領收證〔註135〕

一、金九百圓也

　　但し昭和拾年五月貳拾日附、抵當權設定金錢借用證書に基き拙者が貴殿より借り受けたる債權額金九百圓の金額也。

右、正に領收候也。

　　昭和拾年五月貳拾日

　　　　　　　　　　　　　　　　　　領收人　葉　　會㊞

　　　　　　　　　　　　　　　　　　為中人　葉　　爽㊞

貸主吳乞食　殿

　　附件五　登記濟證〔註136〕

登記番號及順位番號は　各物件の名下に記載す			
申請書受附年月日	昭和十年五月廿日	受附番號	第八二三六號
登記濟　㊞			

　　附件六　領收證〔註137〕

一、金叄千四百貳圓也。

　　　　但し昭和拾壹年九月拾七日附、土地賣渡證書に基き拙著の所有に係る、新莊郡鷺洲庄三重埔字溪尾貳叄六番の叄外二筆の土地を　貴殿に賣渡したる賣買代金叄千四百貳圓の金額也。

右、正に領收候也。

〔註135〕附件四為註134借款之收據，原件用紙，仍為代書人蔡火慶提供之「領收證」用紙，為八開二十二行箋，占一大張，契上並貼叄錢印花一枚。

〔註136〕附件五為債權人向法院提之土地設定登記，編號八二三六號。

〔註137〕附件六若依本件土地移轉之案例，應為「土地賣渡證書」。但此項證書似已遺失。本契原件則為昭和17年9月17日，上記溪尾二三六番之叄外二筆土地見附件三之不動產表示之價款收據。並見上述三筆土地已經由杜賣盡根方式，轉入債權人手中，原件為八開二十行箋之代書人蔡火慶用紙，共占一張。契上貼三錢印花一枚。

　　昭和拾壹年九月拾七日

　　　　　　　　　　　新莊郡鷺洲庄三重埔字溪尾貳六四番地

　　　　　　　　　　　　　　領收人　葉　　會㊞

吳文德　殿

　　附件七　領收證〔註138〕

一、金壹千五百圓也。

　　　　但し昭和八年五月六日貸付金昭和八年五月貳拾五，臺北地方法院登

　　　　記受付第五壹六〇號抵當權設定登記の債權額。

右元利全部辨濟相成正に領收候也。

　　昭和拾壹年九月拾七日

　　　　　　　　　　　　　　　　　受領者　吳乞食㊞

葉　會　殿

　　附件八　領收證〔註139〕

一、金九百圓也。

　　　　但し昭和拾年五月貳拾日貸付金、昭和拾年五月貳拾日臺北地方法院

　　　　登記受付，第八二三六號抵當權設定登記の債權額。

右元利全部辨濟相成正に領收候也。

　　昭和拾壹年九月拾七日

　　　　　　　　　　　　　　　　　受領者　吳乞食㊞

葉　會　殿

　　附件九　登記濟證〔註140〕

登記番號及順位番號は　各物件の名下に記載す			
申請書受附年月日	昭和拾壹年九月廿壹日	受附番號	第一三七七七號
登記濟　㊞			

〔註138〕附件七為上記三筆土地之買賣成立後，債務人清還昭和8年之借款；第五一
　　　　六〇號抵當權設定之收據，由債權人開具。原件仍為代書人蔡火慶提供之八
　　　　開二十二行領收證用紙，一大張，契上貼三錢印花一枚。
〔註139〕附件八即為上記債務人清還昭和10年借款第八二三六號抵當權設定之收據，
　　　　仍由債務人開具。原件用紙同上註。
〔註140〕附件九為上記三筆土地買賣成立後四日，買方吳乞食提出法院辦理之過戶登
　　　　記。

附件十　覺書〔註141〕

　　昭和拾壹年九月拾七日附、賣渡し證書を以て拙者の所有に係る新莊郡鷺洲庄三重埔字溪尾貳叁六番の叁外貳筆の土地を　貴殿に賣渡しするに付き、從前拙者を於て、右土地に連接せん河川敷地の占用許可を申請中なるか故、後日發し許可ありたる場合は、該河川敷地の貸下權利一切を無償にて、　貴殿に贈與致し可の候為，後日覺書如件。

　　昭和拾壹年九月拾七日

　　　　　　　　　　　　　　　新莊郡鷺洲庄三重埔字溪尾貳六四番地

　　　　　　　　　　　　　　　葉　　會㊞

三二、溪尾庄吳氏古契（11）

予約賣買契約證書　承買王家共有地之契約〔註142〕

　　同立土地予約賣買契約書字人，予約買受人吳乞成、吳勝興，予約賣渡人王氏西，當日雙方言議所有約束事項列明于左

一、不動產表示：末尾記載の通り。

　　此賣買代金參千四百八拾貳圓七拾壹錢也。

　　一、予約賣渡人今般將右記之不動產以前記代金賣渡與予約買受人買
　　　　受之事。

　　一、予約買受人本契約成立當日，須要借出金五百圓交付與予約賣渡人
　　　　為予約定頭金，該金當日予約賣渡人經已領收足訖㊞。

　　一、本契約成立之日起，伺參日間以後，當事者雙方須要再立賣買證書
　　　　及登記諸書類，提出登記為要。

　　一、前記賣買代金扣起予約定頭金之外，其殘餘者必要俟候本件賣買登
　　　　記完了引渡明白，然後即時全部湊足不得刁難之事。但若要提出登

〔註141〕　附件十之「覺書」為上記買賣條件所附帶之備忘錄。批明由於前記三筆土地之移轉時，正由賣方在申請使用之連接河川地，在未來獲准使用時，須無條件交由買主使用。原件之日文部分原為片假名，今改為平假名以利參考。同紙同註137，契上並貼三錢印花一枚。

〔註142〕　（一）本契原件為民國25年（日昭和十一年，1936）6月11日所訂立，承買王氏西共有土地之予約契約。契字之內容，大都用中文訂立，日文部分只占極少數之助詞而已。末尾並附列土地標示，以及批明土地之單價，而足以為該一時期，地價探討之參考與土地買賣之訂立條件，已由早期之簡略，漸次進入繁瑣。（二）原件為九開二十二行箋，共占三大張。契上貼有三錢印花一枚。

記之時，予約買受人要再交付予約賣渡人貳千五百圓，各不得異議之事。

一、予約賣渡人若將本件賣買之不動產為擔保與人抵當求設定、質權設定、質借權設定，並其他一切設定以及被第三者差押、假差押、假處分、競賣申立諸項者，予約賣渡人須要本契約期限內全部取消明白，付予約買受人提出登記之事。

一、予約買受人若不欲履行本契約之時，願將定頭金五百圓全部放棄與予約賣渡人沒收為違約賠償金，且失請求權亦不敢異議之事。

一、予約賣渡人若不欲履行本契約之時，願將予約定頭定〔金〕五百圓即刻返還予約買受人之外，尚要備出金五百圓交付與予約買收人為違約賠償金，亦不敢異議之事。

一、批明昭和拾壹年度第壹期小租谷參拾七石五斗而賣主應得拾九石，其餘全部為買主應得，特此聲明照。但本年度兩期地租各對半負擔分納之事。

右之契約，二比喜悅，各無反悔，口恐無憑，特立予約賣賣契約證書二紙，各執一紙為據。

昭和拾壹年六月拾日

新莊郡鷺洲庄三重埔字溪尾叁〇四番地

予約買受人　吳乞成㊞

同所同番地

予約買受人　吳勝興㊞

壹北市新富町貳丁目壹壹〇番地

予約賣渡人　王氏西㊞

為中人　鄭樹條㊞

為中人　李銀周㊞

不動產標示

新莊郡鷺洲庄三重埔字溪尾

叁八九番

一、田壹甲貳厘貳毛

同所四壹九番の貳

一、田四厘五毛五系

以上持分八之六全部

一、批明每甲價格各四千參百五拾圓計算為憑，特此聲明照。㊞㊞㊞

　　附件一　領收證〔註143〕

一、金參千四百八拾貳圓七拾壹錢也。

　　　但し昭和拾壹年六月十日附持分賣渡證書に基き拙者の所有に係る新
　　　莊郡鷺洲庄三重埔字溪尾參八九番外壹筆持分八分の六賣買代金參千
　　　四百八拾貳圓七拾壹錢の金額金也。

右、正に領收候也。

　　　昭和拾壹年六月拾壹日

　　　　　　　　　　　　　　　臺北市新富町貳丁目百拾番地

　　　　　　　　　　　　　　　　　領收人　王氏西㊞

　　　　　　　　　　　　　　　　　為中人　鄭樹條㊞

　　　　　　　　　　　　　　　　　為中人　李夊（銀）周㊞

　　　吳乞成
　　　　　　　　仝啟
　　　吳勝興

　　　一、批明本件登記手續若要拙者之印章者，不論何時必需利便付　貴方蓋
印，不得刁難，聲明照。

三三、溪尾庄吳氏古契（12）

　　　河川地承租契約　河川地使用約束〔註144〕

新莊郡經由

指令第二五一八號

　　　　　　　　　　　壹北州新莊郡鷺洲庄三重埔字溪尾三〇四番地

　　　　　　　　　　　　　　　　　　　吳乞食

昭和十二年四月十日附申請河川法に依る，河川敷地占用の件許可す。但

〔註143〕附件一為上記予約買賣之土地價款收據。原件為「司法書士蔡火慶」提供之
　　　　九開二十行笺，契上貼三錢印花一枚。

〔註144〕（一）本契原件為民國26年日昭和十二年（1937）4月10日，依法向臺北
　　　　州知事申請使用河川地之約束。原文為日文，並以片假名雜入漢字綴成，
　　　　今將假名部分改為現通用之平假名以利參考，其餘如原件。（二）原件以公
　　　　家規定之十六開用紙填就，尺寸從略，共占三面。契上並蓋有「壹北州知
　　　　事印」一方。

し左記命令の通り，心得べし。

臺北州知事　藤田俱治郎㊞

昭和十二年六月七日

命　令

一、占用を許可したる・河川敷地は申請書記載の通り。臺北州新莊郡鷺洲
　　庄三重埔字溪尾二三五番の二，地先淡水河河川敷地一分二厘二毛八糸
　　とす。

二、本件許可地は、蔬菜及び甘藷栽培の用に供するものにして、他の目的に
　　使用すべからず。

三、許可期間は、昭和十二年六月七日より昭和十四年五月三十一日迄と
　　す。

四、占用料は總面積に付、壹年金參圓六拾八錢とし、每壹年分を本州より發
　　する納付書に依り、前年十二月十五日迄に前約すべし。但し、前後壹年
　　に滿たさるものは月割計算に依り計算し、其の初期に係るものは許可の
　　日より十日以內に納付すべし。

五、許可期間中と雖法令の施行に依り、又は公益上其の他官廳に於て必要と
　　認めにるときは、何時にしても本命令を增減變更し、又は占用を停止し、
　　若は許可を取消すことあるべし。

六、本命令に違反したる場合は、時にても許可を取消す事あるべし。

七、第五、第六の處分に依り、本許可を取消したる場合、被許可人の都合に
　　より返地を爲したる場合、又は本許可期間滿了の場合に於ては、本許可
　　地內に現存する私有物件は總て被許可人の費用を以て・官廳の指定する
　　期間內に除却し、原狀に復すべし、若し之を怠りたる時は官廳に於て之
　　を執行し、其の費用は被許可人より徵收す。

八、本命令に基きたる處分の爲め、被許可人に損害を生ずる事あるも、官廳
　　は賠償の責に任ぜず。

九、被許可人の責に依らずして占用の不能となりたる場合、又は本許可地
　　の返還を許可したる場合は、其の翌月以後の月數に應じ既納の科金は、
　　還付する事あるべし。

十、被許可人の責に依らずして占用の不能となりたる場合は、其の旨所轄
　　郡役所を經由し、本州に届出づべし。

十一、許可人は官廳の檢印を受けなる長三尺以上、幅五寸以上の木標に左記
　　　事項を記載したる標札を占用箇所の見易き所に掲ぐべし。
　　　一、占用位置　一、占用目的　一、占用面積　一、占用期間
　　　一、許可年月日　一、住所氏名

十二、本許可に對し所轄郡役所より、實地引渡を受け、受領書竝請書を提出
　　　すべし。

十三、畝は河川に並行せしめ、甘蔗其の他高さ五十糎以上に繁茂する植物は
　　　絕對に栽培すべからず。

十四、土地流失防止施設、其の他えを目的とする植物を栽植すべからす。

十五、地形の變更を目的とする盛土を為すべからす。

十六、河了敷地の境界を明瞭にする、其の境界線に沿ひ許可區域內に幅員約
　　　半米の通路を設くべし。

三四、溪尾庄吳氏古契（13）

　　河川地承租契約　河川地使用約束〔註145〕

新莊郡經由

指令第六〇六二號

　　　　　　　　　　　　　臺北州新莊郡鷺洲庄字溪尾二八一番地
　　　　　　　　　　　　　葉宇宙外三名

昭和十三年八月三十一日附申請河川法に依る、河川敷地占用の件許可す。但
し左記命令ノ通り、心得べし。

　　　　　　　　　　　　臺北州知事　藤田俱治郎㊞

　　昭和十三年十二月二十六日

　　　　命　令

一、占用を許可したる河川敷地は申請書記載の通り、臺北州新莊郡鷺洲庄
　　三重埔字溪尾原二四〇番地－二、地先淡水河河川敷地六分六厘八毛壹
　　糸とす。

〔註145〕（一）本契原件為民國27年日昭和十三年（1938）8月31日，依法向臺北州
　　　　知事申請使用河川地之約束，但在內容方面與吳氏古契（12）稍有不同。原
　　　　文為日文，並以片假名雜入漢字綴成。今將假名部分改為現通用之平假名以
　　　　利研究之參考，其餘如原件。（二）原件以公家規定之十六開用紙填紙，尺寸
　　　　從略，共占三面。契上並蓋有「臺北州知事印」一方

二、本件許可地は甘藷及び落花生栽培の用に供するものにして、他の目的に
　使用すべからず。

三、許可期間は昭和十四年一月一日より昭和十五年十二月三十一日迄とす。

四、占用料は總面積に付、壹年金拾六圓七拾錢とし、毎壹年分を本州より
　發する納付書に依り、前年十二月十五日迄に前納すべし。但し前後壹
　年に満たざるものは月割計算に依り計算し、其の初期に係るもは許可
　の日より二十日以內に納付すべし。

五、許可期間中と雖法令の施行に依り、又は公益上其の他官廳に於て必要
　と認めたるときは、何時にても本命令を增減變更し、又は占用を停止
　し、若は許可を取消す事あるべし。

六、本命令に違反したる場合は、何時にても許可を取消す事あるべし。

七、第五、第六の處分に依り、本許可を取消したる場合、被許可人の都合
　により返地を爲したる場合、又は本許可期間滿了の場合に於ては、本
　許可地內に現存する私有物件は總て被許可人の費用を以て、官廳の指
　定する期間內に除却し、原狀に復すべし、若し之を怠りたる時は官廳
　に於て之を執行し、其の費用は被許可人より徵收す。

八、本命令に基きたる處分の爲め、被許可人に損害を生する事あるも、官廳
　は賠償の責に任ぜず。

九、被許可人の責に依らずして占用の不能となりたる場合、又は本許可地
　の返還を許可したる場合は、其の翌月以後の月數に應じ既納の料金
　は、還付する事あるべし。

十、被許可人の責に依らずして占用の不能となりたる場合は、其の旨所轄
　郡役所を経由し、本州に届出づべし。

十一、被許可人は官廳の檢印を受けなる長三尺以上、幅五寸以上の木標に左
　記事項を記載したる標札を占用箇所の見易き所に掲ぐべし。
　　一、占用位置　一、占用目的　一、占用面積　一、占用期間
　　一、許可年月日　一、住所氏名

十二、本許可に對し所轄郡役所より、實地引渡を受領書竝請書を提出すべし。

十三、畝は河川に並行せしめ、甘蔗其の他高さ五十糎以上に繁茂する植物は
　絕對に栽培すべからず。

十四、土地流失防止施設、其の他之を目的とする植物を栽植すべからず。

十五、地形の變更を目的とする盛土を爲すべからず。

十六、本河川敷地を將來繼續占用せんとする時は、許可期限貳箇月前に出
　　　願すべし。

三五、溪尾庄吳氏古契（14）

淡水河河川敷地占用許可申請書〔註146〕

　　　占用ノ位置　　臺北州新莊郡鷺洲庄三埔字溪尾

　　　　　　　　　　貳參六番ノ五　貳參六番ノ六　貳參六番ノ七

　　　　　　　　　　貳參六番ノ八　貳四〇番ノ貳　地先

　　　占用ノ面積　　四分七厘〇毛參系

　　　占用ノ時期　　自昭和拾四年五月一日至昭和拾六年四月參拾日

　　　占用ノ目的　　甘藷及蔬菜類栽培ノ為

　　　占用ノ方法　　前許可申請書記載ノ通リ

　　　料　　　金　　御指定ノ通リ

　　右昭和十二年五月貳拾七日壹北州指令第貳參七八號を以て、許可相受
候處。昭和拾四年四月參拾日限り期間滿了に付占用致度候條，御許可被成下
度別紙圖面相添，此致及申請也。

　　　昭和拾四年　月　日

　　　　　　　　　　　　臺北州新莊郡鷺洲庄三重埔字溪尾貳八壹番地

　　　　　　　　　　　　　　　葉宇宙

　　　　　　　　　　　　全所　貳六五番地

　　　　　　　　　　　　　　　葉烏皮

　　　　　　　　　　　　全所　參〇四番地

　　　　　　　　　　　　　　　吳文德

　　　　　　　　　　　　全所　貳六〇番地

　　　　　　　　　　　　　　　葉杉獅

　　　　　　　　　　　　全所　貳八壹番地

　　　　　　　　　　　　右代表者　葉宇宙

臺北州知事藤田俱治郎　　殿

〔註146〕（一）本契原件為民國 28 年日昭和十四年（1939），依法向臺北州知事申請使
　　　　用河川地之申請書。（二）原件以十六開十三行箋寫就，共占二面，但原件上
　　　　面未見任何鈐記，因疑為擬好而未提出之文件。

三六、溪尾庄吳氏古契（15）

土地賣買契約書〔註147〕

今般買主鄭氏金錠を甲とし、賣主楊泉を乙とし左記の土地に付契約すること左の如し。

第一條：乙所有に係る新莊郡鷺洲庄三重埔字菜寮壹六叁番、^{叁番}⁄_{五番}建物敷地約四拾五坪を坪當り金拾五圓の割合を以て甲に賣渡し、甲は之れを買受けたり。

第二條：甲は本契約成立と仝時に第壹條の賣買代金の內金として、金六拾圓を乙に交付し、乙は之れを受領するものとす。

第三條：此賣買登記期日は昭和拾四年拾貳月末日迄とす。

第四條：本件賣買目的土地坪數は臺北州土地臺帳謄本に依り計算し、代金を支拂ふものとす。

〔註147〕（一）本契原件為吳健福、吳來旺二人於民國 29 年日昭和十五年（1940）10 月 19 日，承買三重埔字菜寮一六五之三番與五番建地乙筆之上手「土地賣買契約書」。同案之附件，現得六件，連同本上手字共成七件，成一系列，而可資研究日據末期土地買賣之內容，以及房屋租賃之各種附帶條件之參考。蓋上記建地，原為業主楊泉所有，民國 28 年 7 月 26 日，楊泉經為中人李火木之媒介，將此筆四十五坪之土地，以每坪十五元與另外若干土地，賣與鄭氏金錠。其次，買主鄭氏金錠於訂立買賣契約後，未及完成過戶手續，即於民國 29 年 1 月 29 日將上述買賣中，壹番之二八以外三筆土地，讓出一部分之承買權與周木者，與楊泉直接進行買賣。此中，即包括上記三番與五番四十五坪建地見附件一在內。但周木在買入上述建地之所有權後，次及同年十月十九日以未詳之原因喪失所有權，致土地連帶該地面上（依菜寮一番地之二八及同所一番地、七同所五番地及三重埔字大竹圍五二番地之一所在見附件二）建築物二樓房屋一座，並為吳健福、吳來旺等二人所得成為買主。然而菜寮三番與五番之房屋，卻有現住人廖阿田者，以租賃方式擁有居住之權。由此，買主吳健福與吳來旺二人乃於獲得所有權後，由臺北郵局以「存證信函」方式，寄出通知，催告居住人廖阿田交還房屋手續。於是後者亦即回以「存證信函」說明所處之困境，要求對方延緩交屋時日。另外，復經由立會人李火土之調處，由買主吳家付出「買收金」一筆，資為屋內裝潢與設備之補償費，雙方獲圓滿之解決，租賃者立下「覺書」見附件五一紙與補償金之收據付與所有權人，迨及三十一年日昭和十七年（1942）6 月。所有權人復將房屋，招來新賃借人黃阿元，雙方訂立「租賃契約」見附件六。為本案全部之過程以及諸上手字隨同土地移轉之概略。（二）本契原件，依契字之用紙末段與中間魚尾下之文字，可見出於「司法書士森下正平」所承辦，而由「森下行政司法代書事務所」提供之用紙擬成，為八開二十二行箋，共占三大張，契上貼有三錢印花一枚。

第五條：本件賣買土地は未分筆に付、乙に於て直ちに分割申告を爲し、土地分割みたる上乙は土地臺帳謄本の交付を受けたる時間中と雖も、甲に通知みたる日より壹週間以內本記を爲すも、甲は之れを受諾す。

第六條：第一條の賣買殘代金は乙が所有權賣買登記に關する賣買委任狀、及賣渡證に押印の上甲に交付と全時に甲は未拂證金壹百圓を登記完了し后、登記濟證と引換へに支拂ふべき分を扣除したる殘額を即日乙に支拂ふものとす。

但し乙に於て本件土地に對する抵當權設定登記は第三條所定の期日前全部抹消登記を爲すべきものとす。

第七條：本件目的土地の所有權移轉登記に關する費用一切は甲の負擔とす。

但し分割及測量費用は乙の負擔とす。

右爲后日本賣買契約書全文貳通を作成し、甲乙捺印の上各壹通を所持するものとす。

昭和十四年七月二十六日

　　　　　　　　　　　　　　　　甲　鄭氏金錠㊞

　　　　　　　　　　　　　　　　乙　楊泉㊞

　　　　　　　　　　　　　　　立會人　鄭清俊㊞

　　　　　　　　　　　　　　　為中人　李火木㊞

前記第二條に依る賣買代金の內金として、金六拾圓を正に領收候也。

昭和十四年七月二十六日

　　　　　　　　　　　　　　　　賣主　楊泉㊞

　　附件一　讓渡證〔註148〕

一、金六拾圓也。

　　　　但し昭和拾四年七月貳拾六日拙者與楊泉賣買契約，今般拙者都合上依是，鷺洲庄三重埔字菜寮壹番の貳八外參筆の土地一部讓渡　貴殿，願將別紙契約書一通付　貴殿，日後與楊泉直接賣買履行，又昭和拾四

〔註148〕附件一為上記買賣契約之中途讓渡證，蓋原買主鄭氏金錠在註147契約書中之第二條，曾批明付與乙方「賣買代の內金」、「金六拾圓」，由此，於本契中，復將其契約權利依原價賣與周木。原件為八開二十二行箋，共占一大張，契上貼有三錢印花一枚。

　　年度以上借地料金一切拙者負擔，此據。

右、正に讓渡仕候也。

　　昭和拾五年壹月廿三日

　　　　　　　　　　　　　　　　　　讓渡人　鄭氏金錠㊞
　　　　　　　　　　　　　　　　　　立會人　鄭清俊㊞

周木　殿

附件二　家屋所有權、質權得喪申告書〔註149〕（參見頁一六九）

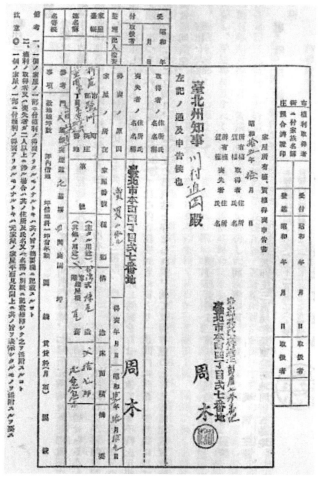

〔註149〕附件二若依原案附件與過程之順序，應為註148承買權利人周木，復將前記土
　　　　地或契約賣與吳健福、吳來旺等二人之「賣渡證」。但現存文件卻為周木喪失上
　　　　記所有權之「家屋所有權，質權得喪申告書」。依其內容，可見周木係由買賣而
　　　　於民國29年日昭和十五年10月19日「喪失權利」。同日，權利亦移轉入吳健福
　　　　等二人之手參閱附件三。本契原件為十六開官方用紙。內容待考。

附件三　內容證明〔註 150〕

謹啟

　　貴殿は新莊郡鷺洲庄三重埔字菜寮壹番地の貳八、同所參番地・七同所五番地及新莊郡鷺洲庄三重埔字大竹園五貳番地の壹所在，煉瓦造、瓦葺貳階建住家壹棟の內，階下全部に住居せらるるも、該家屋は拙者に於て昭和拾五年拾月拾九日其の所有權を取得し、同年拾月貳拾九日之が移轉登記を爲したるものに御座居候，仍て拙者共は買受後再三再四，該家屋中　貴殿に於て御住居の部分の明渡方を請求したるも　貴殿は毫も誠意なく言う、左右に託し明渡を肯せす。依て拙者不得止正規の手續に出づるの外なきも　貴殿に於て此の內容證明到着の日とり一週間內に明渡し被爲候に於ては訴訟の要なきに立到り，並は相互の爲利益と存せられ候，孰ては御考慮の上可然善處相成度此段，御貴意伺候也。

　　昭和十六年七月十二日

　　　　　　　　　　　新莊郡鷺洲庄三重埔字溪尾叄百四番地

　　　　　　　　　　　　　　　　　　　　　吳健福㊞

　　　　　　　　　　　同所　同番地　　　　吳來旺㊞

　　　　　　新莊郡鷺洲庄三重埔字菜寮叄番地同所五番地

　　廖阿田　　殿

　　　　　　本郵便物は昭和十六年七月十二日第二九九號

　　　　　　書留內容證明郵便として差したることを證明す

　　　　　臺北郵便局

附件四　內容證明〔註 151〕

拜覆

　　拙者賃借に關する新莊郡鷺洲庄三重埔字菜寮壹番地の貳八、同所叄番地の七、同所五番地及新莊郡鷺洲庄三重埔字大竹園五貳番地の壹所在煉瓦

〔註150〕附件三為上記建地之所有權，為吳健福等二人取得後，於民國 30 年 7 月 12 日，以「存證信函」方式，催告現住戶廖阿田於一週內移交房屋之「內容證明」。原件為八開二十二行八四〇格內容證明用紙。共占一大張半。並蓋有臺北昭和十六年七月十二日之圓型郵戳。

〔註151〕附件四為現住戶廖阿田覆信吳健福等二人之「存證信函」。用紙同註150。並蓋有十六、七、十四郵戳。又吳健福見於族譜應作吳建福。

造、瓦葺貳階建店舖兼住宅壹棟の内、階下全部昭和拾五年拾月拾九日　貴殿に於て該所有權を取得したる由を以て、拙者賃借の部分の明渡しの請求に接し、早速移轉致すべく〔き〕極力他所賃借に務めたるも、賃貸する店舖なく　貴殿に右事情の爲，諒解を求めたるのみならず。　貴殿光臨の際に家賃を支拂べきの處，領收の誠意なき爲め拙者は從前より右家賃を毎月準備致し、收金に来るのを待て居るから光臨被下度，間違ひ無く支拂致します。拙者も賃貸する店舖を探查致居るも　貴殿に對し無理のお願と存居るが、賃貸する店舖の探查に援助被下れば、幸甚に存じます。

　　　右は御返事迄
　　　昭和拾六年七月拾四日

　　　　　　　　　　　　　新莊郡鷺洲庄三重埔字菜寮三、五番地
　　　　　　　　　　　　　　　　廖阿田㊞
　　　　　　　　　　　　新莊郡鷺洲庄三重埔字溪尾參百四番地
　　吳健福　殿
　　　　同所同番地
　　吳來旺　殿

　　　　　　　　　　本郵便物は昭和十六年七月十四日第三四九號
　　　　　　　　　　書留內容證明郵便として差したることを證明す
　　　　　　　　臺北郵便局

　　附件五　領收證〔註152〕
　　一、金壹百圓也、
　　　　　　但し　貴殿共に所有に係る新莊郡鷺洲庄三重埔字菜寮參、五番地
　　　　　　所在家屋と店舖及居住部分を，昭和十六年九月貳拾日迄に、神明
　　　　　　部分を昭和十六年舊十月六日迄の約に買收，金壹百圓也。
　　右、正に領收候也。
　　　　昭和十六年十月十二日

　　　　　　　　　　　　　　　　　　　領收人　廖阿田㊞

〔註152〕附件五為經過立會人調處之後，由所有權人吳健福等付與現住戶之補償金收
　　　　據，由廖阿田開具，約定分為二次辦理移交。原件為八開二十二行箋，共占
　　　　一大張。契上貼三錢印花一枚。

立會人　李火土㊞

吳健福
　　　　殿
吳來旺

附件六　覺書〔註153〕

　　拙者の現在居住せる　貴殿所有に係る新莊郡鷺洲庄三重埔字菜寮叁、五番地所在家屋を，昭和十六年舊九月二十日迄に、店舗及住居部分の明渡、引渡完了すべき事を確約致候。但し神明位部分を同年舊十月六日迄明渡引渡すべき事を誓約て、尚同年七月二十日以降に對する家賃一切を免除相受け，仍予該家屋内に對する拙者從前施設に係る造作其の他一切の買收金として、金壹百圓を受領致し、萬一右期日迄に明渡履行期間内に履行せさんは時，前記買收金を　貴殿に返還すべきは勿論。且、之に依り民刑事の提訴を相起されるも異議を申立さん事を確約候也。

　　右爲後日覺書一札差入候也。

　　昭和十六年十月十二日

差出人　廖阿田㊞
立會人　李火土㊞

吳健福
　　　　殿
吳來旺

附件七　家屋賃借證〔註154〕

　　臺北州新莊郡鷺洲庄三重埔字菜寮$\frac{一}{五}$番地

一、瓦葺煉瓦造貳階建壹棟の内貳階全部

　　此坪數

　　附屬造作

右家屋　貴殿より賃借するに付、契約を爲すこと左の如し。

第一：敷金壹百圓を差入るゝ事，但無利子の事。

〔註153〕附件六為上記現住戶廖阿田，立下與所有權人之「備忘錄」。文内並批明遷移交屋之條件、日期等。用紙同註152，共占一大張。契上並貼三錢印花一枚。

〔註154〕附件七為所有權人收回房屋後，於民國31年日昭和十七年（1942）七月間，出租與另一租賃人黃阿元時，雙方訂立之契約：「家屋賃借證」。原件為印有條款之八開大家屋賃借證用紙，占一大張。契上貼有二錢與三錢印花各一枚。

第二：賃金は壹個月金叁拾圓宛、毎月貳拾四日迄に翌月分を　貴殿に持參
　　　し支拂を爲す事。若し壹個月に滿だざろ場合は、日割を以て計算を
　　　爲す事。
　　　右賃料支拂遲滯の場合は期間の猶豫なく直ちに家屋の明渡を請求せ
　　　らるゝも異議な事。

第三：賃借期間は昭和拾七年六月貳拾四日より、昭和貳拾年六月貳拾叁日
　　　迄の事。
　　　但期間内と雖も、事由の何たるを問は〔わ〕ず明渡御請求の節は、
　　　御通知の日より二週間以内に明渡を了する事、又、賃借人に於て解
　　　約の場合は貳週間以前に申入るゝ事。

第四：建物の内外（造作竝釘附物等）及宅地上に於ける模樣替、其他の加
　　　工は必ず　貴殿の書面に係る承認を得て之を爲し、明渡の節は御指
　　　定に從ひ〔い〕、我は原形に復して引渡をなす事。
　　　本項の約束に違背したる場合には、民法第六百八十條の權利を有せ
　　　ざる事。

第五：第叁の期間内と雖も、時勢の變遷により　貴殿に於て賃借料を増減
　　　せらるゝも異議申間敷候事。

第六：書面により御承認なき限り、一部たりとも賃借物の轉貸をなし、又
　　　は權利の讓渡をなさざる事。

第七：公課以外の家屋に關する負擔、竝に左記の支出は賃借人の負擔なる
　　　事。

第八：家屋其他賃借物の保存上必要なる事項は、遲滯なく御通知申上る事。

第九：怠納の賃金に對しては府令制限迄の利息き支拂可申事。

第十：明渡しの御請求を受け、萬一期間内に明渡をなさざるときは違約金
　　　として壹日金貳圓宛支拂の事。

第十一：前項違約金の約束は損害賠償の御請求を妨けさる事。

第十二：賃借料違約金損害賠償、其他本件賃貸借關係より生ずる一切の債
　　　　務は、本人、保證人連帶し其責に任ずる事。

右爲後日保證人連署家屋貸借證仍而如件
　　　昭和拾七年六月　日
　　　　　　　　　　　　本籍：海山郡板橋街後埔九拾番地

　　　　　　　　住所：新莊郡鷺洲庄三重埔字菜寮　　番地
　　　　　　　　　賃借人：黃阿元㊞
　　　　　　本籍：
　　　　　　住所：
　　　　　　　　連帶保證人
　　　　　　本籍：
　　　　　　住所：
　　　　　　　　連帶保證人

吳來旺㊞
　　　　　　　殿
吳健福㊞

三七、溪尾庄吳氏古契（16）

土地賃貸借契約書〔註155〕

　　賃貸人^{吳乞食}を甲とし、賃借人陳中京外壹名を乙とし、當事者間に於て
土地の賃貸借を爲すに付き、左の契約を締結す。

第一條：甲は其所有に係る末尾記載の不動產を耕作の目的にて、乙に賃貸
　　　　し、乙は之を賃借したり。

第二條：賃貸借期間は昭和十九年度の壹ヶ〔箇〕年間と定めて事情の如何に
　　　　拘らず、田地は同年第貳期作の收穫完了と同時に、畑地は同年舊曆
　　　　拾貳月拾五日迄に甲に明渡すものとす。

第三條：小作料は壹ヶ〔箇〕年蓬萊種籾六千斤と定めて、昭和拾九年七月末
　　　　日及拾壹月末日に各叁千宛を支拂ふ〔ラ〕ものとす。

第四條：花欉は地面より高さ壹尺四寸を保有すべきことを乙が約諾したり。

第五條：無利息敷金は金八拾圓と定めて、即日乙は甲に交付し、乙は之を受
　　　　取りたり。

第六條：乙は甲の承認（書面に依る）を得るにあらざれは本件賃借權を他
　　　　に讓渡し、又は賃借土地を轉貸すること得ざるものとす。

〔註155〕　（一）本契原件為本文前舉諸契字中，唯一之「土地賃貸借契約書」，質言之，
　　　　亦即田地之租佃契約。訂立之時代為民國 32 年日昭和十八年（1943）十二月
　　　　間。租約之土地為種有提供製茶用花朵之花樹園，並附成長之花欉，而可資
　　　　臺灣茶業研究之參考，因並列之。（二）原件為八開二十四行箋，共占二大張。
　　　　契上並貼有五錢印花一枚。

第七條：乙に於て小作料の支拂を怠りたる時、又は本契約各條項を違反したる時は、第二條の期限の利益を失ひ〔い〕、甲が一時に土地明渡を請求するも乙は聊かも異議を申間敷ク、且つ此場合法定の催告を要せさる旨、乙が約諾したり。

　　　　右爲後日本契約書、同文貳通を作成し、甲乙左に署名捺印の上各壹通を所持す。

昭和拾八年拾貳月貳拾七日

　　　　　　　　　　　　　新莊郡鷺洲庄三重埔字溪尾三一七番地
　　　　　　　　　　　　　　賃貸人　余朝枝㊞
　　　　　　　　　　　　　　同所　　三〇四番地
　　　　　　　　　　　　　　　同　吳乞食㊞
　　　　　　　　　　　　　　同所　　三三一番地
　　　　　　　　　　　　　　賃借人　陳中京㊞
　　　　　　　　　　　　　　同所　　　同番地
　　　　　　　　　　　　　　　同　陳樹根㊞
　　　　　　　　　　　　　　立會人　陳波㊞
　　　　　　　　　　　　　　　同　葉炎木㊞

　　　　　土地表示
　　　新莊郡鷺洲庄三重埔字溪尾
　　　　一四三番
一、畑五分八厘二糸
　　　同所一四四番
一、田二分四厘一毛八糸
　　　同所一四六番
一、田四分二厘八毛五糸
　　　同所一四七番
一、田二厘二毛五糸
　　　同所一四二番の一
一、畑六厘七毛九糸
　　　以上

附件一　賣渡證書〔註156〕

地上物表示

新莊郡鷺洲庄三重埔字溪尾壹四參番及同所壹四貳番の壹の土に植付け
たる花欉全部。

此賣渡代金壹千圓也。

右地上物拙者所有の處，今般前記代金を以て　貴殿に賣渡し所有權を
移轉したること確實なり。

右為後日賣渡證書，仍て如件。

昭和拾八年拾貳月貳拾七日

新莊郡鷺洲庄三重埔字溪尾三三一番地

賣渡人　陳中京㊞

陳樹根㊞

立會人　陳波㊞

葉炎木㊞

陳橇　殿

〔註156〕附件一在地番方面而言，與上記之租佃契約，並無連帶關係，而為獨立之
　　　　契約，但唯一共同之處，是並屬製茶用花欉之買賣契約，由此，並附之以
　　　　資參考。原件仍為八開二十四行箋，共占一大張，契上貼有十錢印花四枚。

立永杜根賣契人族叔葉坤山有明買過埔園壹段址洛在茗三重尾東至大溪西至陳謝園頭車路邊為界

南至自己園為界北至郭堆園為界四至界址明白為限今因乏銀費用先兄弟盡問不肯承受外托中引

就問與本族姪葉賢二人合買出頭承受三面言議時值價銀伍拾大員正其銀即日仝中交訖其園隨即付銀主前去

掌管耕作永為己業其園歷年大租照庄例壹玖伍抽的此園係坤山明買與兄弟無干亦無重張掛他人為碍

並無來歷交加不明等情如有不明賣主壹力抵當不于銀主之事此係二比兩愿自今一賣千休日後不敢言贖

言贖契尾各無反悔口思無憑立永杜根賣契書紙付世上手大契壹紙共貳紙付執為炤

即日仝中双過契内銀伍拾大員正完足再炤

乾隆　叁拾肆年　月

為中人陳琳觀

立永杜根賣契人族叔葉坤山

知見人

一批明葉智慕蔡爰父處收大契批炤

一批明陳琳葉爰父處收大契批炤

溪尾庄古契彙編續

弁 言

　　本「彙編」之續，為七十六年間，上下二部分承蒙《臺北文獻》當局，先後發表於直字七十九與八十一期後，以契券之能出篋流傳，且加入附註，將溪尾一地若干家族之渡臺墾耕過程，披露一斑。並由此種契券之訂立始末、客觀條件與遠因近果，乃至土地之歷經分割移轉，堪資探討出先代移民及其後裔，經濟環境、發展過程與興衰消長之史料云。因獲得同出蓮谿葉氏一族之別支；葉志之後裔，三一世振芳者，樂為提供之珍藏成篇為輯。

　　蓋提供者之意，因目睹上下二部分所輯各種契字，既以公開而能裨益地區之文獻，益感契之寢藏篋櫝，固可防失列傳世之珍，卻毋異加速蠹蝕之害，況乎每值夏、秋颱風季節，則不免惴惴然，懼意屢見于平原之洪水，捲土重來，至于聞「颱」色變。此中之原因，因溪尾庄所在，位處淡水河下游之洩洪地區，一旦水災泛濫，藏契豈匪受害無存。準此，何不若傚其他族人，將契公諸於世，提供為一、二區域之參考，毋寧較流失之為得耶。遂持賣影印，資筆者纂輯、分類、點校、附註，再視年代、性質，歷經整理而成篇者。

　　前項提供之契券，共七十九件，另友人葉金全復補二件，餘則筆者自《臺灣文獻叢刊》，抄出可資參考者二件，共得八十三件。此中，清代部分為二十件，日據以後六十三件。契即包括墾耕字、盡根賣園契、契尾、鬮書字類、丈單、杜賣盡根字、執照、找洗字、遺囑合約字、歸管字契、業主權保存登記書、登記濟證、起耕典田字、土地賃貸借契、共有權相續登記書、借用證等，種類包羅甚夥，且及部分紅契，亦足列考鏡之用。況且，契之發生與訂立，更集中

於一系列之同高曾家族，成為層面。例如初自乾隆六十年（1795）所立：〈盡根賣園契〔註1〕〉一件之隨土地推移，歷嘉慶二十四年（1819），買者家族進行分鬮〔註2〕，鬮分應得者，旋持之賣與第三者〔註3〕。契入買方葉氏後，同治七年（1868），持有之葉家又進行分鬮〔註4〕。其後，輾轉至于日人入據臺灣，更以杜賣方式歸管于強宗〔註5〕。間歷百有餘年，皆有軌跡可尋，復為資料之首尾完善者。廼經整理纂輯後，逐契臚列年代順序，立券性質屬同系列之案者，為之附件。共理出三十四案，有單件為一案者，有數件為一案者，亦如上編之例。如此，清代部分得十二案，日據部分得二十二案。

其次，契券之大部分，如前所述係蓮谿別支：出自同高曾二四世葉志一支為中心。此支於同安原籍屬學裡房，下傳至于二四、五世之間，時當臺灣墾耕社會已進入第二期之乾隆中末葉；北部亦已進入全面之開發〔註6〕。況前此同籍汪唱、汪麟、葉坤山諸人之入墾溪尾，亦頗著成就〔註7〕。故學裡房族人，踵而亦有十餘支率族渡臺，以溪尾為中心向興直堡其他地區，作放射狀之定點發展，更由契字中，常見有「福戶」或「福份」壹個，列入分鬮時之財產部分而可看出。蓋「福戶」或「福份」，均為移民渡臺後，葉氏族人以氏族為主之祭祀團，列會員之名稱，並以溪尾為中心而建立，會員屬繼承制〔註8〕。由此觀之，學裡房族裔之踵而定居溪尾，疑曾作計畫性之移民，來倚同遠祖之葉坤山為行動，待另文研究以外，至今將近二百年，各支之後亦俱蕃衍而忝列大族。續編之契，亦因其族系另題為「溪尾庄蓮谿葉志系古契（　）」，以示不同於已發表之葉坤山一族之契。但編次仍接上下編之總號外，另於（　）中，自為所屬姓氏契之小號碼，方便檢索。

再則區域之研究，因重氏族之消長，推及譜牒，皆足資參酌應用。由此，為備研究時之毌需別求，復由葉金全提供其多年來，賡續訪求與調查所得，學

〔註1〕見後文四〇號契。
〔註2〕見前揭《彙編》上七號契汪氏「鬮分字」。
〔註3〕見同上十一號契汪氏「杜賣盡根字」。
〔註4〕同後文四五號契葉志系「鬮約字」。
〔註5〕見後文五一號契葉志系「歸管盡根字」。
〔註6〕參閱唐羽〈清代臺灣移民生活史之研究（上）〉前言註1。見《臺灣文獻》三十八卷第一期，頁3。
〔註7〕參閱前揭《彙編》緒言二。
〔註8〕參閱後文四六號契「鬮分字」條規第四條：「又帶正月福份壹個」。四七號契「分管合約字」註65。五五號契「歸管杜賣盡根契」註118，以及前揭《彙編》十八號契「找洗字」註57。

裡房族譜資料，參酌緒正，如上編之例，排次於前，別為一章，次及契券，章次與上編相連。其餘，續編因間見汪氏、陳氏、吳氏，以及番業契數件，亦視以往之順序，續其小號於「（ ）」中。此蓋契券出現之未能同時，為不得已之措施，尚祈賜閱方家曲諒焉。

　　最後則臺北平原，原如前面所述，為一多洪之區，如後文五〇號契云：「大契林家收執舊闖書，因前（光緒二十三）年被洪水流失〔註9〕」。再如近四十年而言，大如五十二年之葛樂禮颱風，乃至去（七十六）年十月之琳恩豪雨，造成之泛洪，家屋雜物，流失不貲，居民持有篋中之契，流失不免。由此，能逃劫數，再現於世者，彌足珍貴，至言「價值連城之史料〔註10〕」云。倘今後能於同上地區，獲致劫餘文獻，且堪參考者，亦將視同續貂，以尾其後焉。至其提供，尤有待於有心君子，於此並向前此提供資料之葉氏族人，以及惠予發表之《臺北文獻》主政，並致最深之謝意。

三、族譜資料

（一）蓮谿葉氏族譜

1. 世系　學裡派

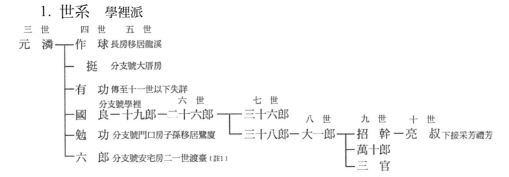

〔註9〕見後文五〇號契「杜賣盡根字」後段批明部分。

〔註10〕民國70年1月31日《中國時報》七版《先民渡海拓墾臺北平原》一文記者葉華鑱專訪云：「據張許梅說：她根本不知道祖先留下這筆珍藏，直至五十二年八月『葛樂禮』颱風引起大水災時，其宅亦遭水淹，她發現有一布袋在水中載沉載浮，袋中並不斷有紙張隨水沖失，她好奇地將其撈起晒乾，預留給子孫作留念，豈知這些不惹眼破紙頭竟是價值連城的史料？」

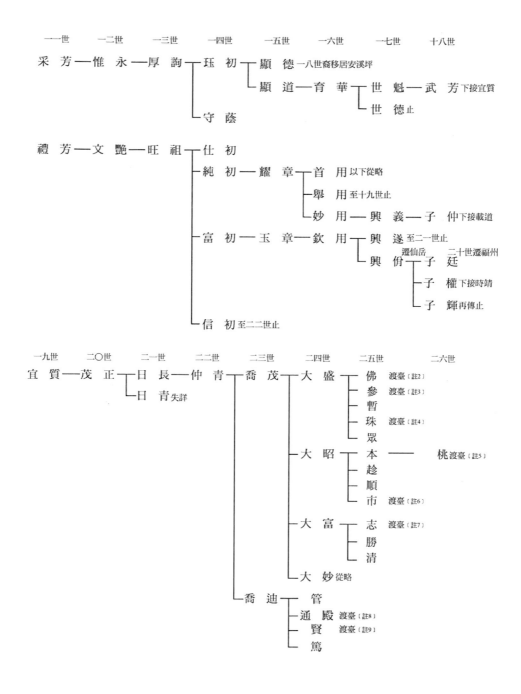

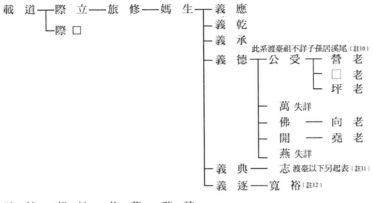

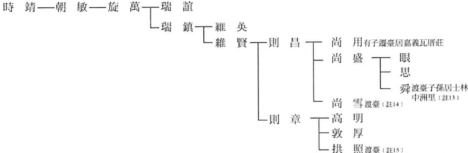

族譜資料世系表之附註：

註1：參閱《彙編》一，族譜資料：（二）《蓮礬葉氏族譜》。

註2：渡臺時間待考。再傳：藝發、光庇、光府。子孫住三重（祭祀公業葉道記會員名「佛生」）。

註3：渡臺以後待考（祭祀公業葉合記會員名「仕參」）。

註4：渡臺以後待考：派下子孫住蘆洲、五股（祭祀公業葉合記會員名「仕珠」，葉道記會員名「珠生」）。

註5：渡臺以後待考，（祭祀公業葉合記會員名「仕桃」），派下營茶葉於臺北棕簑街。

註6：渡臺以後待考。

註7：渡臺年代待考，初居蘆洲南港仔，後裔再遷溪尾一帶，已傳至三十二世，三十一世為五十一房。

註8：通殿，又作殿。渡臺年代待考，後裔分居蘆洲鄉南港仔大旗尾一帶（祭祀公業葉孝記會員名「烏龍」為其派下），已傳至三十二世，三十一世為六〇房。

註9：渡臺年代失詳，後裔不詳。

註10：義德系，渡臺祖待考，後裔分居溪尾一帶。

註11：渡臺年代待考，後裔分居溪尾草厝巷，已傳至三二世，三〇世為六十五房按：志與註7之志同名。

註12：義逐系，渡臺祖與年代待考。

註13：舜系，源出西廓社，渡臺年代待考，後裔分居今臺北市士林區中洲里，以及同前溪尾一帶。已傳至三一世，三〇世為二〇房。

註14：渡臺年代待考，後裔待查。

註15：渡臺年代待考，後裔分居溪尾，傳至三一世，三〇世約三十七房。

志系世系表

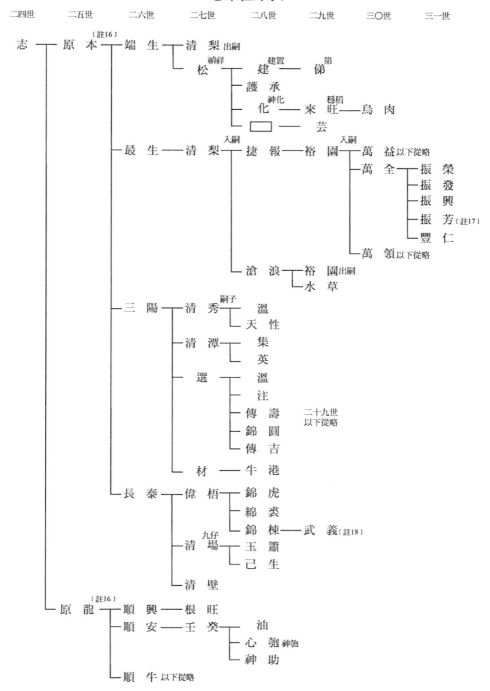

註16：原本，又作有本，或單署為「本」，字鴻基，號萬翁。道光己酉（二十九年），
　　　為淡水廳儒學正堂吳焯卿幕賓，誥封登仕佐郎。據云：志系之渡臺，係始於原
　　　本與弟原龍，負父志骨骸渡海，報導者：葉金全。

註17：為本《彙編》續部分各契券之收藏者與報導人。

註18：為本《彙編》上，所發表部分契券之收藏者與報導人。

四、古契資料

清　代

三八、溪尾庄番業主古契（1）

墾約字　番業戶瑪珯招佃合約字〔註11〕

　　立給佃批三重埔業主瑪珯，就本莊批給旱園二張七分，年應科納大租課粟
照就莊例抽的。東至大港，西至趙盛園、隆君孝港，南至余家園，北至陳誥園
為界〔註12〕〔註13〕；批付陳請〔註14〕前去耕作納租，永遠為業。

　　其大租務須晒乾車運到本社，或至港經風搧淨交納，不得少欠升合；如有
少欠，願聽業主招佃別耕，不敢阻擋。仍不許在莊窩匪聚賭犯律情弊；倘有不
法，任業主合眾指實形跡，公逐出莊，原業另招頂耕，不得異言，各宜安守物
業，合給批照。

　　業主〔註15〕

　　批明：後來或開水灌築成田，照莊例按甲納租，批照。

乾隆二十九年十月　日給

〔註11〕（一）本契之文字內容，原刊於《清代臺灣大租調查書》見《臺灣文獻叢刊》
　　　　第一五二種頁五四三。番業戶給墾字（九）。契約之內容，刊本雖未列鈐記，
　　　　但依文字所批：為「三重埔業主瑪珯」所立，時為「乾隆二十九年」。故另
　　　　據後文三九號契「盡根賣園契」上面所蓋番業主鈐記，作「賦勝灣北勢社番
　　　　業主瑪珯□□□圖記」證其地緣、年代推論，應為同一「番業主」所立，而
　　　　此一「業主瑪珯」，亦即與乾隆五十年（1765）與泉籍業戶張鴻仁，具名開
　　　　墾海山大圳之「瑪珯」為同一人並見「彙編」緒言。由此，並將之列入備資參
　　　　考。
〔註12〕依契上所列：大港、趙盛園、隆君孝港、余家園以及後批汪家園、陳誥園諸
　　　　周圍土地關係論之，本契所批之墾地，仍在三重埔北郊之溪尾庄一帶按君孝
　　　　港疑為現名「港仔尾溝」所在，舊日以地近淡水河口，稱為舊港嘴，或近港嘴，
　　　　後訛為「牛港嘴」。可通船隻，載運砂石，往褒仔寮，報導者葉金全。
〔註13〕陳誥：參閱前揭《彙編》上。一、族譜資料（三）普園陳氏族譜之渡臺世系。
〔註14〕陳請：名字未見於前揭族譜，故疑為不同族黨。
〔註15〕業主項下，刊本未署名字，唯原件疑蓋有「鈐記」。

批明：此墾內埔園，東至大港，西至舊竹圍腳，南至汪家園，又竹圍內南亦至汪家竹園；北至陳諳園。於道光十四年十一月，榮、基等叔姪乏銀費用，經已折出此業，盡根賣與邵春燕、邵清甘官。茲陳宅墾內尚剩舊竹圍田園一段，其墾單尚留與榮、基等收存，日後邵家要用墾單，榮、基等當即遞出應付，閱明取用，不得刁難，不敢妄批，所批是實，再照〔註16〕。

三九、溪尾庄番業主古契（2）

給墾字　番業主章天之招佃給墾合約字〔註17〕

立給墾批□□〔三重〕埔等莊總通事章天〔註18〕，就本莊給出埔地一處，東至港埔，西至黃家為界，南至路為界，北至凌家園為界。丈過一甲二分，收來墾批銀四十八元正，批付與費合反前去耕種納課。

每年應給口糧大租四斗正。其大租穀務須經風煽淨，不得短少；如有少欠，聽業主招佃別耕，倘有別社番親生端滋事，自當一力抵擋，不干佃人之事。

此係業佃相依，各宜安守物業，合給墾批一紙，付執永遠存照。

給業主　章天

乾隆三十二年十月　日

〔註16〕 後段之批明，依內容推之，應係「原契」立後，再經七十年，因土地發生變動，而於「道光十四年」復就「原契」後面，續為批明者。

〔註17〕 本契文字內容，原刊於《清代臺灣大租調查書》見前揭《文叢》一五二種，頁357。番社給墾字（二六）。為「番業主章天」所立，付與「費合反」墾耕之合約字。

〔註18〕 刊本在「立給墾批」之下缺二字，而下接「埔」字。按「章天」之名，屢見於三重埔庄溪尾一帶之契券，作「業主：三重埔庄章天圖記」縱 4.1 公分，寬 2.3 公分。見前揭《彙編》、一號契葉坤山於乾隆三十四年所立「杜賣根字」。至於立契時或作「武勝灣社業主章天」，但鈐記同上（見同上四號契「墾佃字」）。概見此一「章天」亦即「武勝灣社業主」與「三重埔庄業主」為同一人。並具「總通事」等多重身分。至於本契之缺文二字，應為「三重」。由此，並將本契列入，備為參考。

四十、溪尾庄汪氏古契（3）

盡根賣園契　汪唱兄弟承買陳家共業土地之契字〔註19〕

立盡賣根園契人陳第咸〔註20〕，前年有自置明買徐家埔園大小參段，併帶竹圍壹座，又帶茅屋八間，坐落土名三重埔溪尾庄郭家園。其大分埔園一段；東至大溪、西至港、南至汪家園、北至郭家園。又小分埔園一段；東至汪家園、南至彭家園、西北俱至港。又青埔園一段：東至溪、西至沙崙、南至汪家園、北至郭家園。以上三段，東西四至界址各明白為界，年配大租照庄例抽的，以上物業，明買過各對半，北勢一半。

今因乏銀別創，願將此園出賣，先盡問房親人等，不能承受，外托中引就與汪唱觀麟觀出首前來承買。憑中三面議定時值價佛面銀陸佰貳拾伍大員正。銀即日全中交收足訖，將明買園業、竹圍、茅屋各對半，一併□□□□□□□□□□□□永為己業，不敢阻當異言。一賣千休，既賣之後，永斷葛藤，日後不敢言贖，亦不敢言找，藉端滋事。保此園係陳咸明買物業與別人無涉。又無重張典掛他人，不明情弊。如有等情咸一力抵當，不干買主之事。

此係二比甘願，各無抑勒，今欲有憑，立盡根賣契一紙、上手契一紙、印契二紙、共四紙，付執為炤。

即日全中收過契面銀陸佰貳拾伍大員完足再炤。

知見人　長男光景

清賦驗訖

為中人　蘇圍觀
立盡賣根園契人　陳第咸

乾隆陸拾年拾貳月　日

〔註19〕（一）本契原件縱 48 公分，寬 32.5 公分，為汪唱、汪麟兄弟，承買陳第、陳咸共有土地二分之一時，所立土地買賣契汪唱、汪麟：參閱「彙編」緒言，族譜資料（一）溪尾汪氏族譜：世系。（二）原件除知見人、為中人及立字人名下，各有畫押外，契上並分別蓋有「賦勝灣北勢社番業主瑪珢□□□圖記」一方，縱 4.4 公分，寬 2.4 公分，於第四行下方以及第三段結句處。以及用有「北路淡水□廳同知關防……」一方，縱 9 公分、寬 5.7 公分與「清賦驗訖」印等，共三顆。

〔註20〕立字人陳第、陳咸，名字未見於《普園陳氏族譜》，故其派別待考。

附件一　契尾　汪唱、汪麟承買陳第埔園契尾〔註21〕

契　尾

　　福建等處承宣布政使司，為遵　旨議奏事。乾隆十五年正月二十四日，奉准戶部咨，河南司案呈：所有本部議覆河南布政使富明條奏，買賣田產，將契尾粘連用印存貯，申送府、州、藩司查驗等因一摺，於本年十二月十二日奏，本日奉　旨：「依議，欽此」。相應抄錄原奏，并頒發格式，行文福建巡撫欽遵辦理可也。計粘單一紙，格式一張，內開：該臣等查得該布政使富明奏稱，部議多頒契尾以後，巧取病民，緣業戶契尾例不與照根同申土司查驗，不肖有司其與給民契尾，則按數登填；而於存官照根，或將價銀刪改。請嗣後州縣于業戶納稅時，將契尾粘連用印存貯，每遇十號，申送知府，直隸州查對，如姓名銀數相符，即將應給業戶之契尾，并州縣備案之照根，于騎縫處截發，分別給存。其應申藩司照根，於季報時，府州彙送至知府、直隸州經收，稅契照州縣申送府州之例，逐送藩司等語。查雜稅與正賦均由州縣造報，該管府州核轉，完納正賦填寫聯三串票，從未議將花戶收執串票，與申繳上司底串並送府州查驗。

　　誠以花戶照票一繳府州，則給領無時，弊端易起，今稅契雜項契尾與照根并送查發，是雜項更嚴于正賦，殊與政體未協；況契尾一項，經一衙門，即多一衙門之停擱；由一吏胥之索求，甚至夤緣為奸，藉勒驗查，以致業戶經年累月，求一執照寧家而不可得，勢必多方打點，需索之費數倍於前，將來視投稅為畏途，觀望延挨，寧匿白契而不辭，於國課轉無裨益。應將該布政使奏請請州縣經收稅銀，將契尾粘連存貯，十號申送府州查發，并知府、直隸州照州縣例，逕送藩司之處，均毋庸議。至于貪吏以大報小，奸民爭執訐訟，實緣法久弊生，不可不量為變通。臣等酌議：請嗣後布政使頒發給民契尾格式編列號碼，及前半幅于空白處預鈐司印，以備投稅時將契價稅銀數目大字填寫鈐印之處，合業戶看明當面騎字截開，前幅給業戶收執，後幅同季冊彙送布政使查核。此係一行筆跡，平分為二，大小數目委難改換，其從前州縣布政使備查各契尾，應行停止，以省繁文，庶契尾無停擱之虞，而契價無參差之弊；于民無累，于稅無虧；侵蝕可杜，而爭訟可息矣！如蒙　俞允，俟　命下之日，臣部頒發格式，通行直省督撫，一體欽遵辦理可也，等因，咨院。行司奉此。

　　計開：　　業戶汪唱麟買陳第埔，坐落三重埔庄用價銀肆佰參拾壹兩貳錢伍分，納稅銀壹拾貳兩玖錢參分柒厘伍毫〔註22〕。

　　布字參千陸百柒拾肆號，右給淡防廳業戶汪唱麟准此。

清賦驗訖

道光捌年　　月　　日。

〔註21〕附件一：（一）原件縱 50 公分，寬 31 公分，上下右邊，均保有龍紋之花框，為木刻本。（二）原契之中央部分，並保留有「福建等處承宣布政使司」之合印，縱 10 公分一方，以及蓋有「北路淡水□廳同知關防……」，縱 8.5 公分、寬 5 公分印三處，同合印一處，（三）按本契之原件，疑即前揭註 19〈盡根賣園契〉之買主汪唱兄弟，於乾隆六十年（1795），承買陳家土地與部分房屋之後。迨及道光年間，持契向官方登記，納稅給領之契尾。時為道光八年（1829）。

〔註22〕上手〈盡根賣園契〉作「三面議定時價佛面銀陸佰貳拾伍大員正」，至本契尾作「用價銀肆佰參拾壹兩貳錢伍分」云，疑為以「圓」折「兩」之數目。

四一、溪尾庄蓮黐葉志系古契（1）

鬮書字　葉原本兄弟分鬮〔註23〕

全立鬮書人兄本弟能〔註24〕等，竊聞創業垂統，光前裕後，父作之始，子述之終，故張公九世同居，歷代旌表，而田氏感荊復茂，友愛尤隆。咸謂：喬梓同根，敢云花萼分輝，但世道宜分，人心異全，爰□請房親親戚，通族長共議。

僉謀所有埔園、屋宇、尺量寸計，家器什物，搭對半均分，憑鬮□定，至公無私，不致于懸殊，無嫌乎彼此，有室有家，咸歌琴瑟之調，宜兄宜弟，共協塤箎，□□既分以後，億萬斯年，禦其外侮，忍言鬩于墻乎。生是同根，寧堪泣于釜也。勉旃哉，繩其〔祖〕武，庶幾乎，不墜家聲。

後恐無憑，合立鬮書壹樣貳紙，各執，永遠存炤。

貳　鬮

批明其分得園言議，抽出交付端生永為長孫業。

再批明其大分前後園帶屋宇，直透東勢坪，併舊港口、西勢園，係是本應得。

批明其大分前後園帶屋宇，直透北勢坪，併舊港口、東勢園，係是能應得。

	仝知見	彭固觀
	母舅	張云觀
	族長	坤山〔註25〕
	堂兄	主觀
	知見　母親	陳氏
	仝立鬮書人　兄	本〔註26〕
	弟	能〔註27〕

〔註23〕（一）本契原件，縱約48公分，寬28公分。為葉志系渡臺二世，原本、原能兄弟所立，首次分鬮鬮書字。（二）原契在知見人、立人、代筆人名下，均署有親筆畫押。契上之「合同」二字，係表明為「合契」之性質。

〔註24〕兄本、弟能，即葉有本與葉有能，譜作「原本、原龍」，參閱前揭三之（一）《蓮黐葉氏族譜：志系世系表》。

〔註25〕坤山，即葉煌山，諱燕，字坤山。見前揭《彙編》二號，古契資料（一）〈溪尾庄蓮黐葉氏古契（1）〉。

〔註26〕兄本，即葉有本，譜作「原本」，參閱前揭三之（一）蓮黐葉氏族譜：志系世系表。

〔註27〕弟能，即葉有能，譜作「原龍」，參閱前揭三之（一）蓮黐葉氏族譜：志系世系表。

嘉慶拾捌年貳月　　日

　　　　　　　　　　　　　　　　　　　　代筆人　楊君好

　　批明其大契併司單牽連在內，難以開折，議存在長房收管再炤。

四二、溪尾庄蓮谿葉志系古契（2）

杜賣盡根契字　　葉有本承買陳家埔園之契字〔註28〕

　　立杜賣盡根契字人陳隨〔註29〕。有承父應份鬮分得埔園一段，坐落土名三重埔溪尾庄車路下園，東至車路為界，西至君孝港為界，南至楊家園為界，北至葉家園為界，四至界址俱各踏明，年應納番口糧大租銀壹元參角，并屯丁租銀伍角伍點。今因乏銀費用，無奈將此園先盡問叔兄、弟侄，不欲承受，於是托中引就與葉有本。

　　三面言議時價值番佛銀貳佰肆拾伍大員正。但念親鄰故愛，出首承買。其銀即日全中交收足訖，其園即付與葉本起耕栽種，永為己業，不敢阻當。一賣千休，割籐永斷，日後子孫，不許亂言，增添找續〔贖〕。保此園係隨己業，與他人無干，亦無來歷不明等情。如有不明，隨應同中見出首抵當，不干買主之事。

　　此係兩愿，各無反悔。今欲有憑，立杜賣盡根契字一帋，并鬮分一帋，合共二帋，付執存炤。

　　即日全中交收番佛銀貳佰肆拾伍大員正，完足再炤。

業主　　□□　　　　　　　　代書人　陳偉〔註30〕

　　　　　　　　　　　　　　為中人　陳士進

　　　　　　　　　　　　　　知見人　陳成法〔註31〕
　　　　　　　　　　　　　　　　　　生

　　　　　　　　　　　　　立杜賣盡根契字人　陳隨

道光貳拾陸年十二月　　日

〔註28〕（一）本件原契，縱約39公分，寬約23公分以上。（二）契券為普園陳氏族人陳隨參閱前揭《彙編》一之（三）普園陳氏族譜：渡臺世系，以其承父應分鬮分埔園，杜賣與葉有本之契字。（三）原契在業主名下蓋有縱約4公分，寬2.5公分之「番業主」鈐記一方，唯字蹟不明。另契上並蓋有疑為「北路淡水□廳同知關防……」一方，字蹟不明。

〔註29〕陳隨，參閱同上註（二）。

〔註30〕陳偉，譜作「偉然」見同上註引用。

〔註31〕陳成法，譜作「成發」。陳□生，待考。見同上註引用。

附件一　丈單　淡字第壹仟捌佰貳拾貳號合同〔註32〕

```
┌─────────────────────────────────────────┐
```

丈　單

壹灣布政使司為挈給丈單事照得全臺田園奉

爵撫部院劉　道光二十六年陳隨賣

奏明清丈陞科今淡水縣丈報朝字第三

號_{番田} ^業_{契名有本即}主葉志公坐落興直^里_堡三重埔庄中則^田_園　○甲伍分柒厘陸毫○絲其田四至並

賦則由縣編造圖冊外合行挈給丈單永遠管業嗣後倘有典賣。應將丈單隨契流交推收過割銀單

　　　　　　　　　　　　　右給　縣　主葉志公收執

光緒拾肆年　日給

臺灣布政使司

　　　　　　　　　　淡字第　單費抵完新糧訖號

遵奉

奉隨收清丈經費番銀○元捌角陸辦　壹周

　　　　　　　　　　　　　　　　貳末

四三、溪尾庄蓮谿葉志系古契（3）

杜賣盡根契　葉有本承買楊家土地之契字〔註33〕

　　立杜賣盡根契字人楊合山，有承父應份鬮分額得□□□□□□□□□□□□□……舊港嘴，年應納屯丁租粟貳斗六升四合正，東至葉家路為界，西至李家路為界，南至楊彩雲、楊中元園為界，北至功弟永溪園為界，四至界址俱各明白。今因乏銀費用，願將此園出賣，先問房親叔、兄、弟、姪不欲承受。無奈托中引就與葉鴻基〔註34〕出首承買。

　　三面言議，時值番佛銀陸拾捌大員正，其銀即日全中交收足訖。其園即

〔註32〕　附件一：（一）原件為上述〈杜賣盡根契字〉所列土地，於光緒十四年（1888），土地清丈時由官方發給之「丈單」。原件縱30.5公分，寬約25公分。（二）原件上面並蓋有「福建臺灣布政使司關防」之印一方。

〔註33〕　（一）本契原件縱48.5公分，寬約27公分。為葉有本承買楊合山土地之合約字。（二）原件除代書中人、知見人、立字人名下，各署有親筆畫押以外，保正林立生名下，並蓋有「署淡水分府張，給新舉興直保三重埔等庄保正林立生戳記」之印，縱8.2公分、寬6.4公分，中央部分並有草書之「花押」見附圖。另外，並用有「北路淡水□廳同知關防……」二方於契之中央部分，末段空白處，並蓋有「清賦驗訖」之印。

〔註34〕　葉鴻基，即葉有本之字，參閱前揭三之（一）《蓮谿葉氏族譜：志系世系表》註16。

付與葉鴻基起耕招佃，不敢阻當。自此一賣千休，割籐永斷。日後，山及子孫，永不敢言找贖〔贖〕。保此園係山先父光斷應份分得，與房親人等無干，亦無重張典掛他人，不明等情為碍。如有不明等情，山出首抵當，不干葉鴻基之事。

　　此係兩愿，各無反悔。今欲有憑，立杜賣盡根契字一帋，並大契壹帋及先祖父季力鬮書壹帋，合共參帋，付執存炤。

　　再批明，即日全中親收過契內銀陸拾捌大員正完足。再炤。

　　再批明，後來倘有重張契券及鬮書者，皆不能用，再炤。

　　再批明，東頭闊三丈八尺，西頭闊參丈六尺，再炤。

　　再批明，其古契一帋，後日要用，取出公看，不得刁難，再炤。

　　　　　　　　　　　　　　　　　　　　　　　保正　林立生

清賦驗訖

　　　　　　　　　　　為代書中人　楊沾思
　　　　　　　　　　　在場知見人　楊德勝
　　　　　　　　　　　　　　　　　楊江海
　　　　　　　　　　　　　　　　　楊江湖
　　　　　　　　　　　　　　　　　楊永溪
　　　　　　　　立杜賣盡根契字人　楊合山〔註35〕

咸豐貳年拾貳月　日

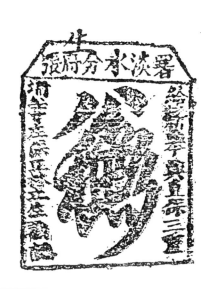

─────────────

〔註35〕立字人族系待考。

附件一 執照〔註36〕

執照

署淡水撫民海防分府馬 為給發執照事。

據稅總書林、書辦陳昌稟稱：竊查稅契銀兩，有關 國帑，蒙憲蒞任，業經示諭，各殷業戶等，如有承買田房白契者，賣契赴房投稅在案。現在各殷業舖戶等，紛紛賣契赴房投稅，現查契尾不敷填用，屢經修文詳請給發。奈重洋阻隔，契尾未到，應請仿照臺、鳳、嘉、彰各縣辦理成案，先行給發執照，交契戶收執，俟契尾到日另飭繳換，另行粘連契尾印發，以便管業，是否有當，理合據實稟請電察示遵等情。

據此，除批示外，合行給發執照，寫此照給業戶葉鴻基，即便執照所有該業戶等，承買楊合山園契內載價若干，該稅銀若干，填明執照暫行收管，俟契尾到日，將印照繳換，仍由本分府粘連契尾印發，以便管業稅總書，如敢刁難，許即稟究毋違，此照。

計開：

業戶葉鴻基買楊合山園一段，坐落溪尾庄，用價銀肆拾陸兩玖錢貳分，納稅銀壹兩肆錢零柒厘陸毫。

布字二千七十五號右給淡水廳業戶葉鴻基准此。

咸豐七年十一月 日

淡廳葉鴻基買園價銀肆拾陸兩玖錢貳分稅銀壹兩肆錢零柒厘陸毫

四四、溪尾庄蓮豀葉志系古契（4）

杜賣盡根契字 葉有本承買李家土地之合約〔註37〕

〔註36〕附件一為前項交易成立後，於咸豐七年（1857）持白契向官方投稅，由官方給發之「執照」。（一）原件縱約43公分，寬約27公分，為合契。（二）原件為長方形，上下右三邊，並有框形火焰圖案。為官方之木刻本填上雙方名字與數字者。並蓋有「北路淡水□廳同知關防……」三處，以及半邊者三處。另外，執照號碼，係在「淡」字二千七十五號上面，改「淡」為「布」字者，但布政使司之設，係在光緒十三年，由此，此一「淡」字之作「布」字，原因存疑。

〔註37〕（一）本契原件縱48公分，寬約26公分。（二）原件係葉有本承買李萬慶所有部分土地之合約字。此筆土地，原為汪清周所有參閱《彙編》七號契「鬮分字」，係清周於嘉慶二十四年（1819）8月，分鬮所得。至汪家之上手地主，疑即為本《彙編》前揭四〇號契所列〈盡根賣園契〉，係上代汪唱、汪麟二人買自陳家之土地。其後，汪清周將之賣與李萬慶之祖父與叔祖。但李家至此亦再經分鬮，李萬慶與其叔媽殼鬮分，土地之歸與萬慶部分，至此再立券賣與葉有本。概見此筆土地之移動過程為：陳第、陳咸──汪唱、汪麟──汪宗分鬮（汪清周）──李家兄弟──李家分鬮（萬慶）──葉有本云。至此，最少已歷五次以上。（三）原件在為中人、知見人、立字人名下，各署有親筆畫押外，並用有「新設臺北府淡水縣鈐記」之漢滿文官印一方，縱9

　　立杜賣盡根契字人李萬慶〔註38〕，有承祖與叔祖明買過汪清周〔註39〕竹圍前、竹圍後園二段，經已均分明白，後又與叔父媽穀均分，俱載在鬮書內明白。中抽出自己應份內竹圍后園壹段，係是承買汪清周額內，坐落土名三重埔溪尾庄，年應配納番口糧租銀捌角壹點正，屯丁租貳斗四升捌合正，東至大港為界，西至竹圍橫路為界，南至葉家園為界，北至汪家園為界，西至界址俱各明白。今因乏銀費用，願將此竹圍后園壹段出賣。先盡問叔兄、弟姪不欲承受，外托中引就與蔡有本出首承買。

　　三面言議時值番佛銀壹佰伍拾陸大員正，其銀即日全中交收足訖，其園即付與葉有本起耕掌管。自此一賣千休，割籐永斷，後日子孫，不敢言贖亦不敢言找。保此園係萬慶自鬮分應得，與房親人等無干，亦無重張典掛來歷不明等情。如有等情萬慶自己出首抵當，不干葉有本之事。

　　此係兩愿，各無反悔，今欲有憑，立杜賣盡根契字壹帋，并上手舊印契帶司單壹帋，合共貳帋，付執為炤。

　　即日全中親收過契面銀壹佰伍拾陸大員正完足，再炤。

　　再批明買汪清周印契餘業尚多，仍在萬慶收存，要用之日宜取出公顧，不得刁難，再炤。

為中人　　　　余有文

汪志清

在場知見人　胞叔　媽　穀

母親　邵　氏

功叔　長　流

立杜賣盡根契字人　李萬慶　自筆

清賦驗訖

咸豐陸年十二月　日

附件一　契尾〔註40〕

契　尾

　　福建等處承宣布政使司，為遵　旨議奏事。乾隆十五年正月二十四日，奉准戶部咨，河南司案呈：所有本部議覆河南布政使富明條奏，買賣田產，將契尾粘連用印存貯，申送府、州、藩司查驗等因一摺，於本年十二月十二日奏，本日奉　旨：「依議，欽此」。相應抄錄原奏，并頒發格式，行文福建巡撫欽遵辦理可也。計粘單一紙，格式一張，內開：該臣等查得該布政使富明奏稱，部議多頒契尾以後，巧取病民，緣業戶契尾例不與照根同申土司查驗，不肖有司其與給民契尾，則按數登填，而於存官照根，或將價銀刪改。請嗣後州縣于業戶納稅時，將契尾粘連用印存貯，每遇十號，申送知府，直隸州查對，如姓名銀數相符，即將應給業戶之契尾，并州縣備案之照根，于騎縫處截發，分別給存。其應申藩司照根，於季報時，府州彙送至知府、直隸州經收，稅契照州縣申送府州之例，逕送藩司等語。查雜稅與正賦均由州縣造報，該管府州核轉，完納正賦填寫聯三串票，從未議將花戶收執串票，與申繳上司底串並送府州查驗。

　　誠以花戶照票一繳府州，則給領無時，弊端易起，今稅契雜項契尾與照根并送查發，是雜項更嚴于正賦，殊與政體未協；況契尾一項，經一衙門，即多一衙門之停擱；由一吏胥之索求，甚至貪緣為奸，藉勒驗查，以致業戶經年累月，求一執照寧家而不可得，勢必多方打點，需索之費數倍於前，將來視投稅為畏途，觀望延挨，寧匿白契而不辭，於國課轉無裨益。應將該布政使奏請州縣經收稅銀，將契尾粘連存貯，十號申送府州查發，并知府、直隸州照州縣例，逕送藩司之處，均毋庸議。至于貪吏以大報小，奸民爭執訐訟，實緣法久弊生，不可不量為變通。臣等酌議：請嗣後布政使頒發給民契尾格式編列號碼，及前半幅于空白處預鈐司印，以備投稅時將契價稅銀數目大字填寫鈐印之處，合業戶看明當面騎字截開，前幅給業戶收執，後幅同季冊彙送布政使查核。此係一行筆跡，平分為二，大小數目委難改換，其從前州縣布政使備查各契尾，應行停止，以省繁文。庶契尾無停擱之虞，而契價無參差之弊；于民無累，于稅無虧；侵蝕可杜，而爭訟可息矣！如蒙　俞允，俟　命下之日，臣部頒發格式，通行直省督撫，一體欽遵辦理可也，等因，咨院。行司奉此。

　　　　計開：　業戶葉有本買　埔園一所，坐落三重埔溪尾庄。用銀
　　布字　號右給淡水縣業戶葉有本准此。

光緒伍年拾貳月　　日

附件二　丈單　淡字第壹仟柒佰伍號合同〔註41〕

丈　單

壹灣布政使司為掣給丈單事照得全臺田園奉
爵撫部院劉咸豐六年李萬發賣

〔註40〕附件一為前項土地，投稅後由官方給照之「契尾」。但原件已破舊不堪，本文係葉有本七世孫振芳家藏之抄錄於別紙者。但部分已成缺文。

〔註41〕附件二：（一）原件為上述〈杜賣盡根契字〉所列土地，於光緒十四年（1888），土地清丈時由官方發給之「丈單」，尺寸與用印同四二號契註31。（二）原件上面，業主之作「葉潭」，係因葉有本一系，曾於同治七年再行分爨參閱後文四五號契。此筆土地因分產傳與次子三陽，再經三陽傳與其子清潭之故。

奏明清丈陞科今淡水縣丈報湯字第一三

號田番田 主業葉 契名有本 坐落里興直堡溪尾 庄中 則田園 ○甲參分參厘○毫柒絲貳忽至並賦則由縣編造圖冊外合行犂給丈單永遠管業嗣後倘有典賣應將丈單隨契流交報收過割須單

右給　縣　主葉　潭收執

光緒拾肆年二月　日給

臺灣布政使司

淡字第　單費抵完新糧訖號

遵奉

奏明隨收清丈經費番銀○元捌角玖辦陸尖○捌末

四五、溪尾庄蓮谿葉志系古契（5）

孝字號

鬮約字　葉有本四大房分鬮合約字〔註42〕

　　仝立鬮約字長房次房侄禎祥、侄孫捷報、三房四房叔三陽長泰等，竊謂穎〔穎〕川元長兄弟，沒齒同居，濟北稚春家人，合財七世，我叔姪非不欲同爨合食，紹其遺徽。第生齒日繁，家費浩大，欲合四房公辦，則責成不專，欲舉一人獨理，則猜忌輒生。爰請族親戚屬等，前來妥議，將同承先父祖鬮分遺下，及續後建置園業，抽存公業及踏給長房、長孫業外，一切俱作四大房勻配均分，憑鬮拈定。自茲以往，各房各掌己業，不得爭長較短，致傷和氣，惟願祖武克繩，箕裘永紹，丕基式廓，門第增光，是所共勗焉。

　　合立鬮約字壹樣肆紙，編為忠、孝、廉、節，依序各執壹紙存炤，而列鬮約於後：

一、批明押出舊港嘴，買楊光斷園二段、契貳紙。買楊合山園一段、契參紙〔註43〕。仝葉合記買楊家園一段、契參紙。舊竹圍后園一段，車路內園一段帶舊鬮書壹紙。買陳媽華油車前大坵園契參紙。又買陳媽華油車前竹

〔註42〕（一）本契原件縱約 51 公分，寬約 36 公分，為合契性質，原件應有四紙，本件屬「孝字號」。（二）原件為葉有本後裔，於同治七年（1868）所立之分鬮「鬮約字」，時距上代之有本與弟有能於嘉慶十八年（1813），二大房分鬮，相距已歷五十六年見前揭四一號契與《彙編》一二號契「再新鬮分合約字」。至此，再衍為四大房，因復為分家。（三）原件除代筆人、公親人、立字人各於名下，署親筆之畫押以外，末段部分尚保留有「合字」之部分。餘未見任何鈐記，屬白契。

〔註43〕楊合山上手契，見前揭四三號契「杜賣盡根契」。

圍帶園一段，契參紙〔註44〕。買汪三蔭菁仔宅一所，契壹紙〔註45〕，典陳四美竹園一所，大契壹紙〔註46〕，俱存為公業四房輪流掌管焰。

一、批明將前鬮約內所踏份仔內園一段，付長房長孫端生掌管，仍將此業給付為長房長孫之額，年應納口糧租銀柒角，又屯租參斗正，焰。

一、長房姪禎祥拈得買油車後陳四美園一段，帶契貳紙，又得車路下南坪第二段園一埒，帶陳隨合約一紙〔註47〕。又舊竹園後南坪第二段園一埒，帶汪子午司單鬮書貳紙〔註48〕。又東坪護厝四間，焰。

一、次房姪孫捷報拈得舊港嘴舊貼份西坪路邊園一段，帶新鬮書壹紙〔註49〕，又得車路下北坪第一段園一埒，又，舊竹園後北坪第一段園一埒，帶李萬慶上手印契壹紙〔註50〕。又西坪護厝四間，焰。

一、三房叔三陽拈得舊港嘴舊貼份東坪園一段，帶印契司單壹紙。又車路下北坪第二段園一埒，帶陳隨賣契壹紙〔註51〕。時將此園分作三小段，將南坪一段與長房姪清蓮〔註52〕應得，對換清長〔註53〕南坪園一小段口易。又舊竹園後北坪第二段園一埒，仍將此園分作三小段，將南坪一段與長房姪清蓮應得對換清長南坪園一小段，對換俱批明在。清蓮鬮約內明白帶買汪江柳大契壹紙〔註54〕。又得東坪大厝三間，焰。

一、四房叔長泰拈得買油車後陳媽華園一段，帶大契壹紙，墾單壹紙。又連路下南坪第一段園一埒，帶公立葉三陽名號買楊文興大契及上手契、丈單三紙，又舊竹園後南坪第一段園一埒，帶汪子午印契壹紙，張家換契壹紙〔註55〕。又得西坪大厝三間，焰。

〔註44〕陳媽華上手契，見《彙編》八號契「溪尾陳氏鬮分書」，九號契「杜賣盡根字」、一三號契「找洗字」等。
〔註45〕汪三蔭上手契未見，土地可參閱《彙編》七號契「鬮分字」。
〔註46〕陳四美大契，參閱同註43引八號契「溪尾陳氏鬮分書」。
〔註47〕陳隨合約一紙未見，內容參見前揭四二號契。
〔註48〕汪子午上手契，見《彙編》七號契「鬮分字」與一一號契「杜賣盡根契」。
〔註49〕新鬮書一紙，疑即註41之（二）引一二號契「再新鬮分合約字」。
〔註50〕李萬慶上手契，見前揭四四號契。
〔註51〕陳隨上手契，見前揭四二號契。
〔註52〕長房侄清蓮，疑即「清梨」見前揭三族譜資料志系世系表二七世清梨。因清蓮原屬端生之子，出嗣與次房最生者，餘待考。
〔註53〕清長，譜名待考。
〔註54〕汪江柳大契未見，內容參閱《彙編》七號契，並後文五一號契附件一「丈單」。
〔註55〕汪子午印契待考，張家換地契，見前揭《彙編》一〇號契「換地字」。

一、批明仝葉合記買楊家園及契俱未分析〔註56〕。又公出典油車前大坵園一
　　段，後日公同取續〔贖〕，或存公業，或作四房分管，隨時酌量，炤。
一、批明牛隻、種子、家器、什物等項，俱作四大房均分明白，炤。
批明此鬮約內之業，於光緒伍年概作參房分管，執約之人，不得私行變動族親，
希卓手批

代筆　貢玉

族叔　其妙

逢源

公親　蔡丕基　外甥　陳欽

功弟　順安

順牛

仝立鬮約字　長房姪　葉　禎祥　三房叔　三陽
　　　　　　　次房姪孫　　捷報　四　　　長泰〔註57〕

同治柒年貳月　日

忠孝廉節四大房鬮約合書

附葉志系長房鬮分世系表〔註58〕

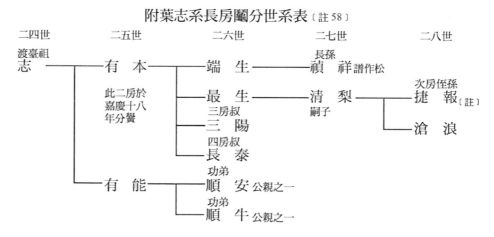

註：據葉滄浪戶籍謄本載：捷報於日人入據後失踪，由弟滄浪繼為戶長，並以長子裕
　　園入繼捷報為嗣子。報導人葉振芳裕園子萬全之四男。

〔註56〕葉合記共有買賣契未見，內容可見前揭《彙編》一六號契「找洗字」。
〔註57〕立字人關係，參閱附「葉志系長房鬮分世系表」。
〔註58〕本表依據「鬮約字」並參閱前揭「志系世系表」製成。

四六、溪尾庄蓮谿葉志系古契（6）

鬮約字　葉樹林兄弟叔侄分爨合約字〔註 59〕

月字號

　　仝立鬮約字叁房伯叔葉樹林溪水，仝次房姪振來等，竊謂穎〔穎〕川元長兄弟，沒齒同居，濟北稚春家人，合財七世，我叔姪非不欲同居共爨，紹其遺徽，第齒浩繁，人心不古，與其貽將來計較之端，孰若當今日分析之便。爰請族親戚屬，公仝妥議，將承先祖父遺下產業家財，除踏給長房長孫額外，其餘一切俱作參大房勻配均分，憑鬮拈定，各房各管已業，不得爭長較短，致傷和氣，日後子孫，倘有累千積萬，各人造化。

　　自今以後，惟願祖武〔克〕繩，箕裘永紹，是我叔姪所深望也。口恐無憑，合同立鬮約字壹樣參紙，編為日、月、星字號，各房各執壹紙，永遠存炤，而列條規於左。

　　一、批明公踏出竹園前頂橫路內園壹小節，給付長房長孫掌管。又公給
　　　　出佛銀貳拾大員正，為長房長孫之資，炤。

　　一、批明長房樹林拈得明買過葉返兄弟、姪園南畔壹段、東至大港底為
　　　　界，西至次房姪振來園為界，南至葉家園為界，北至參房弟溪水園為
　　　　界，帶合約壹紙，汪福田、汪福暖印契壹紙，汪肯來、汪澤芳契貳紙。
　　　　又遞年應配納口糧租銀伍角零貳點伍占正、屯丁租谷參斗柒升陸合
　　　　正，炤。

　　一、批明次房侄振來拈得車路下園壹小段，東至橫路為界，西至港仔為
　　　　界，南至功兄滄園為界，北至李家園為界。又得明買過葉返兄弟、
　　　　姪園壹小節，長壹拾玖丈肆尺，東至長房伯叔園為界，西至汪家竹園腳
　　　　橫路為界，南至葉家園為界，北至竪路楊家為界，帶老鬮約壹紙、
　　　　帶汪福田鬮約壹紙。又遞年應配納口糧租銀貳角、屯丁租谷壹升貳
　　　　合正，炤。

　　一、批明參房溪水拈得明買通葉返兄弟、姪園北畔壹段，東至大港底為
　　　　界，西至次房姪振來園為界，南至長房兄園為界，北至竪路楊家為界，
　　　　帶汪福暖鬮約壹紙。又遞年應配納口糧租銀伍角零貳點伍占正，屯丁

〔註 59〕　（一）本契原件縱約 52 公分，寬 25 公分。（二）原件在秉筆人、場見人、立
　　　　　字人名下，均各署有親筆畫押以外，別無任何鈐記，屬白契性質。（三）原件
　　　　　為葉滄浪後人，葉振芳所收藏。

租谷參斗柒升陸合正。又帶正月福份壹個，炤。

一、批明大厝、牛隻、種子、家器、什物，俱作參大房勻配均分，紹。

一、批明參房溪水又應帶買葉返兄弟、姪司單壹紙，炤。

秉筆族敍　從龍

場見胞叔　順牛

順安

全立鬮約字人　長
參房　葉　樹林
溪水　全次房姪　振來〔註60〕

光緒柒年正月　日

四七、溪尾庄蓮谿葉志系古契（7）

分管合約字　葉禎詳諸子分產合約字〔註61〕

次房執

　　全立分管合約字長房建置、次房神祐、參房姪隱稻、四房姪芸等，有承先父先祖鬮約應得之業，以及家器、什物，概作四大房均分。日後子孫，各房各管己業，不得爭長較短，致傷和氣。

口恐無憑，全立合約字壹樣肆紙，各執壹紙存炤。

一、公路大邱園買陳媽華園壹節拾肆份，抽出參份給付長房長孫掌管，年納錢糧正耗銀拾肆份，應攤納參份，帶鬮書壹紙〔註62〕，炤。

一、長房建置應得買子午江柳〔註63〕園壹節，東至大港底，西至參房姪稻園，南至功叔園，北至功叔園，年納六成口糧租銀參角貳點玖占，屯丁租銀柒點零肆口錢周，錢糧正耗銀參錢柒分捌厘陸毫玖絲正，炤。

一、次房神祐應得買葉幸等園壹段，內有祖墳壹穴，日後祐及子孫，不

〔註60〕本契原件雖有「葉樹林、葉溪水」兄弟之名，以及其姪「振來」云。但三人名字，未見於蓮谿葉氏族譜。其餘參與立字之人，除「胞叔順牛、順安」，可參見前揭「志系世系表」以外，「族敍從龍」亦待考正。

〔註61〕（一）本契原件縱51公分，寬32公分。（二）原件為前揭四五號契之葉禎祥，於同治七年（1868）與上代四大房分爨後，經十九年，至其長子建置時，復行本支大宗四房分之分產合約字。契字雖名為「分管合約字」云，內容仍係分爨之意。（三）原件在代書人、場見人、立字人名下，均署有親筆畫押以外，未見其他鈐記，為白契性質。原件為次房所傳，契上之末尾部分，保留有「合約」二字之中央部分。

〔註62〕陳媽華園，見前揭四五號契註43。

〔註63〕汪子午、江柳園，見同上四五號契註47。

得變賣他人，亦不得私許他人卜葬。年納六成口糧租銀參角捌點零肆周，屯丁租銀壹角貳點貳占肆周，帶丈單壹紙，老鬮約壹紙〔註64〕，銀糧正耗銀伍錢玖分柒厘零柒絲正，焰。

一、參房姪隱稻應得買汪子午江柳園壹節，東至胞伯建置園，西至竹園腳橫路，南至功叔祖園，北至功叔祖園，年納六成口糧租銀參角貳點玖占，屯丁租銀柒點零肆周，錢糧正耗銀參錢柒分捌厘陸毫玖絲，帶丈單壹紙，與次房叔對換字壹紙，焰。

一、四房姪芸應得買楊合山園壹段，帶印契、丈單壹宗〔註65〕、年納六成口糧租銀壹角，屯丁租銀壹角零肆占，錢糧正耗銀參錢貳分壹厘玖毫柒絲，帶福戶壹個〔註66〕，福份銀壹角貳點五占正，焰。

再批明其餘之福份銀，長、次、參房勻配攤完與四房姪無干。大厝、牛隻、種籽、什物概作四大房均分，焰。

再批明車路下買陳隨園壹段〔註67〕，現典過葉求，後日如是公全贖回，概作四大房均分，焰。

代筆　功叔叔祖　清奇〔註68〕

場見　功叔叔祖　清潭〔註69〕

全立分管合約字　　長次房　建置神祐　參四房姪　隱稻芸

光緒拾參年拾月　日

〔註64〕老鬮約一紙，見同上四五號契。

〔註65〕楊合山帶印契，見同上四五號契註42。

〔註66〕福戶壹個，疑指祭祀公業葉合記或葉孝記，參閱前揭《彙編》十六號契註55，同十八號契註58「祭祀公業」條。

〔註67〕陳隨園，見前揭四二號契。

〔註68〕清奇，即葉偉梧見《彙編》二〇號契註63。

〔註69〕清潭，四四號契註40之（二）參閱。

附葉原本系長孫房鬮分世系表〔註70〕

四八、溪尾庄蓮豁葉志系古契（8）

洗找銀字　承管大宗土地之找洗字〔註71〕

立洗找□□葉建置，有全胞弟姪均分合約內，應得買汪子午江柳埔園壹節〔註72〕，址在興直堡三重埔溪尾庄，其東西四□□□□□□屯租錢糧正耗銀，俱載在歸管契內明白。經光緒拾捌年拾壹月間，立契付功兄葉滄浪歸管，價敷□□，□□□□找之事。

今因乏銀別用，無奈再托原中懇求功兄浪洗找，出洋銀拾大員正。銀即日仝中交置親收足訖。□□，□□□□，□不敢再行洗找。

□恐無憑，立洗找銀字壹紙，付執為炤。

□□□□□親收過洗找銀字內洋銀拾大員正完足，再炤。

代書功叔　偉梧代書

原中胞弟　神祐

在場知見胞姪　隱稻

立洗找銀字功弟　葉建置

□□　年拾壹月　日

〔註70〕本世系係據上述「合約字」與參閱前揭「志系世系表」製成。但長孫譜上作「俤」，神祐作「護承」，神化作「化」，隱稻作「來旺」，芸父子未見於譜，原因待考。

〔註71〕（一）本契原件，部分已經破損，現存部分，縱36.5公分，寬24公分。（二）原件為前揭四七號契大宗之葉建置與弟姪於光緒十三年（1887），進行「分管合約」後，持其所分得，上代買自汪子午兄弟見四七號契註62。之土地，於十八年十一月間，立契與同曾祖之功兄葉滄浪歸管典銀，至此復為立「找洗字」增加價銀之合約字。立字詳細年代不詳，但因契字與後面之四九號契，為同一性質，推之當為十九年十一月間。（三）原件除代書人、中人、知見人、立字人等各於名下，署有親筆畫押以外，未見其他鈐記，為一白契性質。

〔註72〕汪子午、江柳埔園：見前揭四七號契，註62。

四九、溪尾庄蓮谿葉志系古契（9）

找銀字　承管大宗姪子土地之找洗字〔註73〕

立洗找銀字功姪葉隱稻，有承先父全_{胞伯堂弟}均分合約內，應得買汪_{子午江柳}埔園壹節，址在興直堡三重埔溪尾庄；其東西四至界址，以及口糧、屯租、錢糧、正耗銀俱載在歸管契內明白。經光緒拾捌年拾壹月間，立契付功叔葉滄浪歸管，價敷銀足，本不敢言洗找之事。

今因乏銀別用，再托原中懇向功叔浪洗找，出洋銀拾大員正，銀即日全中交稻親收足訖。日後稻及子孫，永不敢再行洗找。

口恐無憑，合立洗找銀字紙，付執為炤。

即日全原中親收過洗找字內洋銀拾大員正完足再炤

代書功叔祖奇

原中胞伯建置

在場知見堂兄次第

立洗找銀字功姪葉隱稻

光緒拾玖年拾壹月　日

日據時期

五十、溪尾庄蓮谿葉氏古契（12）

杜賣盡根契　葉（李）榮買林江海土地之合約字〔註74〕

〔註73〕（一）本契原件縱約51公分，寬24公分。（二）原件為前揭四七號契大宗之葉建置參閱四八號契註70之（二）與弟姪立「均分合約」後，三房姪穩稻持其所得土地，於十八年十一月間立契與同高曾之功叔葉滄浪，歸管典銀，至此後為「找洗」之合約。（三）原件除代書人、中人、知見人、立字人名下，各署有親筆畫押外，未見其他鈐記，屬於白契。（餘從略）。

〔註74〕（一）本契之原件縱約43公分，寬23公分。（一）原件為李楹葉烏獅長子，譜名「楹」，又名「金木」，並作「榮」，以其父烏獅，出嗣母家李氏，因作李姓，名「李榮」。參閱後文五三號契附「鬮分世系表」。承買二重埔林江海承「先伯祖父鬮分……竹圍」之契字。其上手契，見於《彙編》十七號契林家「鬮分合約字」與附「林氏鬮分世系表」。當時，林家曾將「承祖父建置溪尾庄竹圍一所」分為四分，四大房各拈鬮一分，為長房奇生嗣男、二房元興立字人、三房周氏任孫婦、四房進來、江海二人曾任孫，為同堂三代參與為分鬮；時為同治七年（1868）。之後，長房奇生，傳子水性；次房元興，傳至孫菫有義；三房周氏不詳。但迨及日據之明治三十一年，二房有義即將其祖鬮分所得一分，賣與溪尾庄吳水性，見「彙編」二〇號契。其次，長房水性亦於不詳之年代，將父奇生遺下份額，賣與蓮谿族人葉水濕與其子李分_{出嗣}

　　立杜賣盡根契人林江海〔註75〕，有全先伯祖父鬮分應得西畔竹圍一所，址在興直堡三重埔溪尾庄，東至三房園，西至黃家園，南至二房園，北至大路各為界，四至界址踏明。遞年應納抽的六成，口糧租金伍錢。今因乏金別用，願將此竹圍帶樹木、菓子，一切出賣他人。先問房親人等不欲承受，外托中引就與李榮〔註76〕出首承買。

　　三面議定時值價金捌拾大員正，金即日全中交江海親收足訖。其竹圍隨即踏明界址，付榮前來掌管，永為己業。一賣千休，四至界址內寸土無留。日後，江海及其子孫，不敢言找贖之事。保此竹圍係江海全先伯祖父鬮分應得之業、與房親人等無干。亦無重張典借他人，以及來歷交加不明等情為碍。如有不明情弊，江海出首一力抵當，不干買主之事。

　　此係二比甘願，各無反悔，口恐無憑，今欲有據，立杜賣盡根契壹紙，併繳鬮書壹紙〔註77〕，合共貳紙，付執為炤。

　　即日全中親收過杜賣盡根契內金捌拾大員正完足，再炤。

　　一、批明其大契係田心仔庄林家收執舊鬮書，因前年被洪水流失，合亞聲明批炤。

代書人　　　葉偉梧

為中人　　　李水蓮〔註78〕

　　李姓，參見「蓮谿葉氏家譜」，頁115。二人。明治三十三年，水濕父子，復抽其中四分之一，賣與（前述）吳水性，見《彙編》二一號契。又次，三房周氏之份額，亦於同年賣與葉水濕之堂兄葉憝（契字失傳），傳于水來。最後之第四房進來與江海二人，再次分產之內情與年代雖不詳。唯上述竹圍因歸與江海，江海於此亦將之杜賣，而由李榮承買。概見，林氏昆仲在溪尾之上述竹圍，已全部移轉入他家名下。（三）原件在代書人名下，蓋有圓型小印，餘為中人、知見人、立字人名下，俱以指模代印。其次，契後並附註買地之備忘餘云：「當時之價款共計三百二十元。四分開即每分八十元，嫁姑母（螺娘）時賺八十元。（蓋）嫁姑母螺娘時之聘金收一六〇元。但八〇元買衫、桌櫃等嫁粧料後，所賺（利）八〇元，將之抽出四〇元與弟李水返並出四〇元合買該地。餘連利息共付了約八〇元，剛剛好，一九七三、八、十七星期日抄。」並見林家四房出賣前述之竹圍，皆在同一年之明治三十一年，而李榮之買地費用，係來自「嫁女」所收聘金之部分。

〔註75〕林江海：參閱《彙編》一七號契。
〔註76〕李榮：葉增要次子烏獅之長男，譜名，「楹」，「金木」，嗣增要妻李氏母家，從李姓，見「葉氏家譜」頁一一四與後文五三號契附「鬮分世系表」。
〔註77〕見《彙編》一七號契。
〔註78〕李水蓮：見《彙編》二〇號契。

在場知見　　堂兄有義〔註79〕

立杜賣盡根契人　　林江海

明治三十一年　　月　　日

五一、溪尾庄蓮谿葉志系古契（10）

歸管盡根契　葉滄浪承買從叔土地之契字〔註80〕

　　立歸管盡根契人葉財〔註81〕，有承祖父鬮分應得明買過汪江柳江栢、汪江珍江仕之埔畑〔註82〕，址在興直堡三重埔土名溪尾庄，東至港中，西至橫路，南至葉滄浪〔註83〕畑，北至胞兄葉選〔註84〕畑各為界，四至界址踏明。歷年配納六成口糧抽的金拾錢，屯租抽的金拾錢。又歷午配納地租金九拾七錢七厘。今因乏金別用，願將此畑出賣他人，先問房親人等，不欲承受。外托中引就與葉滄浪出首承買。

　　三面議定時值盡根價金四百參拾圓，金即日全中交財親收足訖，其畑隨即踏明界址，付滄浪起耕掌管，永為己業。一賣千休，四至界址內寸土無留，日後，財及子孫，不敢言找贖之事。保此畑係財承祖父鬮分應得之業，與別房人

〔註79〕　林江海：參閱《彙編》一七號契。

〔註80〕　（一）本契原件縱 40 公分，寬 23.3 公分，立於日人入據臺灣後之光緒二十六年（1900），因使用日方建元。（二）原件為葉有本一系之第三房三陽後裔財譜名「材」，見前揭「志系世系表」。所立，賣斷其父三陽鬮分所得埔園之賣契。土地之來源，原係溪尾汪江柳所有，並附有光緒十四年之「丈單」為附件。葉財之取得土地，係其祖葉有本於咸豐元年（1851），立券契買。其後，於同治七年（1868），有本一系，進行大宗四房分爨時，鬮分與第三房三陽者參閱前揭四五號契註 53。葉財為三陽之第三子。但由同治七年迄於葉財處分此筆土地之間，亘達三十三年，且三陽再傳曾有一嗣子清秀以及親生之清潭、選、財（材）共四子。故此小宗四房在三十三年之間，疑另有再行一次分爨之存在，唯契字未見傳下，致無從獲知詳情。但分爨之年代，若由附件之「丈單」，以及長男清潭（契作潭）亦於光緒十四年二月，獲得一紙葉有本於咸豐六年（1856），承買李萬慶土地一筆見前揭四四號契。參與「清丈」而獲得官方發與「丈單」一事見同上契附件二。概見三陽一系之四房分，應在光緒十四年以前，業因再傳之合伙人口增多，復行分產營生。（三）原件在為中人名下蓋有圓型小印，知見人、立字人名下即以指模代印。另在右上方用「石橋」二字圓型小印一，疑為日人之驗契證明。

〔註81〕　葉財，譜作「材」。見前揭「志系世系表」。

〔註82〕　汪江柳、江柏、江珍、江仕（譜名江緒），為汪永頂之子，汪唱之孫。見溪尾汪氏族譜。

〔註83〕　葉滄浪：清梨之次子。參閱前揭四五號契附表之註。

〔註84〕　葉選：三陽之次子，見前揭「志系世系表」。

等無干，亦無重張典借他人以及來歷交加不明為碍。如有不明情弊，財出首一力抵當，不干買主之事。

此係兩愿，各無反悔，口恐無憑，今欲存據，立歸管盡根契壹紙，併繳丈單壹紙，合共貳紙，付執為炤。

即日仝中親收過歸管盡根契內，洋金四百參拾圓正，完足再炤。

為中併筆人　堂兄　葉偉梧㊞

在場知見人　胞兄　葉　選㊞

立歸管盡根契人　　　葉　財㊞

明治三十三年　　月　　日

附件一　丈單　淡字第壹仟柒佰柒號合同〔註85〕

丈　單

臺灣布政使司為挈給丈單事照得全臺田園奉

爵撫部院劉

奏明清丈陞科今淡水縣丈報湯字第一一

號業田番田　主契名有本葉財裁　坐落興直堡里溪尾庄中則田園○甲參分○厘伍毫貳絲捌忽其四至並賦則由縣編造圖冊外合行挈給丈單永遠管業嗣後倘有典賣應將丈單隨契流交推收過割須單

右給　縣主　葉財收執

光緒拾肆年二月　日給

臺灣布政使司

咸豐元年汪江柳賣

淡字第　單費抵完新糧訖號

五二、溪尾庄蓮谿葉志系古契（11）

囑書合約字　葉順牛孫曾四代之分鬮合約〔註86〕

〔註85〕附件一為光緒十四年清丈時之「丈單」。原件尺寸、內容參閱前揭四二號契註31部分。

〔註86〕（一）本契原件縱 48 公分，寬 38 公分。（二）原件為葉原龍譜作「原龍」，「原能」，又契作「能」等不一。見前揭「志系世系表」、前揭四一號契，並參閱「蓮谿葉氏家譜」，頁105。子順牛排行依譜為第三，但正確性待考。一房之小宗分鬮合約字，概見此支之再分，應屬嘉慶十八年（1813），志系二房首次分鬮後參閱前揭四一號契。原龍之諸子，亦於在此次以前，另行一次之小宗分鬮按譜，原龍有三子：為興、安、牛。迨順牛於此次立字，應屬垂直之第三次再分，但因係預立，因名為「囑書合約字」。按之族譜，順牛單傳一子，譜名作「柔」，唯尚待求證。蓋據此

茂執

　　立囑書合約人葉順牛〔註87〕，緣牛獨有一男名根〔註88〕，生下二孫，一曰番〔註89〕、一曰茂〔註90〕，碍番孫幼年死亡，並無妻兒。現螟蛉一幼孫以接番孫之支派，殊屬可喜。而茂孫經已長大成人，雖非居長亦是爾祖父所深願，而為長孫也。今爾祖父年逾古稀，竊恐老夫將耄。爰請族親公全妥議，除抽起爾祖父養贍之業，以及踏給長孫額外，僅有份仔尾庄埔畑一所，作二房均分，憑鬮拈定，自此以後，倘有累千積萬，各人造化，不得爭長較短，致傷和氣，但願祖武克繩，箕裘永紹，是爾祖父所共勗焉。

　　口恐無憑，今欲有據，合立囑書合約一樣貳紙，各執壹紙存炤，而列規條于左：

　　一、溪尾庄買葉幸兄弟〔註91〕埔畑一所，爾祖父抽起港尾節四份的三份之額，生為養贍之資，嗣後喪費外，存為永遠祭祀之費，照房輪流，不得私行變賣。東至大港中，西至葉茂畑，南至葉滄浪^{清場}〔註92〕畑，北至豎路，歷年帶納口糧租銀壹角七點壹尖，屯租銀貳角貳點五尖，地租銀八拾九錢壹厘，帶丈單壹紙，炤。

　　「合約字」之內文，名字作「根」，譜上世系表，卻另有「根旺」其人，列於「興」之名下，傳子再添與戊申，再添生子全見同前「蓮谿葉氏家譜」，頁139。概見尚存多項疑問。（三）依據本契之原件，立字人順牛，有一子名「根」。但在訂立此契字時，應已亡故，因成為順牛與根子茂申、螟蛉孫兩全等人，同堂四代，為此次分鬮之房系。（四）原件文字分為二部分：在「囑書合全」字之合契文前面者，為明治三十四年（1901）四月八日所訂之原始合約。在合契文後面追加者，為明治三十九年（1906）二月以後，因前年（乙巳年）十二月，契上部分土地發生移轉，「立契渡賣」與大宗有本之後裔滄浪。遂就原件續批內容，由楊捷升代筆。（五）原件在秉筆人、代筆人名下，各蓋有圓型小印，知見人、立字人名下，以指模代印。又因原件係合契性質，後半即有八分體之「囑書合同」四字。原件右上方，又有「茂執」二字。

〔註87〕順牛：參閱「鬮分世系表」。

〔註88〕根：譜作，「根旺」。

〔註89〕番：譜作，「再添」。

〔註90〕茂：譜作，「戊申」。以上並見蓮谿葉氏家譜，頁139，三人並作興之後。由此，「興」之與「牛」，疑為譜上排次有誤，另「興」，亦作「順興」見後文五五號契註118祭祀公業葉順記創會名冊。

〔註91〕幸：待考。

〔註92〕清場：又名「九仔」，為葉長泰次子，見前揭「志系世系表」。滄浪：參閱前揭五一號契註82。

一、溪尾庄買葉幸兄弟西畔埔畑壹節，給付長孫茂掌管四份的一份之額，東至爾祖父養贍畑，西至胞兄順安畑，南至功姪^{清場}滄浪畑，北至豎路，歷年帶納口糧銀□□七尖，屯租銀七點五尖，地租銀貳拾九錢七厘，炤。

一、長孫茂拈得份仔尾庄買葉幸兄弟南畔埔畑一半，東至大港中，西至塚內路，南至伯祖父順安〔註93〕畑，北至姪兩全〔註94〕畑，歷年帶納口糧租銀貳角四點六尖，屯租銀貳角四點壹尖，地租銀壹圓貳拾八錢九厘，帶新鬮書壹紙〔註95〕，帶福戶壹個〔註96〕。又拈得東畔竹圍地帶茅屋壹半，炤。

一、曾孫兩全拈得份仔尾庄買葉幸兄弟北畔埔畑一半，東至大港中，西至塚內路，南至胞叔茂畑，北至葉財〔註97〕畑，歷年帶納口糧租銀貳角四點六尖，屯租銀貳角四點壹尖，地租銀壹圓貳拾八錢九厘，帶老鬮書壹紙〔註98〕，帶福戶壹個，又拈得西畔竹圍地帶茅屋壹半，嗣後，茂如有子承繼番孫，將此北畔埔畑一半，西畔竹圍地帶茅屋一半，作兩房對半均分，不得異言，聲明炤。

一、批明牛隻、種籽、家器、什物，俱各作二房均分，炤。

秉筆　堂姪　偉梧㊞

在場知見　胞弟　順　安㊞

立囑書合約人　葉順牛㊞　長孫　茂㊞　曾孫　兩全㊞

明治三十四年四月八日

囑書合同

一、批明抽起土名份仔尾六七番畑、六八番畑、六九番畑、二八六番自乙巳年十二月間立契渡賣功兄葉滄浪掌管，將此業價銀壹千貳百圓返還祖父在生拖欠他人債項，以及祖父死后喪費功德開費明白。又

〔註93〕順安於此作「伯祖父」，意謂排行長於「順牛」。唯於後文立會人部分，又作立字人「順牛」之「在場知見胞弟」，因從後者，疑此處為書寫之誤。

〔註94〕姪兩全：由此立字人順牛論之，亦即「合約字」前段所提之「螟蛉一幼孫以接番孫之支派」者，因疑為書寫之誤。

〔註95〕按：此「新鬮書壹紙」，應為註85所提「小宗之分爨」，但契字未見。

〔註96〕福戶：參閱前揭四七號契註65引用。

〔註97〕葉財：參閱前揭五一號契註80。

〔註98〕見前揭註四一號契。

土名溪尾八八番畑、八九番畑、九〇番畑，自明治三十九年二月十
日，葉兩全自願付胞叔葉茂申歸管，即日親收業價銀壹百貳拾圓完
足，炤。

一、批明僅存土名溪尾庄建物敷地壹所，及茅屋壹座，係是葉茂申與葉兩全
對半公共之業，聲明再炤。

代筆　楊捷升㊞

附葉氏鬮分世系表〔註99〕

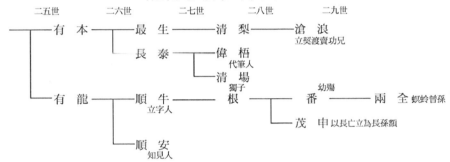

附件一　丈單〔註100〕

丈　單

壹灣布政使司為挈給丈單事照得全臺田園奉

爵撫部院劉　興二七九號田契

奏明清丈陞科今淡水縣丈報湯字第八六八

號業主葉能氏田契葉牛坐落興直堡里溪尾庄中則田園壹甲壹分柒厘陸毫捌絲其四至並賦則由縣
編造圖冊外合行挈給丈單永遠管業嗣後倘有典賣應將丈單隨契流交推收過割
須單

右給　縣　主　葉牛收執

光緒十四年四月　日給

臺灣布政使司

淡字第　單費抵完新糧訖號

遵奉

奏明隨收清丈經費番銀壹元柒角陸辦伍尖貳周

〔註99〕世系表據上述「囑書合約字」與參閱前揭「志系世系表」製成。
〔註100〕附件一為光緒十四年清丈時之「丈單」，原件尺寸內容，參閱前揭四二號契註
　　　　31部分。

五三、溪尾庄蓮谿葉氏古契（13）

囑書鬮約字　李烏獅遺霜囑書分鬮合約〔註101〕

忠號

　　立囑書鬮約字母廖氏〔註102〕，^長^次男李^{金木}_{永返}等〔註103〕，竊謂七世合財，稚春之家風可仰：九代同食，公藝之家範堪追。氏雖女流，未嘗不欲爾曹效也。第齒日繁，家事浩大，兼以我年垂暮，抱疴日深。欲合幾人公辦，則責成不專，欲擇一人獨理，則猜忌迭生，與其貽後來計較之端，孰若趁此日分析之便。爰請族親公同議妥，將所買竹圍、厝地、家器、什物，先踏長房長孫以外，一切作二房均分，憑鬮拈定，至公無私。

　　自茲以往，各管己業，不得爭長競短，致傷和氣。唯願祖武克繩箕裘，是則爾母所深幸也。

　　口恐無憑，合立囑書一式貳紙，編為忠、孝字號，每房依序各執壹紙，永遠存炤。

　　一、批明公踏石碓壹個，為長房長孫之資〔註104〕，炤。

　　一、長房金木，憑鬮拈得買過林江海東畔竹圍壹節〔註105〕，東至葉戀〔註106〕園，西至次房返園，南至吳水性〔註107〕園，北至竹圍外路各為界。又帶買林江海契壹紙，要用之日，取出公看，不得刁難，聲明炤。

　　一、次房永返憑鬮拈得買過林江海西畔竹圍壹節〔註108〕，東至長房木園，

〔註101〕（一）本契原件縱40.5公分，寬28公分，（二）原件為葉煌山弟煌澄後增娶次子烏獅一系之分鬮合約字。契字立於光緒二十六年庚子，時之臺灣雖已進入日據，為明治三十三年。但契券繫年仍沿用清朝建元，契券書式亦沿用傳統立券格式，概見民間對於固有文化之維繫理念，以及重視傳統之立場。（三）原件為長房「忠號」所保存，原件在代書、公親、場見以及立字人名下，亦以親筆畫押取代時已通行之小型私章，更顯出一種守舊之表現。另契之後段，並有「克振家聲」之合字。

〔註102〕廖氏：烏獅之元配，名換。烏獅以父增娶，元配劉氏無出，繼娶李氏諱六娘，生子五；因以次烏獅、四雙對，嗣母家李氏。故烏獅亦作「李烏獅」。

〔註103〕李金木：「葉氏譜」作「葉楹」，又名「金木」，又作「李榮」見前揭五〇號契。永返：譜作「水返」。又名「永返」，從父嗣李姓，作「李永返」。

〔註104〕原件上面，附有金木後裔註云：「（分家伙時）父親頭北，承祖（烏獅）踏大孫額，多分得石碓（白）一個，值二圓龍銀。」應即指此。

〔註105〕參閱前揭五〇號契註73。

〔註106〕葉态：譜名惷。

〔註107〕吳水性：葉謹招夫。

〔註108〕參閱前揭五〇號契註73。

西至竹圍外路，南至吳水性園，北至竹圍外路各為界，焙。

代書　葉應元

場見　表兄　廖清水　公親　葉江水〔註109〕

母舅　廖士尫　族親　李水連〔註110〕

立囑書鬮約字　母　廖氏　長男　李金木　次男　李永返

光緒庚子年桂月　日

克振家聲

附葉（李）鬮分世系

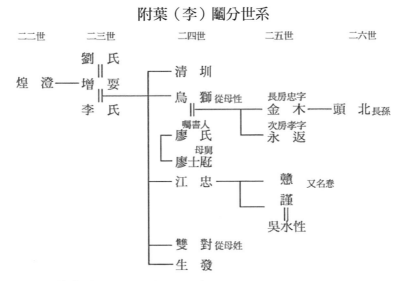

二二世　二三世　二四世　二五世　二六世

五四、溪尾庄蓮谿葉志系古契（12）

歸管杜賣盡根契　葉滄浪承買堂姪孫土地合約〔註111〕

立歸管杜賣盡根契人葉烏肉，有全胞伯均分鬮書內應得埔畑，連水田一

〔註109〕葉江水：曾任溪尾庄保正。

〔註110〕李水連：同前五〇號契李水蓮。

〔註111〕（一）本契原件縱約41公分，寬約26公分。（二）原件為葉滄浪見前揭四五號契附表之註。承買大宗端生一系功兄神化（譜名「化」）嗣孫烏肉土地之合約契。契題雖作「歸管」，仍為「杜賣盡根」性質。（三）土地之來源，文中有云：「同胞伯均分鬮書內應得……」，概見係於光緒十三年（1887），由其父穩稻（譜名「來旺」）參與大宗四房分爨時，分管所得。上手字為前揭四七號「分管合約字」。據之「族譜」，隱稻系下並無所出，烏肉為嗣子。其與買方滄浪，為叔祖稱呼。土地亦即承繼自繼房父穩稻。（四）原契在為中人名下，蓋有圓型小印。知見人葉阿水用手摸，其餘與立字人，併用長方形印章。契上另蓋有「松尾」之卵型小印，應為日人之驗契所用。

所，址在興直堡三重埔庄土名溪尾，東至坡外路中為界，西至溝中為界，南至葉滄浪田畑為界，北至李文德畑為界，四至界址敘明，經政府測量四六○番田，甲數○八厘六毫六絲，四六○ノ三番田，甲數○壹壹○，四六壹番畑，甲數貳分參厘七毫參絲，其遞年地租稅金，照甲數完納。今因乏銀別別創，願將此田畑出賣他人，先問至親人等，不欲承受。外托中引就與葉滄浪出首承買。

　　三面議定時值業價：金貳百八拾大圓正。金即日全中交葉烏肉及場見人親收足訖。其田畑隨即踏明界址付滄浪前來掌管，永為己業。一賣千休，四至界內，寸土無留。日後，烏肉及子子孫孫，不敢言找贖之事，保此田畑係烏肉全胞伯均分鬮書內應得之業，與別房人等無干，亦無重張典借他人，以及來歷交加不明為碍。如有不明情弊，烏肉及場見人出首，一力抵當，不干買主滄浪之事。

　　此係二比甘願，各無抑勒反悔，口恐無憑，筆乃有據，即立歸管杜賣盡根契壹紙、併繳丈單壹紙、鬮書壹紙〔註112〕，計共參紙，付執為炤。

　　即日全中及場見人親收過歸管杜賣盡根契內，金貳百八拾大圓正完足，再炤。

　　一、批明又繳臺帳謄本貳紙，付滄浪收執，合應聲明炤。

為中併筆人　葉偉梧㊞

在場知見收銀人　葉桶匏㊞〔註113〕

葉阿水㊕〔註114〕

立歸管杜賣盡根契人　葉烏肉㊞

明治三十八年六月二日

五五、溪尾庄蓮谿葉志系古契（18）

　　歸管杜賣盡根契　葉滄浪承買葉張氏母子土地之賣地字〔註115〕

〔註112〕鬮書一紙，見前揭四五號契，餘丈單未見。

〔註113〕葉桶匏，系出待考。

〔註114〕葉阿水，系出待考。

〔註115〕（一）本契原件縱約41公分，寬25.7公分。格式一如前揭五四號契，為相差一日所立。（二）原件仍為葉滄浪承買大宗端生一系功兄神化嗣孫烏肉土地之合約契。但在立字人部分，多一「葉張氏」者參與立字，推之，當為烏肉之繼房母。（三）土地之來源同前揭五四號契。（四）原件在代書人，為中人名下各有圓型小印。知見人與立字人名下，亦俱蓋有長方型小印。

立歸管杜賣盡根契人^{葉張氏}_{葉烏肉}〔註116〕，有承^{先夫}_{先父}鬮書內應得買葉返〔註117〕兄弟、侄埔畑一所，址在興直堡三重埔庄土名溪尾，東至大港底為界，西至竹園腳橫路中為界，南至^{葉紅}_{葉赶}〔註118〕畑為界，北至葉順記〔註119〕畑為界，四至界址敘明。經政府測量壹壹七番畑：甲數貳分貳厘九毫參絲，壹壹八番畑：甲數參分參厘六毫零絲，壹壹九番畑，甲數壹分七厘八毫零絲，其遞年地租稅金照甲數完納。今因乏金別用，願將此畑出賣他人，先問至親人等不欲承受，外托中引就與葉滄浪出首承買。

三面議定時值業價，金五百貳拾大圓正，金即日全中交^{葉張氏}_{葉烏肉}親收足訖。其畑隨即全中踏明界址，付葉滄浪前來掌管，永為己業，一賣千休，四至界內，寸土無留。日後^{張氏}_{烏肉}及子子孫孫，不敢言找贖之事，保此埔畑係^{張氏}_{烏肉}^{先夫}_{先父}鬮書內應得之業，與別房人等無干，亦無重張典借他人，以及來歷交加不明為碍，如有不明情弊^{張氏}_{烏肉}全出首一力抵當，不干買主滄浪之事。

此係二比甘願，各無反悔，口恐無憑，筆乃有據。全立歸管杜賣盡根契壹紙，併繳臺帳謄本參紙，鬮書壹紙，上手司單壹紙，老上手契參紙，分管合約壹紙，計共拾紙〔註120〕，付執為炤。

即日全中親收過歸管杜賣盡根契內業價金；五百貳拾大圓正完足，再炤。

一、批明：又繳丈單壹紙，付滄浪收執，合應聲明炤。

代書人　葉偉梧㊞

〔註116〕葉張氏，由契上有：「有承先夫鬮書內應得……埔畑」文字云，即立字人當為「穩稻」之遺孀與「烏肉」為母子關係。

〔註117〕葉返，系出待考。

〔註118〕葉紅、葉赶，待考。

〔註119〕葉順記，為溪尾蓮豁葉氏四祭祀公業之一。奉祀順德侯為主神。創設年代待考，定每年農曆元年廿七日為祭典日。會員採取繼承制，其創會會員名字為：天赤二三世居蘆洲南港仔、堯老二五世居溪尾、含生不詳、福生二五世居蘆洲南港仔、能生原龍二五世居溪尾、順興二六世居溪尾、仕永又名永生二五世居溪尾、殿老疑為二四世通殿居蘆洲南港仔、再生二五世居南港仔、必達諱克立二四世居溪尾、清圳二四世居住溪尾遷居新莊、光列不詳、向老二五世居溪尾、文通、肯來、光成、端老、章遠以上俱待考、順安二六世居溪尾、恩生二五世居南港仔、福興、永成二人待考、順牛二六世居溪尾、元西二六世居南港仔、有本原本二五世居溪尾、樹林待考、清梨二七世居溪尾、光富、仕溪、仕發以上三人待考等三十人。

〔註120〕契共拾紙，部分失詳。「鬮書」見同五五號契註115。「分管合約」見前揭四七號契。

為中人　葉茂申㊞〔註121〕

在場知見人　葉神助㊞〔註122〕

全立歸管杜賣盡根契人　葉張氏㊞

葉烏肉㊞

明治三十八年六月三日

五六、溪尾庄蓮谿葉志系古契（14）

歸管盡根字　葉滄浪承典葉來旺土地之合約〔註123〕

（原件失傳）

附件一　業主權保存登記申請書〔註124〕

土地表示	末尾記載ノ通
登記ノ目的	業主權保存登記
課稅標準	價格金貳百六拾七圓
登記稅	金八拾壹錢
登記申請條項	臺灣土地登記規則第五條不動產登記法第百五條第壹號
添付書類	土地臺帳謄本參通、申請書副本壹通、委任狀

右登記申請候也

明治參拾九年五月拾四日

興直堡三重埔土名溪尾參百七拾壹番地

業主　葉來旺

〔註121〕葉戊申：見前揭五二號契附「鬮分世系表」。

〔註122〕葉神助，見前揭「志系世系表」二八世。為順安之孫。

〔註123〕（一）本契之原件，未見傳下。唯據後附殘存之附件四「業主權移轉登記證」所載登記原因，有「明治卅八年拾月　日歸管盡根契」為其移轉證件，以及附件一、二、三所載相關地番與登記番號等推之，概見原件應係一紙「歸管盡根字」之田地合約。土地之業主「葉來旺」係譜名，又名「葉穩稻」參閱前揭四七號契與附「鬮分世系表」。四八號契、四九號契、五四號契註110、五五號契註114等。至於立字年代雖然不詳，但穩稻之遺孀葉張氏與子烏肉，在明治卅八年六月初立下另一紙「歸管杜賣盡根字」與葉滄浪時見同上五五號契。已言「承先夫先父鬮書內……埔園」云：並見，穩稻在卅八年六月時，業已死亡。故本契之立字，應在業主之生前。並以某種原因內容待考，指定由同族之葉梱與葉園為代理人，將土地向葉滄浪典借。

〔註124〕附件一為上項合約字之「業主權保存登記申請」。（一）原契之內容與「歸管」之條件，於此雖無從全部獲悉，唯業主尚具「權利保存」之登記論之，「歸管」之土地部分，立字人尚保有業主權，唯情形則待考。（二）附件為八開大之規定用紙，文字共占一大張半，尺寸從略。（三）業主與代理人名下，用卵型小印，法定代理人名下用長方形小印。

興直堡三重埔土名溪尾參百七拾壹番地

右法定代理人　葉梱〔註125〕

興直堡三重埔土名溪尾參百七拾五番地

右代理人　葉園〔註126〕

臺北地方法院　御中

土地表示

興直堡三重埔土名溪尾第四百四拾貳番ノ壹

一、田　　五厘〇毫六絲

價格：金七拾六圓

興直堡三重埔土名溪尾第四百四拾貳番ノ貳

一、田　　壹厘壹毫〇絲

價格：金貳拾壹圓

興直堡三重埔土名溪尾第四百四拾參番

一、畑　　壹分壹厘貳毫四絲

價格：金百七拾圓

附件二　登記濟證〔註127〕

登記濟證用紙（不第六十條第二項）

街庄名又ハ土名	土地番號	登記番號	順位番號	街庄名又ハ土名	土地番號	登記番號	順位番號
溪尾	四四二ノ一	六六	一				
仝	四四二ノ二	六七	一				
仝	四四三	六八	一				
以上							
申請書受附年月日	明治卅九年五月十四日						
受附番號	第三四二六號						
右明治卅九年五月十四日　登記濟　印							

〔註125〕葉梱，族系待考。

〔註126〕葉園，譜名「裕園」，葉滄浪之長男，以其兄捷報失傳，因出嗣捷報遺孀鄭氏，繼承捷報。見《蓮谿葉氏家譜》，頁137。

〔註127〕附件二為註123之申請登記後，同日發出之證明書受附番ノ路三四二六號。契上並蓋有臺北地方法院之大印。原件為十六開官方用紙，尺寸從略。中間之空白欄在此省略去二行。

附件三　登記濟證〔註128〕

登記濟證用紙（不第六十條第二項）

街庄名又ハ土名	土地番號	登記番號	順位番號	街庄名又ハ土名	土地番號	登記番號	順位番號
溪尾	四四二ノ一	六六	二				
仝	四四二ノ二	六七	二				
仝	四四三	六八	二				
以上							
申請書受附年月日	明治卅九年五月十四日						
受附番號	第三四二六號						

右明治卅九年五月十四日登記濟　㊞

附件四　業主權移轉登記〔註129〕

申請書受附年月日	明治卅九年五月十八日
受附番號	第三六二號
登記權利者　ノ住所氏名	三重埔庄土名溪尾　葉滄浪
登記名義人ヵ多數ナル場合ニ於テ其一部ヵ登記義務者ナルトキハ登記義務者ノ氏名住所	
登記原因及ビ其日附	卅八年拾月　日歸管盡根契
登記ノ目的	業主權移轉

明治卅九年五月十八日登記濟　㊞

五七、溪尾庄蓮谿葉志系古契（15）

合約字　葉集兄弟分地合約字〔註130〕

〔註128〕附件三為買方葉滄浪之登記濟證，原件為十六開官方用紙，尺寸從略，後段之空白欄在此省略去六行。

〔註129〕附件四為明治卅九年五月十八日由於前述註122之典押土地，再次發生變動，前業主已失去保有之「業主權」，土地移轉入貸方之手。由此，經貸方檢同「歸管盡根契」等，向地方法院申請「業主權移轉」之登記證，受附番號第三六六二號。至此，土地乃歸貸方所有。原件為十六開官方用紙，尺寸從略，上面並蓋臺北地方法院大印。

〔註130〕（一）本契原件縱48公分，寬25.7公分。（二）原件為葉有本一系第三房三陽子清潭一支系統見前揭：「志系世系表」二二世三陽後。之分地合約字，實質應屬

　　仝立合約字人葉英、葉集〔註131〕等共承先祖父遺下畑貳所，址在興直堡三重埔庄，經土地調查決定三重埔庄土名份仔尾五八番畑，六厘八毫七絲。又，同所五九番畑貳分參厘七毫四絲。又，仝所六〇番畑貳分貳厘零毫七絲。又，三重埔庄土名溪尾六八番畑：壹分參厘六毫六絲。又，仝所六九番畑：貳分六厘壹毫參絲。又，仝所七〇番畑：貳分零厘六毫貳絲。又，仝所四五〇番ノ一田：五厘壹毫七絲。又，仝番ノ二田：參厘七毫零絲。又，仝所四五壹番畑：壹分六厘六毫七絲。此業地前經查定業主葉潭、葉集二人共有。然葉潭〔註132〕已於明治三十七年貳月拾六日死亡，其子葉英相續，現在乃葉英、葉集等共有之業。茲因各人或欲自耕，或欲贌佃，有稍不便之處。爰是邀請族親公仝妥議，將此共業土地踏出壹處，仍作共業，其餘分為各人私有。

　　茲將各人應分之業，及仍踏為共業開列於後，自分以後，各業各管，不得爭長較短，致傷和氣。

　　此係二比喜悅，各無翻異，口恐無憑，仝立合約字壹樣貳紙，各執壹紙，

「分鬮圖書」一類。但契字內容有所謂：「此業地，前經查定，業主葉潭譜名清潭、葉集二人共有，然葉潭已於明治三十七年貳月拾六日死亡，其子葉英相續。現在乃葉英、葉集等共有之業。」考之《族譜》，葉集為潭之長子，卻在其父生前，即以自己名下與父共有土地。此土地之來源，若據契字前面所提，係「承先祖父遺下田畑」，則其源應屬於清潭之父三陽，於同治七年（1868），大宗分鬮時，鬮分所得見前揭四五號契「鬮約字」。其後，三陽諸子，復於光緒十四年（1888）以前，另行一次本小宗之分產，由清潭鬮分所得之部分參閱五一號契註79之（二）。亦則上代所遺之業。若依中國之傳統，「諸祖父母，父母在，而子孫別籍異財者，徒三年」參閱臺銀臺灣文叢一一七種，頁61，引《唐律戶婚律》。明治三十八年為光緒三十一年代，時臺灣雖已進入日據之第十年，但傳統之觀念，尚被保存十分完整，臺人家傳財產之處理，並未產生基本之動搖，或違背傳統之慣習。由此，狀況之發生，疑潭在生前，參與其兄弟，葉選、葉財（又作材）以及另一嗣兄清秀，進行四房分之小家分鬮時，長子葉集以居三陽之長孫身分，多分若干「長孫額」。時，葉潭亦已暮年，因此，為本身之後日計，旋則踵而舉行本支之另一次分產，將葉集應得之額，以及承自父祖之「長孫額」，先行劃分與葉集，餘留與自己，並立字或以其他方式，立遺言「死亡後，由次子葉英相續」之變例。另外，即部分「保持共業」為二子共有。本契亦即葉潭死後，由親族參與立會之二子分產「變例」合約字。唯此種「變例」之分產，只是將業產預為劃分妥當而已，平時似仍合伙營生。（三）原件在秉筆人、立字人以及親族葉清場名下，均蓋有圓型小印，餘葉滄浪用卵型小印，葉偉梧，葉材用長方型小印。左上方並有「松尾」二字之圓型日人小印，應為驗契所蓋。

〔註131〕葉英、葉集，系統見附「鬮分世系諸關係表」。
〔註132〕葉潭，系統見附「鬮分世系諸關係表」。

存炤。

計開

一、葉英應分得興直堡三重埔庄土名溪尾六八番畑：壹分參厘六毫六絲。又，六九番畑：貳分六厘壹毫參絲。又，七〇番畑：貳分零厘六毫貳絲，批明炤。

一、葉集應分得興直堡三重埔庄土名份仔尾五八番畑：六厘八毫七絲。又，五九番畑：貳分參厘七毫四絲。又，六〇番畑：貳分貳厘零毫七絲，批明炤。

一、批明其興直堡三重埔庄土名溪尾四五〇番ノ一田：五厘壹毫七絲。又，四五〇番ノ二田：參厘七毫零絲。又，四五壹番畑：壹分六厘六毫七絲。仍為葉英、葉集二人共業，批明炤。

秉筆人　陳金如㊞

親族　葉偉梧㊞

親族　葉滄浪㊞

親族　葉清場㊞

親族　葉　材㊞

全立合約字人　葉　英㊞

葉　集㊞

明治三十八年六月十五日

附葉氏鬮分世系諸關係表〔註133〕

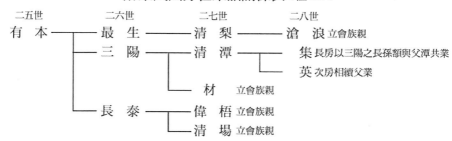

〔註133〕附表據「合約字」並參閱前揭「志系世系表」製成，略去未參與之部分，單列立會之各房族人。

附分地明細表〔註134〕

地目與番號		葉英	葉集	二房共有	變動情形與原有土地
		分厘毫絲	分厘毫絲	分厘毫絲	原與父潭共業
興直堡三	六八番畑	一三六三			
重埔庄土	六九番畑	二六一三			
名溪尾	七〇番畑	二〇六二			
興直堡三	五八番畑		六八七		承父業
重埔庄土	五九番畑		二三七四		
名份仔尾	六〇番畑		二二〇七		
興直堡三	四五〇番ノ一田			五一七	分地後保持共業
重埔庄土 名溪尾	四五〇番ノ二田			三七〇	
	四五一番畑			一六六七	
合計百分比		六〇三八 四三・四％	五二六八 三八・四％	二五五四 一八・二％	甲分厘毫絲 一三八六〇

附件一　業主權保存登記申請書〔註135〕

土地表示	末尾記載ノ通
登記ノ目的	業主權保存登記
課稅標準	價格金九百六拾八圓也。
登記稅	金貳圓九拾壹錢也
申請條項	臺灣土地登記規則第五條，不動產登記法第百五條第壹號
添付書類	土地壹帳謄本壹通，申請書副本

右登記申請候也。

〔註134〕 附「明細表」係就前項「合約字」所載明細製成，以利參考。合計部分所列葉英與葉集，各人分得以及共業部分之百分比，此中葉英部分，多得 5.0％，原因待考。

〔註135〕 （一）附件一為葉英於同年十二月檢同相關之證件，向臺北地方法院提出業主權保留之申請書。（二）原件為八開大，經官方登記，蓋有「登記規註釋著者印」之有版權用紙明治三十八年七月四日第四五五四號著作權登錄，印有「著作者指定發行兼印刷人，村田孝光」以及印刷所等名字。尺寸從略。（三）申請書後面，並詳列地目、面積、地價等。葉英名下並蓋有圓型小印。

明治參拾九年拾貳月貳拾四日

興直堡三重埔庄土名溪尾八拾番地

業主　葉英㊞

臺北地方法院　御中

　　　土地表示

　興直堡三重埔庄土名溪尾第六拾八番

一、畑　壹分參厘六毫六絲

　　　價格：金貳百拾八圓

　　　興直堡三重埔庄土名溪尾第六拾九番

一、畑　貳分六厘壹毫參絲

　　　價格：金四百拾八圓

　　　興直堡三重埔庄土名溪尾第七拾番

一、畑　貳分〇厘六毫貳絲

　　　價格：金參百參拾圓

　　　附件二　登記濟證〔註136〕

　登記濟證用紙（不第六十條第二項）

街庄名又ハ土名	土地番號	登記番號	順位番號	街庄名又ハ土名	土地番號	登記番號	順位番號
溪尾	六八	二二六	一				
仝	六九	二二七	一				
仝	七〇	二二八	一				
申請書受附年月日	明治卅九年十二月廿八日						
受附番號	第一三二五一號						
右明治卅九年十二月廿八日登記濟　　㊞							

〔註136〕附件二為註134申請案件之「登記濟證」受附番號一三二五，原件為十六開官方用紙，上面並蓋有「臺北地方法院」之大印，以及長方型之印於騎縫處，尺寸從略，中間空白部分，在此略去三行。

附件三　登記濟證〔註137〕

登記濟證用紙（不第六十條第二項）

街庄名 又ハ土名	土地番號	登記番號	順位 番號	街庄名 又ハ土名	土地番號	登記番號	順位 番號
	土地全部		二				

五八、溪尾庄蓮谿葉志系古契（16）

起耕典田字　葉偉梧兄弟出典土地之合約〔註138〕

立起耕典田契字人葉偉梧仝葉^{清場}_{寄生}，有承祖父遺下水田貳段，東至溝外路為界，西至溝岸為界，南至楊^{坤地}_矮田為界，北至葉滄浪田為界，四至界址明白，經蒙政府土地調查，座落興直堡三重埔庄土名溪尾第四參貳番；一、田六分壹厘七毫貳絲。仝第四參參番ノ壹：一、田貳分貳厘壹毫貳絲。今因乏銀別用，原將此貳段水田，出典於人，爰托中引向與葉^{媽求}_{媽塗}〔註139〕二人出首承典。

仝中三面言定，時值典契龍銀壹千貳拾大圓正，其銀契即日仝中交收足訖。隨即踏明界址，付銀主掌管，或贌佃，抑或自耕，收租納課，不敢阻擋。其業典限拾年：自明治參拾九年拾貳月參拾日起，至明治四拾九年拾貳月參拾日迄、限滿之日，若要贖契，宜於八月十五中秋前，先送回頭定銀貳拾貳圓為憑。餘候屆期冬至前，備足契內龍銀清還，取贖之日，銀交契返，兩不得刁難。如是屆年無銀取討，依舊照字內章程，原付銀主掌管，收租抵利，永不敢異言生端滋事。保此水田，係是葉偉梧仝葉^{清場}_{寄生}三人，承祖父為持分之業，與房親人等無干，亦無重張典掛他人財物，以及上手來歷交加不明為碍，如有等情，偉梧仝^{清場}_{寄生}三人出首，一力抵當，不干銀主之事。

〔註137〕附件三為，註134之保留申請與註135之「登記濟」後，依其繼承之順位，獲得全部土地之權益證明，原件為十六開官方用紙。尺寸從略，空白部分，略去九行，又：以上原契連同附件，並接後文六一號契。

〔註138〕（一）本契原件為八開大二四行箋，文字共占一大張半，尺寸從略。（二）原件為小宗葉長泰諸子偉梧、清場、寄生（譜名「清壁」。）三人參閱前揭「志系世系表」於明治三十九年，持其承祖父有本遺下土地二筆參閱前揭四五號契四房部份向葉媽求、媽塗兄弟，胎借典銀之合約字。但合約字內容，並非單以「地契」為胎，而係實質將耕地一併移轉與貸方使用，因題為「起耕典田字」。（三）原件在秉筆人，為中人、知見人、立字人等名下，均各蓋有圓型之小印，唯葉寄生名下為長卵型之印。另騎縫處，亦各蓋有同上諸印。

〔註139〕葉媽求、媽塗，世系待考。

　　此係仁義交關，二比喜諾，各無反悔，口恐無憑，筆則有據，立起耕典田契字壹紙，並繳丈單壹紙，又保存濟證壹紙，計共參紙，付執為炤。

　　即日全中偉梧、全清場寄生收過典田契字內龍銀壹千貳拾大圓正完足，再炤。

一、批明其契內銀，葉媽求應份承典六百捌拾圓，葉媽塗應份承典參百四拾圓，合共契面龍銀壹千貳拾圓正以內，聲明炤。

一、批明其水田貳段，葉偉梧持分五分，應得參分之額，質典銀六百六拾圓。葉清場寄生二人，五分應得貳分之額，質典銀參百六拾圓，三人共計對出葉媽求媽塗典出壹千貳拾圓正。若是屆限之年，贖契之日，不得應份取討，須當備足契內銀清還銀主，贖回原契，以上聲明，批炤。

秉筆人　　林渭臣㊞

為中人　　李顏成㊞

在場知見人長男葉飾裘㊞〔註140〕

葉偉梧㊞

立起耕典田契字人　葉清場㊞

葉寄生㊞

明治參拾九年拾貳月參拾日

　　附件一　登記濟證〔註141〕

　　登記濟證用紙（不第六十條第二項）

街庄名又ハ土名	土地番號	登記番號	順位番號	街庄名又ハ土名	土地番號	登記番號	順位番號
溪尾	四三二	三一五	一				
	四三三ノ一	三一六	一				

申請書受附年月日	明治四八年四月二三日
受附番號	第二八二二號

右明治　年　月　日登記濟　㊞

〔註140〕葉飾裘，為偉梧之長男，但《族譜》誤作次男。

〔註141〕註137「典字」中段有云：「丈單壹紙，又保存濟證壹紙」，未見傳下。本件為四〇年四月二三日之順位「登記濟證」受附番號二八二二。唯登記時，已距註137之「典字」，相去四閱月，原因未詳。原件為十六開官方用紙，上面並蓋有臺北地方法院之大印，尺寸從略，中間之空白部分，略去四行。

附件二　業主權保存登記申請書〔註142〕

土地表示	末尾記載ノ通
登記ノ目的	業主權保存登記
課稅標準	價格金壹千貳百貳拾玖圓拾六錢
登記稅	金參圓六拾九錢
申請條項	臺灣土地登記規則第五條　不動產登記法第百五條第壹號
添付書類	土地臺帳謄本貳通、申請書副本。

　　右登記申請候也。

明治四拾年四月貳拾四日

　　　　　　　　　　興直堡三重埔庄土名溪尾參百七拾五番地

　　　　　　　登記共業者持分五分ノ參　葉偉梧㊞

　　　　　　同所同番地

　　　　　　　登記共業者持分五分ノ壹　　葉清場㊞

　　　　　　同所同番地

　　　　　　　登記共業者持分五分ノ壹　　葉寄生㊞

　臺北地方法院御中

　　　　土地表示

　興直堡三重埔庄土名溪尾第四參貳番

一、畑　六分壹厘七毫貳絲

　　價格：金八百九拾四圓九拾四錢

　　興直堡三重埔庄土名溪尾第四參參番ノ壹

一、田　貳分貳厘壹毫貳絲

　　價格：金參百參拾四圓貳拾貳錢

　　　　以上

〔註142〕　（一）附件二為註137「典字」所列土地，為胎借設典以後，由借方葉偉
　　　梧等三人，提出之「業主權保存」申請，詳列各人共業之株分，以及地目、
　　　面積、地價等，向地方法院提出。（二）原件用紙，參閱前揭五七號契註134
　　　之（二）。原件並分別蓋有二圓型小印與一卵型小印。

附件三　土地設定登記〔註143〕

申請書受附年月日	明治四〇年四月二六日
受附番號	第二八八八號
登記權利者ノ住所氏名	葉媽求外一人
登記名義人カ多數ナル場合二於テ其一部カ登記義務者ナルトキハ登記義務者ノ氏名住所	
登記原因及ビ其日附	明治　年　月　日典契字
登記ノ目的	典權設定

右明治　年　月　日登記濟　印

附件四　登記濟證〔註144〕

街庄名又ハ土名	土地番號	登記番號	順位番號	街庄名又ハ土名	土地番號	登記番號	順位番號
溪尾	四三二	三一五	一				
	四三三ノ一	三一六	一				

申請書受附年月日	明治四〇年四月二六日
受附番號	第二八八八號

右明治　年　月　日登記濟　印

五九、溪尾庄葉志系古契（17）

杜賣盡根契　葉滄浪承買總服族人土地合約〔註145〕

〔註143〕（一）附件三為前項註137「典字」，成立設定抵押後，貸方葉媽求與媽塗，檢同前項相關文件與「典字」，向地方法院，設定典權之「登記濟」，受附番號二八八八。原件上面並蓋有「臺北地方法院」大印。（二）原件為十六開官方用紙，尺寸從略。

〔註144〕附件四為貸方向地方法院設定典權同日，發出與借方之順位「登記濟證」，受附番號仍為二八八八。原件用紙同註140。中間之空白部分，略去四行。

〔註145〕（一）本契原件為八開大二十四行箋寫成，共佔一大張，尺寸從略。（二）原件為葉滄浪承買其高曾關係，次房原龍（又名有龍）子順安後神助一房土地之合約參閱前揭「志系世系表」。土地之來源，據文字說明，係「承祖父遺下」，概見原由其父壬癸承自祖父順安，上溯原龍參閱前揭四一號契與《彙編》十二號契但原龍以後之分產情形不詳。唯壬癸傳有三子，為油、心皰、神助。神助與買主滄浪，為同高祖而出於渡臺祖葉志公，屬於緦麻之三從兄弟。（三）原件在代書人名下，蓋有圓型小印，為中人，立字人用長方型小印，知見人名下以指模代印。契字之右上方並蓋有「管怐」二字之卵型小印，為驗契所蓋。

　　立杜賣盡根契人臺北廳興直堡三重埔庄土名溪尾參百七拾六番地葉神助，有承祖父遺下埔畑一所，座落興直堡三重埔庄土名份仔尾，東至大港底為界，西至塚地為界，南至葉選葉材〔註146〕、葉集〔註147〕畑為界，北至葉滄浪畑為界，四至界址敘明，土地表示七〇番二則畑，甲數壹分四厘四毫八絲，地租金壹圓五拾九錢。七壹番二則畑，甲數五分參厘壹毫六絲，地租金五圓八拾五錢。七貳番二則畑，甲數四分九厘八毫壹絲，地租金五圓四拾八錢。貳八七番二則畑，甲數八厘四毫，地租金九拾貳錢。今因乏金別用，願將此畑賣渡他人，先問至親人等，不欲承受。外托中引就與仝廳興直堡三重埔庄土名溪尾參百七拾五番地葉滄浪出首承買。

　　三面議定，時值業價金壹千參百大圓正，金即日全中交葉神助親收足訖。其畑隨即踏明界址，付葉滄浪前來掌管，永為己業。一賣千休，四至界內，寸土無留。日後，神助及子子孫孫，不敢言找贖之事。保此畑係神助承祖父遺下之業，與房親人等無干，亦無重張典借他人以及來歷交加不明為碍。如有不明情幣，神助出首一力抵當，不干買主之事。

　　此係二比甘願，各無反悔，口恐無憑，筆乃有據：立杜賣盡根契壹紙，併繳土地臺帳謄本四紙，計共五紙，付執為炤。

　　即日葉神助全中親收過杜賣盡根契內業價金壹千參百大圓正完足，再炤。
　　登記濟證壹通

代書人　　　葉偉梧㊞

為中人　　叔葉桶匏印〔註148〕

在場知見人　母陳氏盡㊞

立杜賣盡根契人　　葉神助印

明治參拾九年拾貳月貳拾六日

　　附件一　　登記濟證〔註149〕

　　登記濟證用紙（不第六十條第二項）

〔註146〕葉選、葉材，大宗有本子三陽之後，參見前揭「志系世系表」。

〔註147〕葉集，同上三陽長子清潭之後。

〔註148〕葉桶匏，系出待考。

〔註149〕附件一為註144之土地交易成立，由買方持一干相關之契字與臺帳，向臺北地方法院申請辦理過戶之登記後，由官方發給之「登記濟證」。（一）原件為十六開之官方用紙，受附番號一三〇三三。原件並蓋有「臺北地方法院」之大印，尺寸從略，空白部分略去二行。（二）原件之登記日期，較原合約字之「十二月二十六日」提早一日為「二十五日」，則疑交易時，依口頭約束，先行辦妥登記過戶，然後，正式簽約使然。

街庄名又ハ土名	土地番號	登記番號	順位番號	街庄名又ハ土名	土地番號	登記番號	順位番號
份仔尾	七〇	二五二	二				
	七一	二五三	二				
	七二	二五四	二				
	二八七	二五五	二				
		以上					
申請書受附年月日	明治卅九年十二月二五日						
受附番號	第一三〇三三號						

右明治卅九年十二月二五日登記濟　印

六十、溪尾庄蓮谿葉志系古契（18）

杜賣契字　葉滄浪承買大功族親土地合約〔註150〕

（原件失傳）

附件一　業主權保存登記申請書〔註151〕

土地表示	末尾記載ノ通：四筆
登記ノ目的	業主權保存登記
課稅標準	價格金四百六圓五拾八錢也
登記稅	金壹圓貳拾貳錢也
申請條項	臺灣土地登記規則第五條不動產登記法第百五條第壹號
添付書類	土地臺帳謄本四通，申請書副本

右登記申請候也。

明治四拾年拾月八日

興直堡三重埔庄土名溪尾參百七拾五番地

亡業主葉選ノ長男相續人持分貳分ノ壹　葉　恩 印

〔註150〕（一）本契原件未見傳下，唯由後附相關附件四件之內容研判，應為一「杜賣契字」。（二）立字人為葉滄浪本宗叔祖之三子材又名「財」。與次子選之長子恩（譜名「溫」參閱前揭「志系世系表」。）蓋土地為此二人共有之業，由此，疑係並承自上代所遺以外，餘亦無從窺見。

〔註151〕附件一為註149土地之「業主權保存登記」，葉恩與葉材各持分「二分之一」云，葉恩部分，並注明為「亡業主葉選，長男相續人持分貳分ノ壹」云，應係葉選生前與葉材共有。由此，為達成賣地之目的，恩乃提出相續之申請，保留其業主權。原件為八開用紙，參閱前揭五七號契註134之（二）。原件並分別蓋有二人之小印，一為圓型，一為長方型。

興直堡三重埔庄土名溪尾參百八拾番地

持分貳分ノ壹　葉　材㊞

臺灣地方法院　御中

土地表示

興直堡三重埔庄土名溪尾　　參百四拾九番

一、建物敷地　　六厘九毫六絲

價格：金九拾五圓六拾四錢

興直堡三重埔庄土名溪尾　　參百四拾八番

一、畑　　八厘壹毫八絲

價格：金百拾參圓五拾六錢

興直堡三重埔庄土名溪尾　　參百四拾七番

一、建物敷地　　參厘四毫七絲

價格：金四拾五圓六拾八錢

興直堡三重埔庄土名溪尾　　參百貳拾八番

一、畑　　壹分〇厘〇毫九絲

價格：金百五拾壹圓七拾錢。

附件二　登記濟證〔註152〕

街庄名又ハ土名	土地番號	登記番號	順位番號	街庄名又ハ土名	土地番號	登記番號	順位番號
溪尾	三四九	三二五	一				
	三四八	三二六	一				
	三四七	三二七	一				
	三二八	三二八	一				
申請書受附年月日	明治四〇年十二月八日						
受附番號	第五六三七號						
右明治　年　月　日登記濟　㊞							

〔註152〕附件二為註152申請同日，由官方發給之「登記濟證」，受附番號五六五七，
順位第一。上面並蓋有「臺北地方法院」大印，原件為十六開，尺寸從略，
空白部分，略去二行。

附件三　分戶登記 〔註153〕

街庄名 又ハ土名	土地番號	登記番號	順位 番號	街庄名 又ハ土名	土地番號	登記番號	順位 番號
		分戶	二				

附件四　業主權移轉登記證 〔註154〕

申請書受附年月日	明治四〇年一〇月九日
受附番號	第五六八三號
登記權利者ノ住所氏名	葉滄浪
登記名義人ヵ多數ナル場合ニ於テ其一部ヵ登記義務者ナルトキハ登記義務者ノ氏名住所	
登記原因及ビ其日附	明治　年　月　日杜賣契字
登記ノ目的	業主權移轉

右明治　年　月　日登記濟 囝

六一、溪尾庄蓮谿葉志系古契（19）

杜賣盡根契字　葉滄浪承買大功族親葉集昆仲共業地之合約 〔註155〕

立杜賣盡根契字人 葉集 葉英 〔註156〕 有承祖父遺下之業壹所，土地表示末尾記載，以後明白。今因乏銀別用，托中引就，向與葉滄浪出首承買。

當日三面議定，依時值杜賣盡根業價，金參百六圓正，金即日全中交收足訖。愿將此業隨即踏明界址，交付買主前去掌管，收租納課，永為己業。自此一賣千休，寸土無留。日後，集英子孫，不敢言及找贖，異言生端滋事。保此業

〔註153〕 附件三為「分戶」登記。原件為十六開，空白部分從略。

〔註154〕 附件四為註149之土地交易成立後，由買方於次日之十月初九日，向地方法院辦理「業主權移轉」之過戶登記。受附番號五六八三。原件並蓋有「臺北地方法院」之大印，原件為十六開官方用紙，尺寸從略。

〔註155〕 （一）本契原件由八開二十四行箋寫成，尺寸從略，共佔一大張。（二）原件為前揭五七號「合約字」之葉集兄弟，於明治三十八年（1905）六月，分別相續其父葉潭遺下土地，至此經過七年，將上次分地時保留為共業之三筆田畑，出賣與同曾祖從祖兄弟葉滄浪之「契字」。由此，五七號契亦為本次交易之「上手字」。本件則為同系列之「下手契」。（三）原件在立字人名下，各蓋有圓型小印。但未見其他代筆人與知見等第三者與會立券，原因不詳。契上，原貼有印花四枚，三枚已失，殘存一枚，面額為十錢。

〔註156〕 立字人關係，參閱五七號契附「世系諸關係表」。

係是葉^集_英承祖父遺下之業，與別房親疏人等無干，亦無典掛他人以及來歷交加不明為碍，如有不明為碍情蔽〔弊〕，^集_英出首一力抵當，不干買主之事。

此係二比喜悅甘愿，各無反悔，口恐無憑，今欲有據，立杜賣盡根契字壹紙，付繳保存，登記濟壹通，付執為炤。

即日全中親收過杜賣盡根契字內金參百六圓正完足，再炤。

立杜賣盡根契字人　葉集㊞
葉英㊞

明治四拾五年壹月拾六日

　　　　土地表示〔註157〕

　　興直堡三重埔庄土名溪尾第四五〇番ノ壹

　　　　第四五〇番ノ壹

一、田：四厘九毫六絲

　　興直堡三重埔庄土名溪尾

　　　　第四五〇番ノ貳

一、田參厘七毫九絲

　　興直堡三重埔庄土名溪尾

　　　　第四五壹番

一、田壹分六厘六毫七絲

　　　　以上

　　附件一　登記濟證〔註158〕

　（原件缺，格式見附件三）

　　附件二　業主權移轉登記〔註159〕

申請書受附年月日	明治四五年一月五日
受附番號	第二五七〇號
登記權利者ノ住所氏名	葉滄浪

〔註157〕土地表示並參閱五七號契附「分地明細表」。
〔註158〕註154契字原件中有云：「登記濟壹通」未見傳下。
〔註159〕附件二為註154交易成立後，由買方持向臺北地方法院辦理「業主權移轉」之過戶登記受附番號二五七〇。原件為官方十六開用紙，上面蓋有「臺北地方法院」之大印。尺寸從略。

登記名義人ヵ多數ナル場合ニ於テ其一部ヵ登記義務者ナルトキハ登記義務者ノ氏名住所	
登記原因及ビ其日附	明治　年　月　日杜賣契字
登記ノ目的	業主權移轉

右明治　年　月　日登記濟　印

附件三　登記濟證〔註160〕

登記濟證用紙（不第六十條第一項）

街庄名又ハ土名	土地番號	登記番號	順位番號	街庄名又ハ土名	土地番號	登記番號	順位番號
溪尾	四五〇ノ一	九〇三	二				
	四五〇ノ二	九〇四	二				
	四五一	九〇五	二				
申請書受附年月日	明四五年四月十一日						
受附番號	第三八二八號						

右登記濟　印

六二、溪尾蓮谿葉志系古契（20）

杜賣盡根契字　葉滄浪承買堂叔寄生土地字〔註161〕

　　立杜賣盡根契字人葉寄生，有承祖父遺下田畑壹所，座落興直堡三重埔庄土名溪尾，東至大港底為界，西至竹圍腳橫路為界，南至葉偉梧田畑為界，

〔註160〕附件三為「登記濟證」，為同年四月十一日所發，受附番號三八二八。上面並蓋有「臺北地方法院」之大印。為官方之十六開用紙。空白部分略去三行。
〔註161〕（一）本契原件由八開二十四行箋寫成，共占一大張，尺寸從略。（二）原件為葉有本一支，第四房長泰季子寄生（譜名「清壁」）持其承祖父遺下土地四筆，附帶池塘一口，賣與功姪滄浪之「契字」。但原件「契字」，雖祇見寄生為立字人，並由其胞兄偉梧為中人併代書人，土地似屬寄生個人所有。立券交易日期為明治四十一年二月五日，次於二月六日辦妥登記見附件一，並於附件二之登記濟，注明為「土地全部」之第二順位。但附件三之「業主權移轉登記」，卻直至大正二年十二月二十九日，始行辦理，並批明為「持分杜賣契字」以及為「葉寄生外一人」，概見土地似係葉寄生與另外一人共有，為「持分之買賣」性質。故內容尚存頗疑問，無法窺其全部過程。（三）原件在代書人名下，蓋有圓型小印，立字人名下為卵型小印。

北至葉清場田畑為界，四至界址敘明。土地表示，第八壹番四則田，甲數壹分貳厘七毫八絲，地租金壹圓參拾九錢；第八貳番二則畑，甲數壹分參厘五絲，地租金壹圓四拾四錢；第八貳番ノ壹四則田，甲數五厘壹毫八絲，地租金五拾六錢；第八參番二則畑，甲數壹分參厘六毫貳絲，地租金壹圓五拾錢。今因乏金別用，願將此田畑帶坡一口，概行出賣。爰是托中引就與葉滄浪出首承買。

三面議定時值價格，金五百參拾大圓正，金即日同中交寄生親收足訖。其田畑、坡一口，隨即踏明界址，付滄浪前來掌管，永為己業。一賣千休，四至界內，寸土無留，日後寄生及子子孫孫，不敢言找贖之事。其前記第八參畑以外之地，直透港底。倘後日或浮復、或崩壞，概付買主請官設法，與賣主毫無干涉。

此係二比甘願，各無反悔，口恐無憑，筆實有據，即立杜賣盡根契字壹紙，併付土地臺帳謄本壹通，計共貳紙，付執為炤。

即日葉寄生同中親收過杜賣盡根契字內金五百參拾大圓正完，再炤。

為中併代書人　葉偉梧㊞
立杜賣盡根契字人　葉寄生㊞

明治四拾壹年貳月五日

附件一　登記濟證〔註162〕

街庄名又ハ土名	土地番號	登記番號	順位番號	街庄名又ハ土名	土地番號	登記番號	順位番號
	八一	二三五	一				
	八二	二三四	一				
	八二ノ一	三六二	一				
	八三	二三五	一				
申請書受附年月日	明治四十一年二月廿六日						
受附番號	第一四六三號						
右明治　年　月　日登記濟　印							

〔註162〕　附件一為註160交易之登記濟證，土地四筆，池塘一口未見登記。原件為十六開官方用紙，受附番號一四六三，上面並蓋有「臺北地方法院」之大印與合印，空白部分，在此略去二行，尺寸從略。

附件二　登記濟證（二）〔註163〕

街庄名又ハ土名	土地番號	登記番號	順位番號	街庄名又ハ土名	土地番號	登記番號	順位番號
	土地全部						

附件三　業主權移轉登記〔註164〕

申請書受附年月日	大正二年十二月二十九日
受附番號	一四九八六號
登記權利者ノ住所氏名	葉滄浪
登記名義人カ多數ナル場合ニ於テ其一部カ登記義務者ナルトキハ登記義務者ノ氏名住所	葉寄生外一人
登記原因及ビ其日附	持分杜賣契字
登記ノ目的	

右登記濟 　印

六三、溪尾庄蓮谿葉志系古契（21）

杜賣盡根字　葉滄浪承買堂叔土地之合約〔註165〕

立杜賣盡根契字人葉材，有承祖父遺下之業壹所，座落址在興直堡三重埔

〔註163〕附件二為該土地第二順位之「登記濟證」，契上並有合印，日期不詳，空白部
　　　　分略去九行。

〔註164〕附件三為「業主權移轉登記」，日期為大正二年十二月二十九日，距註160之
　　　　立券，已隔六年之久。受附番號一四九八六。上面並蓋有「臺北地方法院」
　　　　之大印，原件為十六開官方用紙，尺寸從略。

〔註165〕（一）本契原件由八開二十四行箋寫成，尺寸從略，共占一大張。（二）原件為
　　　　前揭五一號契「歸管盡根契」立字人葉材又名「財」，復於明治四十五年二月十六
　　　　日以承祖父遺下鬮分所得土地按：此支三陽一系四子之分鬮年代，尚未見鬮書字，分鬮年代
　　　　不詳，共四筆，賣與功姪葉滄浪之交易契字。又，葉財另一次賣地契參見前揭六〇號契。
　　　　（三）原件在為中人與立字人名下，均蓋有大小不同長方型之私章。以及「臺
　　　　北地方法院」之部分合印。另在契上貼有五錢印花四枚，十錢二枚，共四〇錢。

庄土名份子尾第六拾四番畑：六厘六毫八絲。同所第六拾五番畑：貳分貳厘七毫八絲。同所第六拾六番畑：貳分壹厘參毫八絲。同所第貳百八拾五番畑：貳厘九毫壹絲。今因乏金別用，願將此業出賣於人，托中引就向與葉滄浪出首承買。

當日三面議定，依時值杜賣價，金八百圓正。金即日同中交材親收足訖。願將此業隨即踏明界址，交付買主前去掌管，收租納課，永為己業。材自此一賣千休，寸土無留。日後子孫，不敢言及找贖，異言生端滋事。保此業係是材承祖父遺下，應得之業，與親疏人等無干，亦無重張典掛他人，以〔及〕來歷交加不明為碍。如有情蔽〔弊〕，賣主出首一力抵當，不干買主之事。

此係二比喜悅甘願，各無反悔。口恐無憑，今欲有據，立杜賣盡根契字壹紙，併繳保存登記濟壹通，付執為炤。

即日同中親收過杜賣盡根契字內，金八百圓正完足，再炤

為中人　葉偉梧[印]
立杜賣盡根契字人　葉　材[印]

明治四拾五年貳月拾六日

附件一　登記濟證〔註166〕

街庄名又八土名	土地番號	登記番號	順位番號	街庄名又八土名	土地番號	登記番號	順位番號
	六四	二〇三	二				
	六五	二〇四	二				
	六六	二〇五	二				
	二八五	二〇六	二				
申請書受附年月日	明治四五年三月十八日						
受附番號	第二九九六號						
右登記濟　[印]							

〔註166〕附件一為註164土地之「登記濟證」，共列四筆。受附番號二九九六，並蓋有「臺北地方法院」之大印以及合印。原件為十六開官方用紙，尺寸從略。空白部分略去二行。

六四、溪尾庄蓮谿葉志系古契（22）

杜賣盡根契　葉滄浪承買從兄弟之土地合約〔註167〕

立杜賣盡根契字人　葉　恩、葉團圓
葉福壽、葉團結〔註168〕，有承祖父遺下之業壹所，座落址在興直堡三重埔庄土名份仔尾第六拾壹番畑：貳分貳厘五絲。同所第六拾貳番畑：貳分參厘四毫壹絲。同所第六拾參番畑：五厘九毫貳絲。同所第貳百八拾四番畑：貳厘六毫參絲。今因乏金別用，願將此業出賣於人，托中引就向與葉滄浪出首承買。

當日三面議定，依時杜賣盡根契字業價金八百貳圓正，金即日同中交收足訖，願將此業隨即踏明界址，交付買主前去掌管，收租納課，永為已業。自此一賣千休，寸土無留。日後子孫，永不敢言及找贖，異言生端滋事。保此業係是承祖父遺下之業，與別房親疏人等無干。亦無重張典掛他人，以及來歷交加不明為碍。如有情蔽〔弊〕，賣主出首一力抵當，不干買主之事。

此係二比喜悅甘願，各無反悔，口恐無憑，今欲有據，立杜賣盡根契字壹紙，併繳保存登記濟壹通，業主權相續壹紙，付執為炤。

即日同中交親收過杜賣盡根契內金八百貳圓正，完足再炤。

為中人　葉偉梧㊞

立杜賣盡根契字人　葉　恩㊞

同　葉福壽㊞

同　葉團圓㊞

葉團結㊞

右葉團結未成年二付法定代理人母　李氏貴㊞

明治四拾五年貳月拾六日

〔註167〕（一）本契原件由八開大二十四行箋寫成。尺寸從略，共占一大張。（二）原件為葉三陽次男選一系諸子，恩（譜名「溫」）、福壽（譜名「傳壽」）、團圓（譜名「傳圓」）、團結（譜名「傳吉」）等四人，持上代承祖父遺下土地參閱前揭四五號契，價賣與功姪葉滄浪之契字。三陽一支，上次參與有本系大宗四大房之分產，為同治七年二月見四五號契附「鬮分世系表」，故迄今相距四十五年之久，此間似未再次分產，而維持合伙營生。但訂立此契券時，第四子團結尚未成年，故由其母李氏貴為法定代理人。唯三陽另一嗣子葉注，即未參與在內，參閱附「關係表」。（三）原件在葉恩名下，蓋用圓型小印外，餘為中人、立字人、代理人名下，均用長方型小印，契上並見「臺北地方法院」之部分合印。另外，貼有拾錢印花四枚，一錢一枚，共四十一錢。

〔註168〕見附件一、附件二。

附立字人關係表〔註169〕

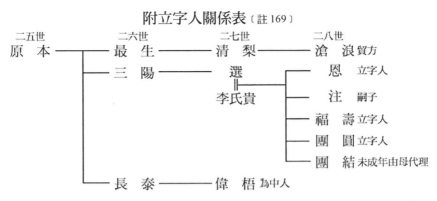

附件一

書類調查濟	
印紙額調查濟	
印鑑對照濟	
見出帳照合濟	
登記簿照合濟	
登記簿ヘ見出帳記入濟	
登記簿トノ校合濟	
見出帳トノ校合濟	
臺帳所管廳通知濟	

業主權相續登記申請書〔註170〕		受付	明治　年　月　日
土地表示	土地壹筆末尾記載ノ通		第　號
登記原因及其目的	明治四拾年三月十一日相續		
登記ノ目的	業主權取得登記　業主權移轉		
課稅標準	價格金八百貳拾圓也		

〔註169〕 關係表並參閱前揭「光系世系表」製成。

〔註170〕 （一）附件一為立字人等四人之持分業主權相續登記申請書。概見係將其父葉選之業，先行相續與自己名下。但登記原因欄註云：「明治四拾年三月十一日相續」，應係前業主死亡之日期，至此始因註166之交易，提出正式之相續登記。其次，此一登記之日期，亦係前述交易之立券以後，並見先行以口頭之約定與立券，然後辦妥登記手續。二原件為八開大「第七號第四種」用紙。共占二大張。相續人名下，均各蓋有同註166（三）之小印，騎縫蓋。另外，並有「臺北地方法院」之部分合印。

登記稅	金拾貳圓參拾錢也
添付書類	申請書副本、戶口調查簿抄本、證明書。

　　　右登記申請候也。

明治四拾五年三月　日

　　　　　　　　　　　　　　興直堡三重埔庄土名溪尾參百七拾五番地

　　　　　　　　　持分四分ノ壹亡業主葉選ノ相續人　葉　恩㊞

　　　　　　　　　　　　　　興直堡三重埔庄土名溪尾參百七拾五番地

　　　　　　　　　持分四分ノ壹亡業主葉選ノ相續人　葉福壽㊞

　　　　　　　　　　　　　　興直堡三重埔庄土名溪尾參百七拾五番地

　　　　　　　　　持分四分ノ壹亡業主葉選ノ相續人　葉團圓㊞

　　　　　　　　　　　　　　興直堡三重埔庄土名溪尾參百七拾五番地

　　　　　　　　　持分四分ノ壹亡業主葉選ノ相續人　葉團結㊞

　　　　　　　　　　　　　　右葉團結未成年ニ　李氏貴㊞

　臺北地方法院　御中

　　　土地表示

　　興直堡三重埔土名份仔尾　第六拾壹番

一、畑　貳分貳厘〇毫五絲

　　　　價格：金參百參拾圓

　　興直堡三重埔庄土名份仔尾　第六拾貳番

一、畑　貳分參厘四毫五絲

　　　　價格：金參百五拾圓

　　興直堡三重埔庄土名份仔尾　第六拾參番

一、畑　五厘九毫貳絲

　　　　價格：金九拾圓

　　興直堡三重埔土名份仔尾　貳百八拾四番

一、畑　貳厘六毫參絲

　　　　價格：金五拾圓

　　　　以上

附件二　登記濟證〔註171〕

街庄名又八土名	土地番號	登記番號	順位番號	街庄名又八土名	土地番號	登記番號	順位番號
	六一	一九九	二				
	六二	二〇〇	二				
	六三	二〇一	二				
	二八四	二〇二	二				
申請書受附年月日	明治四五年三月十八日						
受附番號	第二九九七號						
右登記濟　　印							

附件三　順位登記濟證〔註172〕

街庄名又八土名	土地番號	登記番號	順位番號	街庄名又八土名	土地番號	登記番號	順位番號
	土地	全部	三				

附件四　登記濟證〔註173〕

街庄名又八土名	土地番號	登記番號	順位番號	街庄名又八土名	土地番號	登記番號	順位番號
	六一	一九九	三				
	六二	二〇〇	三				
	六三	二〇一	三				
	二八四	二〇二	三				
申請書受附年月日	明治四五年三月十八日						

〔註171〕附件二為業主權相續後之「登記濟證」，列第二順位，受附番號二九九七。上面蓋有「臺北地方法院」之大印，以及部分合印。原件為十六開官方用紙，在此略去空白二行。

〔註172〕附件三為買方之「順位登記濟證」，列第三順位。原件為十六開官方用紙，上面蓋有「臺北地方法院」之部分合印，空白部分略去七行。

〔註173〕附件四為前項之「登記濟證」，列第三順位。餘參閱註170，並略去空白二行。

受附番號	第二九九九號
右登記濟　印	

附件五　業主權移轉登記〔註174〕

申請書受附年月日	明治四五年三月十八日
受附番號	第二九九九號
登記權利者ノ住所氏名	葉滄浪
登記名義人カ多數ナル場合ニ於テ其一部カ登記義務者ナルトキハ登記義務者ノ氏名住所	
登記原因及ビ其日附	明治　年　月　日杜賣契字
登記ノ目的	業主權移轉
右明治　年　月　日登記濟　印	

六五、溪尾庄蓮谿葉志系古契（23）

信借字　葉滄浪貸款李立之信借字〔註175〕

立信字人李立，今因乏金別用，親向與葉　手內信借出金貳拾貳圓正。其金即日交李立親收足訖。

雙方言定，每年願貼利息金壹圓四拾錢，每年拾壹月七日，自當交納清楚。其借〔金〕不拘年限，聽討聽還，不得刁難。

此係仁義交接，二比甘願，各無反悔，口恐無憑，特立信借字壹紙，付執為旨。

右金員借用及全部領收候也。

大正四年拾壹月七日

臺北廳興真堡三重埔庄土名菜寮四百參拾番地

立信借字人　李立㊞

葉滄浪　殿

〔註174〕附件五為註166土地交易之業主權移轉登記，係買主葉滄浪檢同前項各種相關之文件，同時向地方法院辦理過戶者，受附番號仍為二九九九。並蓋有「臺北地方法院」之大印，原件為十六開官方用紙。

〔註175〕（一）本契原件為八開大二十四行箋寫成，共一大張，但部份空白。（二）原件為李立者向葉滄浪立券借款之「信借字」，唯未見其他任何附件。（三）原件在立字人名下蓋有圓型之小印。另契紙之中間魚尾部份，並印有「大稻程日新街代書人郭尚文用紙」等文字，並見契字係由代書執筆。

六六、溪尾庄蓮豁葉志系古契（24）

胎借字　葉滄浪質地之合約字〔註176〕

立胎借金字人葉滄浪，有應得之業土地壹所，土地表示記載於後明白。今因乏金別用，願將此業為胎出借，托中引就向與柯英手內，借出金貳千圓正。金即日同中交收足訖。

當時三面議定所有約束事項，詳記列明於左：

一、為胎ノ土地表示，記載末尾。

一、債權額：金貳千圓也。

一、辨濟期：大正八年拾貳月拾五日。

一、利息：壹個年谷四拾八石。

一、支拂期：每年七月拾五日貳拾八石八斗及拾壹月拾五日拾九石貳斗。
　　但是法製斗大斗額。

右二比言約谷，該當經風搧淨，不敢濕有抵額，亦不得拖欠升合，言約金借限滿之年，若要取贖，訂於舊曆九月拾五日前，先送定頭金貳百圓為憑，餘候至期備胎借字內金，一齊清還贖回字据〔據〕，各不得刁難。

此係二比喜悅甘願，各無反悔，口恐無憑，今欲有據，立胎借金字壹紙，併買契字貳紙，付執為炤。

　　　　土地表示

興直堡三重埔庄土名份仔尾　　　　第六拾七番

一、畑　參分五厘五毫貳絲

興直堡三重埔庄土名份仔尾　　　　第六拾七番ノ壹

一、田　壹分七厘參毫六絲

〔註176〕（一）本契原件由八開大二十四行箋寫成，尺寸從略。共占二大張半，後面並連附件三紙。（二）原件為葉滄浪持其所有土地十六筆為胎，立券向柯英借款之合約契。典期三年，金額為二千元。時為日大正五年十二月十五日。但在同月之二十日，卻另向同高曾之功叔清場參閱前揭五七號契附「關係世系表」，買入四筆土地，總價六百零五元見後文六七號契。以及次年十一月二十八日，再買入另外一批同族葉恩等六人之土地。參閱後文六八號契。概見典地借銀之目的，為後契之土地投資。（三）原件之立券與人，有為中代筆人葉九治者，此人系出不詳。唯後述之葉清場，於《譜》上註云：又名「九仔」。由此，此一「九仔」與「九治」，如係同一人之異名，則更見前者質地之原因，頗存多項待探討之問題於契字背後。（四）原件在立字人名下，蓋有卵型之小印，為中人名下為長方型小印，各紙之間，並有騎縫蓋，另契上並貼有五十錢印花二枚外，因原件在三年後，已完成還款贖回胎借，故蓋有「胎權抹消」之印。

　　　　興直堡三重埔庄土名份仔尾　　　　第六拾八番
一、畑　壹分五厘貳毫零絲
　　　同所　　　　　　　　　　　　　　　第六拾八番ノ壹
一、田　參分七厘零毫六絲
　　　同所　　　　　　　　　　　　　　　第六拾八番ノ貳
一、田　四厘八毫零絲
　　　同所　　　　　　　　　　　　　　　第六拾九番
一、田　八厘四毫九絲
　　　同所　　　　　　　　　　　　　　　第六拾九番ノ壹
一、田　六厘六毫貳絲
　　　同所　　　　　　　　　　　　　　　第七拾番
一、畑　貳厘六毫參絲
　　　同所　　　　　　　　　　　　　　　第七拾番ノ壹
一、田　壹分壹厘八毫五絲
　　　同所　　　　　　　　　　　　　　　第七拾壹番
一、畑　壹分四厘九毫九絲
　　　同所　　　　　　　　　　　　　　　第七拾壹番ノ壹
一、田　參分參厘貳毫壹絲
　　　同所　　　　　　　　　　　　　　　第七拾壹番ノ貳
一、田　四厘四毫零絲
　　　同所　　　　　　　　　　　　　　　第七拾貳番
一、田　貳分貳厘八毫零絲
　　　同所　　　　　　　　　　　　　　　第七拾貳番ノ壹
一、畑　貳分八厘零毫七絲
　　　同所　　　　　　　　　　　　　　　第貳百八拾六番
一、畑　八厘九毫九絲
　　　同所　　　　　　　　　　　　　　　第貳百八拾七番
一、畑　八厘四毫零絲
　　　　以上
大正五年拾貳月拾日

立胎借金字人　葉滄浪㊞
為中代筆人　　葉九治㊞〔註177〕

柯英〔註178〕殿

以下餘白

附件一　登記經濟〔註179〕

街庄名又ハ土名	土地番號	登記番號	順位番號	申請書受附年月日	大正五年十二月十二日
	土地	全部		受附番號	第一三二八三號
				登記權利者ノ住所氏名	柯英
				登記名義人カ多數ナル場合ニ於テ其一部カ登記義務者ナルトキハ登記義務者ノ氏名住所	
				登記原因及ビ其日附	胎借字
				登記ノ目的	胎權設定
				右登記濟　　㊞	

附件二　領收證〔註180〕

一、金貳千圓也。

　　但此金大正五年拾貳月拾貳日登記受附第一三二八三號順位ノ債權額金，辨濟清還贖回字據ノ炤。右正ニ領收候也。

　　大正　年　月　日

領收人　柯　英

葉滄浪　殿

〔註177〕葉九治：出系待考。

〔註178〕柯英：待考。

〔註179〕附件一為註175胎借字之設定胎權。係於前項借款之契約成立後，由貸方持契向地方法院申請登記設定者，原件為十六開官方用紙，受附番號一三二八三。上面並蓋有「臺北地方法院」之大印，以及部分合印，尺寸從略。

〔註180〕附件二原件為八開二十四行箋，文字共占半張，未填明確日期。但卻為註175契約於期滿後，借方還清債務，而由貸方開出之「領收證」。領收人名下，蓋有圓型小印。另上面並貼有一錢、二錢印花各一枚。以及蓋有「胎權抹消」之印。

附件三　胎權抹消登記證〔註181〕

街庄名又ハ土名	土地番號	登記番號	順位番號	街庄名又ハ土名	土地番號	登記番號	順位番號
		土地全部					
		胎權抹清					
申請書受附年月日	大正九年一月九日			受附番號	第二一八號		

右登記濟　　㊞

六七、溪庄尾蓮谿葉志系古契（25）

杜賣盡根契字　葉滄浪承買從叔清場土地之合約〔註182〕

立杜賣盡根契字人葉清場，有承祖父遺下應得之業壹所，土地表示記載於後。現因乏金別用，願將此業出賣與人。爰足托中引就，向與葉滄浪出首買受。

當時同中三面議定，依時值杜賣盡根價格，金六百五圓，其金即日同中交收足訖。願將此業隨即踏明界址，交付買主前往掌管，收租納課，永為己業，從此一賣千休，寸土無留。日後子孫，永不敢言及找贖，藉端滋事。

此係二比喜願，各無反悔，口恐無憑，今欲有據，特立杜賣盡根契字壹紙，付執為炤。

土地表示

興直堡三重埔庄土名溪尾　第七七番

一、畑　壹分五厘〇毫壹絲

興直堡三重埔庄土名溪尾　第七八番

〔註181〕附件三為前項胎借之原因消滅後，由地方法院註消登記，發與原業主葉滄浪之證件受附番號二一八，原件為十六開官方用紙。上面並蓋有「臺北地方法院」之大印，以及部分合印。尺寸從略，唯空白部分在此略去五行。

〔註182〕（一）本契原件由八開二十四行箋寫成，文字共占一大張半，尺寸從略。（二）原件為葉清場持其承祖父參閱前揭四五號契四房部分遺下土地，價賣與功姪葉滄浪之合約字。原件之現已出現者，祇本契一份，餘附帶之文件未見。（三）原件在立字人與代書人名下，均蓋有圓型小印，以及一三七〇三之號碼，而後文六八號契上面所蓋相同，原因待考。另外，契上貼十錢印花二枚，五錢、三錢、二錢、一錢各一枚，共三十一錢。

一、田　壹分六厘四毫〇絲
　　興直堡三重埔庄土名溪尾　第七九番
一、田　壹分貳厘〇毫八絲
　　興直堡三重埔庄土名溪尾　第七九番ノ壹
一、田　參厘壹毫四絲
　　以上此賣渡代金六百五圓也。
大正五年拾貳月貳拾日
　　　　　　　　　　　　　立杜賣盡根契字人　葉清場㊞
　　　　　　　　　　　　　　　　代書人　林榮九㊞

　　買主　葉滄浪　殿

六八、溪尾庄蓮谿葉志系古契（26）

　　杜賣盡根契字　葉滄浪承買堂兄弟葉集等共有地之合約〔註183〕

　　立杜賣盡根契字人葉 集、葉 恩、葉團圓 材、葉福壽、葉團結〔註184〕，有應得之業壹所，土地表示記載末尾。今因乏金別用，願將此業出賣於人。托中引就向與葉滄浪出首承買。

　　當時三面議定，依時值杜賣盡根業價，金壹千五拾圓正。金即日同中交收足訖，願將此業隨即踏明界址，交付買主前去掌管，收租納課，永為己業。自

〔註183〕（一）本契原件由八開二十四行箋寫成，共占二大張，部分空白，尺寸從略。（二）原件為葉滄浪承買同曾祖關係之叔祖、三陽後裔共有土地之契字。三陽為大宗有本之第三房，傳有三子以及一嗣子見前揭「志系世系表」。但三陽自從參與大宗四大房之分爨見前揭四七號契。以後，其本支之三男一嗣子，再次分產之時間，未見契券留下，然由於長子清潭又名「潭」，係死於日明治三十七年，潭二子：集、英等，則於三十八年共分「承先祖遺下田畑」見前揭五七號契。概見潭在世時，父三陽已亡。並且，已將三陽所遺田畑，進行分業。但嗣子清秀，是否參與分業，即因秀一系，至其子溫、天性二人，譜上血裔已止，溫與天性，前者係選之長男，後者為材之次男，屬過繼承祧者，概見此支，應止於秀。當然，也就未預分業。其次，三陽諸子，行小宗分產時，似尚留共業之田畑一批，共業之名義不詳。本契之原件，即為小宗三房，長潭之子集，次房選四子恩譜名「溫」外三人，以及三房材又名「財」等，將此批土地處分，賣與葉滄浪之買賣合約。過程與處理之方式，甚為複雜。相關之附件以及上手契，共計十件。此中，附件六，應為另一宗交易之「賣契」，但因係連帶發生之系列性買賣，故併為附件，以利過程之瞭解。（三）原件在葉集、葉恩名下，蓋有圓型小印，其餘葉材等四人用長方型小印。並有騎縫蓋。以及地方法院之部分合印，與一三七〇三之號碼。另契上貼十錢印花五枚、五錢一枚，共五十一錢。

〔註184〕葉恩等四人，參閱前揭六三號契附「立字人關係表」。

此一賣千休，寸土無留，日後子孫，不敢言及找贖，異言生端滋事。

　　此係二比喜愿，各無反悔，口恐無憑，今欲有據，立杜賣盡根契字壹紙，付執為炤。

　　即日同中親收過杜賣盡根契內金壹千五拾圓正足訖，炤。

　　　土地表示

興直堡三重埔庄土名份仔尾　　　　　　第七拾參番
一、畑　貳分四厘〇毫八糸
　　興直堡三重埔庄土名份仔尾　　　　　第七拾參番ノ壹
一、田　壹分六厘六毫貳糸
　　興直堡三重埔庄土名份仔尾　　　　　第七拾四番
一、畑　八厘六毫七糸
　　興直堡三重埔庄土名份仔尾　　　　　第七拾四番ノ壹
一、田　貳分〇厘參毫壹糸
　　興直堡三重埔庄土名份仔尾　　　　　第七拾四番ノ貳
一、田　貳厘四毫貳糸
　　興直堡三重埔庄土名份仔尾　　　　　第七拾五番
一、田　四厘五毫參糸
　　興直堡三重埔庄土名份仔尾　　　　　第七拾五番ノ壹
一、田　壹厘貳毫四糸
　　興直堡三重埔庄土名份仔尾　　　　　第貳百八拾八番
一、畑　九厘〇毫八糸
　　以上
大正六年拾壹月貳拾八日

　　　　　　　　　　　　　　　立杜賣盡根契字人　葉　集㊞
　　　　　　　　　　　　　　　　　　　　　　　葉　材㊞
　　　　　　　　　　　　　　　　　　　　　　　葉　恩㊞
　　　　　　　　　　　　　　　　　　　　　　　葉福壽㊞
　　　　　　　　　　　　　　　　　　　　　　　葉團圓㊞
　　　　　　　　　　　　　　　　　　　　　　　葉團結㊞

葉滄浪　殿
　　以下餘白

附件一　登記濟證〔註185〕

街庄名又八土名	土地番號	登記番號	順位番號	街庄名又八土名	土地番號	登記番號	順位番號
	七三	八五七					
	七三－一	一二一四					
	七四	八五八					
	七四－一	八五九					
	七四－二	一二一五					
	七五	八六〇					
	七五－一	一二一七					
	二八八	八六一					
申請書受附年月日	大正六年十一月三十日			受附番號	第一二〇四六號		

右登記濟　　印

附件二　業主權保存登記申請書〔註186〕

土地表示	末尾記載ノ通
登記ノ目的	業主權保存登記
課稅標準	價格金壹千壹百拾六圓也
登記稅	金參圓參拾五錢也
申請條項	相續未定地整理規則第一條　不動產登記法第百五條第壹號
添付書類	申請書副本、戶口抄本、子孫系統證明書、委任狀、土地臺帳謄本

右登記申請候也

〔註185〕附件一為註182原件所表示八筆土地之「登記濟證」。（一）日期為訂立契字後二日提出者，受附番號一二〇四六號。但立字人等六名，由於土地屬於共業，擁有之株分不同，登記時並提出後附附件三之「業主權保存登記申請書」。（二）原件為十六開官方用紙，上面蓋有「臺北地方法院」之大印，以及部分合印。尺寸從略。

〔註186〕附件二：（一）原件為明治四十五年五月間，由於葉選之死，遺有一批土地，與其他二房葉材、葉集。共業，而向地方法院提出「業主權保存」之相續登記。此一批土地共五筆，亦列註182賣字之內。由此，並以上手契身分，成為附件，隨土地行動。（二）原件為八開「業主權保存登記申請書用紙」由日人水川佐美治者所印發，尺寸從略。原件在葉恩、葉集名下，蓋用圓型小印，其餘四人為長方型小印。並有騎縫蓋與部分地方法院之合印。

明治四十五年五月　日

　　　　　　　　興直堡三重埔庄土名溪尾參百七拾五番地

　　　　　　　　　　持分九分ノ壹亡業主葉選ノ相續人　葉　　恩㊞

　　　　　　　　興直堡三重埔庄土名溪尾參百七拾五番地

　　　　　　　　　　持分九分ノ壹亡業主葉選ノ相續人　葉福壽㊞

　　　　　　　　興直堡三重埔庄土名溪尾參百七拾五番地

　　　　　　　　　　持分九分ノ壹亡業主葉選ノ相續人　葉團圓㊞

　　　　　　　　興直堡三重埔庄土名溪尾參百七拾五番地

　　　　　　　　　　持分九分ノ壹亡業主葉選ノ相續人　葉團結

　　　　　　　　　　右葉團結未成年者ニ付法定代理人　李氏貴㊞

　　　　　　　　興直堡三重埔庄土名溪尾參百八拾番地

　　　　　　　　　　　　　　　　持分九分ノ四　葉　　材㊞

　　　　　　　　興直堡三重埔庄土名溪尾六拾壹番地

　　　　　　　　　　　　　　　　持分九分ノ四　葉　　集㊞

　　　　　　　　興直堡三重埔庄土名溪尾三百七拾五番地

　　　　　　　　　　　　　　持分九分ノ一　右代理人　葉　　恩㊞

臺北地方法院　御中

　　　　土地表示

　　　興直堡三重埔庄土名份仔尾　第七拾參番

一、畑　四分〇厘七毫〇糸

　　價格：金五百貳拾圓

　　　　　　　　　　　　第七拾四番

一、口　（缺詳）

　　價格：（缺詳）

　　　　　　　　　　　　第七拾四番ノ壹

一、口　（缺詳）

　　價格：（缺詳）

　　　　　　　　　　　　第七拾五番

一、口　（缺詳）

　　價格：（缺詳）

　　　　　　　　　　　　第貳百八拾八番

一、畑　九厘〇毫九糸

　　價格：金壹百零六圓

　　以上

　　附件三　登記濟證〔註187〕

街庄名又ハ土名	土地番號	登記番號	順位番號	街庄名又ハ土名	土地番號	登記番號	順位番號
	七三	八五七	一				
	七四	八五八	一				
	七四二	八五九	一				
	七五	八六〇	一				
	二八八	八六一	一				
		以上					
申請書受附年月日	明治四五年五月十八日			受附番號	第六一三四號		

右登記濟　㊞

　　附件四　業主權保存登記申請書〔註188〕

土地表示	末尾記載ノ通
登記ノ目的	業主權保存登記
課稅標準	價格金貳百六圓也
登記稅	金六拾貳錢也
申請條項	相續未定地整理規則第一條　不動產登記法第百五條第壹號
添付書類	申請書副本、戶口抄本、子孫系統證明書、土地臺帳謄本、委任狀

　　右登記申請候也

明治四十五年五月　日

〔註187〕附件三為註185之「登記濟證」，列第一順位，受附番號六一三四。上面並蓋
　　　　有「臺北地方法院」大印，以及部分合印。原件為十六開官方用紙，尺寸從
　　　　略，空白部分略去一行。

〔註188〕附件四為註186之登記時，葉恩等四人，同時並申請另一筆第七十三番之共
　　　　業持分土地，為「業主權相續登記」。原件用紙同附件二，原件在葉恩名下，
　　　　蓋圓型小印，其餘三人（內法定代理人一）用長方型小印。上面並有騎縫蓋
　　　　以及地方法院之部分合印。

興直堡三重埔庄土名溪尾參百七拾五番地

   持分四分ノ壹亡業主葉選ノ相續人　葉　恩㊞

興直堡三重埔庄土名溪尾參百七拾五番地

   持分四分ノ壹亡業主葉選ノ相續人　葉福壽㊞

興直堡三重埔庄土名溪尾參百七拾五番地

   持分四分ノ壹亡業主葉選ノ相續人　葉團圓㊞

興直堡三重埔庄土名溪尾參百七拾五番地

   持分四分ノ壹亡業主葉選ノ相續人　葉團結

   右葉團結未成年ニ付法定代理人　李氏貴㊞

興直堡三重埔庄土名溪尾參百七拾五番地

    右兼代理人　葉　恩

臺北地方法院　御中

  土地表示

  興直堡三重埔庄土名溪尾 第七拾參番

一、田　壹分五厘〇毫六糸

  價格：金貳百六圓

  （空白）

       代書人　李榮九

附件五　登記濟證 [註189]

街庄名又ハ土名	土地番號	登記番號	順位番號	街庄名又ハ土名	土地番號	登記番號	順位番號
	七三	九二一	一				
			以上				
申請書受附年月日	明治四十五年五月十八日						
受附番號	第六一三五號						
右登記濟　㊞							

[註189] 附件五為註187土地之「登記濟證」，受附番號六一三五。上面並蓋有「臺北地方法院」之大印，以及部分合印。原件用紙同註186。在此並略去空白五行。

附件六　杜賣盡根契字〔註 190〕

　　立杜賣盡根契字人^{葉　恩、葉團圓}_{葉福壽、葉團結}，有應得之業壹所，土地記載於明白。今因乏金別用，願將此業出賣於人，托中引就向與葉滄浪出首承買。

　　當時三面議定，依時值杜賣盡（根）業價；九百八拾圓正。金即日同中交收足訖，願將此業隨即踏明界址，交買主前去掌管，收稅納課，永為己業。自此一賣千休，寸土無留，日後子孫，永不敢言及找贖，異言生端滋事。

　　此係二比喜悅甘願，各無反悔，口恐無憑，今欲有據，立杜賣盡根契字壹紙，付執為炤。

　　即日同中親收過杜賣盡根契字內金九百八拾圓正足訖再炤。

　　土地表示

　　　　興直堡三重埔庄土名溪尾　　　　　　第七拾壹番

一、畑　貳分〇厘九毛九糸

　　　　興直堡三重埔庄土名溪尾　　　　　　第七拾貳番

一、田　壹分參厘五毛六糸

　　　　興直堡三重庄土名溪尾　　　　　　　第七拾貳番ノ壹

一、田　七厘參毛壹糸

　　　　興直堡三重埔庄土名溪尾　　　　　　第七拾貳番ノ貳

一、田　參厘六毛〇糸

　　　　興直堡三重埔庄土名溪尾　　　　　　第七拾貳番ノ參

一、田　貳厘七毛〇糸

　　　　興直堡三重埔庄土名溪尾　　　　　　第七拾參番

一、田　壹分貳厘貳毛八糸

　　　　興直堡三重埔庄土名溪尾　　　　　　第七拾參番ノ壹

一、田　貳厘五毛貳糸

　　　　以上

〔註 190〕　附件六：(一)原件仍由八開二十四行箋寫成，尺寸從略，共占一大張半。(二)原件為參與註 182 土地交易之葉恩等四人，於大正八年，復將另一批土地；包括註 187 第七十三番之田等七筆，價賣與同一買主葉滄浪之契券。由此，上述附件四、五，亦以上手字隨同土地移轉，成為本契之附件。但七十三番田之面積與附件四面積不符，原因不詳。(三)原件在賣渡人葉恩名下，蓋用圓型小印，餘三人為長方型小印，契上，並有騎縫蓋以及地方法院之部分合印。另在契上貼有十錢印花四枚、五錢、三錢、一錢各一枚。共四十九錢。

大正八年六月貳拾五日

賣渡人　葉　恩㊞

葉福壽印

葉團圓印

葉團結印

葉滄浪　殿

附件七　登記濟證〔註191〕

街庄名 又ハ土名	土地番號	登記番號	順位 番號	街庄名 又ハ土名	土地番號	登記番號	順位 番號
	七一	六一	三				
	七二	六二	三				
	七二ノ一	九七二	二				
	七二ノ二	九八四	二				
	七二ノ三	一三五三	二				
	七三	九二一	二				
	七三ノ一	一一八八	二				
申請書受附年月日	大正八年七月十四日			受附番號	第七七五一號		
右登記濟　印							

附件八　業主權移轉登〔註192〕

街庄名 又ハ土名	土地番號	登記番號	順位 番號	申請書受附年月日	大正八年七月十四日
土地全部				受附番號	第七七五一號
				登記權利者ノ住所氏名	葉滄浪
				登記名義人ヵ多數ナル場合ニ於テ其一部ヵ登記義務者ナルトキハ登記義務者ノ氏名住所	
				登記原因及ビ其日附	杜賣契字

〔註191〕附件七為上述註189交易之登記濟證。受附番號七七五一，契並蓋有「臺北地方法院」之大印以及部分合印。原件用紙同註186。

〔註192〕附件八為前項交易後，買方持相關契字，向地方法院辦理之「業主權移轉登記證」；受附番號同前，原件並蓋有「臺北地方法院」之大印，以及部分合印。原件為十六開官方用紙。

				登記ノ目的	業主權移轉
				右登記濟　印	

附件九　登記濟證〔註193〕

街庄名又ハ土名	土地番號	登記番號	順位番號	街庄名又ハ土名	土地番號	登記番號	順位番號
	土地全部		二				

六九、溪尾庄蓮谿葉氏古契（27）

借用證　葉滄浪貸金李火貴之借字〔註194〕

一、金貳百圓也。

但借用之金額係是無利，其償還期間按作三次，而第一次償還金八拾圓，限至大正十一年十一月末日，第二次償還金六十圓限至大正十二年四月末日，第三次償還金六拾圓限至大正十二年七月末日，各照期而行，不敢拖延，如有此情，願甘付金主請求執行處分，決無異議，此乃二比喜悅，各無反悔，口恐無憑，特立借用證壹紙，付與金主收執，以為後日之據，存炤。

右借用證候也。

大正拾壹年六月貳拾日

新莊郡鷺洲庄和尚洲樓子厝四百四拾番地

借用人　李火貴㊞
立會人　李水連㊞

金主葉滄浪　殿

七十、溪尾庄蓮谿葉志系古契（28）

土地賃貸借契約書　（田ノ部）葉裕園與弟水草貸地族叔之合約〔註195〕

〔註193〕附件九為同上之「登記濟證」。十六開，空白從略。

〔註194〕（一）本契原件由八開二十行炎寫成。（二）原件為葉滄浪貸金與李火貴之借用證。唯未見其他之任何附件。（三）原件在借用人與立會人名下均各蓋有圓型圖章。另契上並貼十錢印花一枚。並附之以為參考。

〔註195〕（一）本契原件為八開印有各種條文之契約用紙。格式似係日人所規定。文字共占二大張半，後半張為「土地表示」。尺寸從略，（二）原件為葉裕園兄弟與葉玉簫之間，訂立之「租佃合約」。（三）原件在賃貸人名下，各蓋有圓型小印，賃借人蓋用長方型小印，另立會人蓋有 1.8 公分四方之較大公印，以及騎縫蓋。又契上並蓋有「大」字圓型印一方，貼三錢印花一枚。

　　今般賃貸人葉裕園〔註196〕と賃借人葉玉簫〔註197〕と農耕の目的を以て、
土地賃貸借契約を締結すること左の如し：

第一條：賃貸借土地表示は末尾記載の通りとす。

第二條：借賃は壹箇年に付、粉臺斗（官斗六斗を壹石とす）四拾八石〇斗と
　　　　定め、毎年左記條件により納入す。

　　　　一、納入すべき粉は其の年賃借地より收穫したる粉にして、乾燥
　　　　　　精選したるものとす。

　　　　二、借賃は毎年貳期に分納することとし、第壹期は貳拾八石〇斗
　　　　　　を七月末日限りに、第貳期は貳拾石〇斗を十一月末日限りに納
　　　　　　入す。

　　　　三、納付場所は賃借人の居、宅とす。

　　　　四、故意に納期を經過したる爲、損害を生じたる時は賠償をなす
　　　　　　ものとす。

　　　　五、天災地變若くは之に準ねべき事由に因り收穫著しく減少した
　　　　　　るときは、其の程度に從ひ借賃を減免し、又は其の納入を猶豫
　　　　　　するものとす。
　　　　　　賃借人は前項の減免、又は納入猶豫を受けんとする場合は收穫
　　　　　　着手前賃貸人の檢見を求め、其都度當事者に於て之を協定す。

　　　　六、賃借人は不得已事由に因り、粉を以て納むること能は〔わ〕ざ
　　　　　　る場合は納入期に於ける地元の時價に依り、換算したる金額を
　　　　　　以て納入することを得。

第三條：本賃貸借の存期間は、自昭和五年拾貳年貳拾貳日至昭和拾壹年拾
　　　　貳月貳拾壹日、滿六箇年と定め、賃借地の引渡は同年舊曆冬至（十
　　　　二月二十二日）前後に行ふ〔ぅ〕ものとす。
　　　　但し前項の期間滿了當年の舊曆八月中秋當日迄に當事者の一方よ
　　　　り、特に契約解除の意志を表示せるときは同一條件を以て、本契約
　　　　を更新したるものと看〔す〕。

第四條：賃貸借契約期間中と雖も、左の場合は當事者協議の上公正なる借

<hr>

〔註196〕葉裕園：滄浪之長子，以兄捷報失蹤，園出嗣捷報。

〔註197〕葉玉簫：長泰次子清場之後，為裕園同高曾之族叔（參閱前揭「志系世系
　　　　表」）。

賃の增減をなすことを得，但此場合は庄小作協調會の承認を經る
ものとす。

地目變換灌漑、又は排水の設備、防風林の設置、其の他土地改良を
行ひ〔ぃ〕爲に著しく收穫を增加したるとき：

一、但其費用が賃借人の負擔なる場合は、其の限にあらず。

二、賃借人の過失に因らずして土地の一部減少したたるとき。

三、賃借地に對する公租、公課著しく增減したるとき。

第五條：前條借賃の增減をななむとする場合は、一か月□豫告を以て舊曆
八月中秋當日迄に、雙方協議を遂げ、翌年度分より此を實行するも
のとす。

第六條：左の場合賃借人に於て本契約を解除し爲めに損害を生するときは、
雙方協議の上相互き賠償をなすものとす。

但此場合は庄小作協調會の承認を經るものとす。

一、賃借人の怠慢に依り、土地を荒廢せしめたるとき。

二、賃貸人の同意を得すんに地形を變更し、又は賃借物件を目的
以外に使用したるとき。

三、正當の理由なくして借賃の納付遲滯したるとき。

四、賃貸人の同意を得ずして轉貸をなしたるとき。

五、公共の用に供せられたるとき。

六、自作の場合になりたるとき。

七、賃借人耕作不能となりたる場合。

第七條：前の場合、當事者の一方は解約の通知を受けたる日より十日間以
內に其の異義を申出でざるときは、賃借地及佃寮、其他の附□物一
切を賃貸人に引渡すべきものとす。

第八條：賃借地に對する地租其他の公課は賃貸人の負擔とし、水租は賃貸人
の負擔とす。

第九條：磧地金（敷金）は金壹百圓也と定め、即日納入するものとす。磧
地金は無利子にて賃貸人之を保管し、契約除解の際賃貸人に支拂
〔ぅ〕べき、債務ある場合は之を充當控除し殘額を賃貸人に返還
するものとす。此場合は貸借人は還地及佃寮等の明渡を同時に爲
すべし。

第一〇條：賃借人は賃借地内に附屬する佃寮、圳路、堤防其他構造物一切
　　　　　の保全に努め、若し損害したるときは賃貸人に通知し、其の許諾
　　　　　を得て之が修繕を爲すべし、此場合は賃貸人に於て其費用の全
　　　　　部、又は一部を負擔するものとす。

第一一條：地力增進の爲め賃借地を加工したる場合は賃貸人に於て其の費
　　　　　用の全部、又は一部を負擔するものとす。但此場合は豫め賃貸人
　　　　　の承認を要す。

第一二條：返地の際は賃借人は第二期作より得たる藁の――を賃借地に於
　　　　　て賃貸人に引渡すものとす。

第一三條：賃借人は賃貸人に納付すべき借賃額範圍内の收穫物を濫に他に
　　　　　移動することを得ず。

第一四條：本契約の履行により紛爭を生したるときは小作協調會の調停を
　　　　　受く〔け〕るものとす。

第一五條：本契約に定める事項に就ては、民法による、民法に規定なき事項
　　　　　に付ては習慣に依る。

第一六條：本契約により生する一切の債務に關しては其保證人は連帶の責
　　　　　に任す。

第一七條：本契約の締結に付、小作協調會長を以て立會とす。

　　　　右契約を確保する爲め本書叁通を作成し、契約當事者及立會人署名捺印の上各壹通を
所持す。

　　　　昭和五年十一月十五日
　　　　　　新莊郡鷺洲庄三重埔字溪尾三七五番地

　　　　　　　　　　　　　　　　　　　　賃貸人　葉裕園㊞

　　　　　　　　　　　　　　　　　　　　葉水草㊞〔註198〕

　　　　　　新莊郡鷺洲庄三重埔字溪尾三七五番地

　　　　　　　　　　　　　　　　　　　　賃借人　葉玉簫㊞

　　　　　　新莊郡鷺洲庄小作協調會長

　　　　　　　　　　　　　　　　　　　　立會人　林田軍五郎㊞

〔註198〕葉水草：裕園同父弟。

附件一　土地表示〔註199〕

土地座落	地番	等則	地目	面積		摘要
鷺洲庄三重埔溪尾	六六		田	甲	一一八九	
仝	六五		畑		四九四一	
仝	六七		田		二〇〇〇	
仝	六七		田		〇二八〇	
仝	七三		田		一〇二五	
仝	七三		田		〇一九五	
仝	七四		田		〇八七五	
仝	計			一	〇五〇五	

七一、溪尾庄蓮谿葉志系古契（29）

土地共有權相續登記申請書　葉滄浪別支相續共有地文件〔註200〕

一、不動產表示：如末尾所載。

　　　　　　土地拾七筆。

一、登記原因及其日附：昭和貳拾年七月拾貳日相續。

一、登記之目的：共有權取得登記。

一、因相續所取得之持分比例

　　　　　　如申請人氏名頭書所載

一、課稅標準：六分之參價格金六萬壹千五百五拾圓。

一、登錄稅金：

〔註199〕 註194，土地之附表。

〔註200〕 （一）本契原件由八開二十二行箋寫成，尺寸從略，共占四大張，並帶附件二紙。（二）原件如題為「共有土地」之相續以及提出向土地銀行設定抵當之上手字。但由其內容以及共有關係，並徵引關係（見附「關係世系表」），探討。概見原件係前揭系列契券之葉滄浪長子，裕園與次子水草之共業地繼承字。此中，裕園原為滄浪之長子，但因長兄捷報，並為繼有本（又名原本）次子最生之清梨所出，以捷報為長，且為嫡長子。唯捷報雖娶妻鄭氏，未有所出，本人即告失踪，鄭氏守節始終，滄浪乃以長子裕園出繼，為長兄立後。並將所擁有土地十七筆，分株為六，畀與六分之三云，並見臺人雖在日人占據之下，仍遵守傳統，重視宗祧與嫡長之一例。之後，裕園再傳三子，至此，以本身亡故，遺下株分六分之三，乃復由三子平分。但未見傳統方式之「鬮分字」，其餘情形，亦未從獲悉。（三）原件在代理人名下，蓋有卯型與圓型小印各一。部分增删之文字上面，亦蓋有圓型小印。並在連接附件一之間與騎縫部分，各蓋有「臺北縣政府」之方型大印，各邊6.2公分。

　　　　謹呈
臺北縣政府　　公鑒
新莊郡鷺洲庄三重埔字溪尾

　　　　　　　　　　　　　七拾壹番　　　　六一號
一、畑　壹分四厘八毛〇糸
　　價格：金　　二、八〇〇圓
　　同所　　　　　　　　　七拾貳番　　　　六二號
一、田　壹分七厘四毛五糸
　　價格：金　　三、四〇〇圓
　　同所　　　　　　　　　七拾九番　　　　二二五號
一、田　五分貳厘九毛〇糸
　　價格：金　　一〇、四〇〇圓
　　同所　　　　　　　　　七拾四番　　　　五七六號
一、田　八厘七毛五糸
　　價格：金　　二、〇〇〇圓
　　同所　　　　　　　　　七拾五番　　　　五七七號
一、田　壹甲〇分七厘三毛五糸
　　價格：金　　二一、四〇〇圓
　　同所　　　　　　　　　七拾六番　　　　五七九號
一、畑　壹甲壹分六厘四毛〇糸
　　價格：金　　二三、二〇〇圓
　　同所　　　　　　　　　六拾五番　　　　五八〇號
一、畑　貳分八厘壹毛〇糸
　　價格：金　　五、六〇〇圓
　　同所　　　　　　　　　六拾六番　　　　五八一號
一、田　參分參厘貳毛〇糸
　　價格：金　　六、六〇〇圓
　　同所　　　　　　　　　七拾參番　　　　九八一號
一、田　壹分〇厘貳毛五糸
　　價格：金　　六、六〇〇圓
　　同所　　　　　　　　　六拾七番ノ壹　　一、一八三號

一、田　貳分〇厘〇毛〇糸
　　價格：金　　四、〇〇〇圓
　　同所　　　　　　　　　　　　　七拾參番ノ壹　　一、一八八號
一、田　壹厘九毛五糸
　　價格：金　　三〇〇圓
　　同所　　　　　　　　　　　　　六拾五番ノ壹　　一、六六七號
一、畑　參厘〇毛五糸
　　價格：金　　六〇〇圓
　　同所　　　　　　　　　　　　　七拾壹番ノ壹　　一、六六八號
一、畑　壹厘參毛五糸
　　價格：金　　二〇〇圓
　　同所　　　　　　　　　　　　　七拾六番ノ壹　　一、六六九號
一、畑　壹分〇厘參毛〇糸
　　價格：金　　二、〇〇〇圓
　　同所　　　　　　　　　　　　　四參貳番　　　　三一五號
一、田　貳甲壹分六厘〇毛五糸
　　價格：金　　二七、七〇〇圓
　　同所　　　　　　　　　　　　　四參參番ノ貳　　一、三〇五號
一、田　參分壹厘七毛五糸
　　價格：金　　六、二〇〇圓
　　同所　　　　　　　　　　　　　四參貳番ノ壹　　二、一五五號
一、道路　五毛壹糸
　　價格：金　　一〇〇圓
　　合計：金　　拾貳萬參千壹百圓
　　六分之三價格：金六萬壹千五百五拾圓
一、添附書類：申請書副本壹通
　　　　　　　　委任狀壹通
　　　　　　　　戶口簿謄本壹通
　　　　　　　　戶口簿除戶謄本貳通
右記各項申請予以登記
　　中華民國參拾五年　　月　　日

新莊郡鷺洲庄三重埔字溪尾參百七拾五番地

亡葉裕園相續人

六分之壹　葉萬鎰

同所同番地

同

六分之壹　葉萬全

同所同番地

同

六分之壹　葉萬領

同所同番地

右葉萬領親權者　葉李氏換

臺北市太平町參丁目百參拾四番地

右代理人　徐慶忠㊞

附件一　登記濟證〔註201〕

各地番之登記番號及順位番號加註 在上附書類各不動產表示下			
申請受附年月日	中華民國卅六年九月三日 中華民國　　年　　月　　日	受付番號	第壹佰玖參號
登記濟　㊞			

附件二　抵當權設定登記〔註202〕

地名	土地番號	登記番號	順位番號	申請書受附年月日	昭和　　年　　月　日
溪尾	自七一	六一、六二、五七六、五七七、九二番		受附番號	中華民國卅六年九月三日壹伍玖肆

〔註201〕附件一為連接註199原件之「登記濟證」，受附番號壹伍玖參號，時日人雖已投降而為吾民國卅六年九月三日，並蓋同前之「縣政府」大印，但原件十六開用紙，格式仍沿日人之舊，作文字之修改使用，尺寸從略。

〔註202〕附件二為註199之相續登記同時，以其中之十四筆土地，持向臺灣土地銀行，設定抵當權之「登記濟證」。蓋訖一原件曾言：「昭和二十年七月十二日相續」，但受附番號壹伍玖肆號，登記原因為民國卅五年拾貳月貳拾日設定云。概見此一「典權」之設定，似係業主葉裕園死後，萬鎰等三人，乃於設定抵押後，再提出業主權之保留繼承性質。

至七六	五七七		登記權類者ノ氏名住所	臺灣土地銀行
七九	二二五			
六五	五八〇		登記名義人ヵ多數ナル場合ニ於テ其一部ヵ登記義務者ナルトキハ登記義務者ノ氏名住所	蔡萬鎰外二名
六六	五八一			
六七／一	一一八三			
七三／一	一一八八			
六五／一	一六六七		登記原因及ビ其日附	中華民國卅五年拾貳月貳拾日設定
七一／一	一六六八			
七六／一	一六六九		登記ノ目的	根柢當權設定
共拾四筆			登記濟　印	

附共有權關係世系表〔註203〕

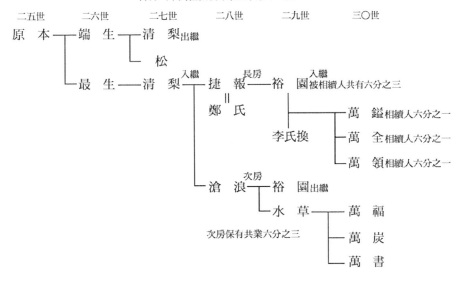

二五世　　二六世　　二七世　　二八世　　二九世　　三〇世

原　本──端　生──清　梨出繼
　　　　　　　　└─松

　　　└─最　生──清　梨入繼──捷　報長房──裕　園入繼被相續人共有六分之三
　　　　　　　　　　　　　═鄭　氏
　　　　　　　　　　　　　　　　　　　李氏換　　　┌─萬　鎰相續人六分之一
　　　　　　　　　　　　　　　　　　　　　　　　├─萬　全相續人六分之一
　　　　　　　　　　　　　　　　　　　　　　　　└─萬　領相續人六分之一

　　　　　　　　　　　　　└─滄　浪次房──裕　園出繼
　　　　　　　　　　　　　　　　　　　└─水　草──┌─萬　福
　　　次房保有共業六分之三　　　　　　　　　　　├─萬　炭
　　　　　　　　　　　　　　　　　　　　　　　　└─萬　書

〔註203〕附世系表係參閱前揭「志系世系表」製成。

蓮溪葉氏之渡臺與祭祀田之探討
——從族團共同信仰之淵源試論
其祭祀田性質

一、緒　論

　　清代臺灣之開發，在進入嘉慶、道光之間，由於土地之開墾，已漸趨於穩定狀態，其在乾隆以前，渡海入墾海島之漳、泉移民，亦早已繁衍為複數以上房份〔註1〕。由此，一單系之家族，在衍分為多系之家族之際，常於分爨時，預先抽起若干業產，設立公業或為蒸嘗，藉以維持其祖之祭祀，應為後期臺灣之眾多「祭祀公業」，濫觴之始有其俑〔註2〕。再溯其鴻，當係演變於祖籍地漢人

〔註1〕按清代之臺灣，初於康熙二十二年進入清之版圖後，原置一府三縣。迨及雍正間，除原有臺灣、鳳山、諸羅三縣之外，於原諸羅縣內增設一縣曰「彰化」、一廳曰「淡水」。迨及五年，又增「澎湖」一廳。是為一府四縣二廳之始。又次及嘉慶十五年，由於蛤仔難平原之置廳，成為一府四縣三廳之建置。其間，若由雍正元年（1723），迄嘉慶十五年（1810）止，其間亘歷八十八年，世以三十年為一世，折中二十五年為生育之年。準此即乾隆中、末葉之四十年代以前移民臺灣之夫妻檔移民，在臺經二十五年以上，其由衍番而為複數房份之出現，自為當時之趨勢也。並參閱《蓮谿葉氏家譜》。

〔註2〕參閱《臺灣私法物權編》第四章第六節引六三、五二、四二、二三、四三、二二號諸鬮約字。此中五二號契「鬮書字」有云：「崎瀨仔園一坵，明丈一甲二分，北勢溪埒園一坵，共二坵，俱配為輪流祭祀之業。」頁1626。見《臺灣文獻叢刊》一五〇種（以下簡稱《文叢》）。

社會之「祭田」而來〔註3〕云。此間之史家，已不乏著論〔註4〕。

　　唯臺灣之此種「祭祀田」，或迨及日人入據臺灣以後，為管理之目的，加上固有名詞而為「祭祀公業」者，在個人多年來所接觸之鄉野資料間，亦見若干將祭祀田之建立，委寄於非血裔之共同信仰，某一特定人格神之上。然後，再將血裔之祀，以從祀或別祀方式，完成其祭祀行事者，成為以祭祀田為組織諸會中，甚為稀少之例，遂引起探討之興趣。此一個案，則為今淡水河左岸，隸三重市轄下舊名溪尾庄之蓮溪葉氏一族之四個祭祀體情形。

　　溪尾葉氏之先，渡臺自福建廈門之蓮坂，舊名嘉禾嶼蓮坂仙岳社一帶。溪尾開族，始於乾隆十五年（1750）。其後，由於臺北盆地之進入全面性開放，而有祖籍地之同血緣族支五十餘房份，相招引渡臺，始以溪尾為倚附，然後，分別定居淡水河流域之數處聚落，傳衍其族。由此，其族在溪尾而言，雖有聚族之實，卻未合居。唯獨於「祭祀田」之建立，以及「族譜」之修，見其統宗而已。

　　其次，個人在今夏，因前在五年前，曾預此一葉氏之譜局，忝為總纂，從而於大陸之行時，數詣葉氏發祥地之蓮坂、仙岳二社訪尋，對於蓮溪之地理形勢，以及其一族之分佈情形，增進實地之瞭解同時，獲知溪尾葉氏祭祀體之共同信仰對象，在蓮溪祖籍地亦同樣享有祭祀之情形。抑有甚者，此項共同性信仰之享祀者，於目睹之現象似有過於血緣享祀者之上，受其族人之重視。蓋閩南在彼岸於七十年代之文化大革命當中，不但族姓之祖祠、壇廟、祠宇均毀於人為之破壞。神主、偶像、祭祀設施，亦被毀棄已盡外，氏族賴以紀其傳世，宗族活動諸記錄之族譜，亦被燒毀殆盡〔註5〕。

　　蓮溪之情形，自亦同此劫數。唯以蓮溪葉氏之情形而言，共同信仰之享祀者祠宇，在可見之範圍，今雖已重建修復，血緣享祀者之宗祠部分，卻至今猶任自傾圮。又次，此行復至禾山烏林地方，於雜亂之工寮所在，找出一方被翻

〔註3〕《臺灣私法物權編》第四章第六節六一號契咸豐四年「鬮書字」云：「同立鬮書人張乾、張坤二房，長房乾已棄世，傳下長男名廉叔侄二房，竊以禮詳祭義，詩列蒸嘗，上自天子，下及庶人，莫不以此為重；是故王者藉田必親耕，卿士圭田必特賜，祀事之大，由來舊矣！我叔有鑒於此，因存公田一甲三分三釐一絲，以為永遠祭掃之資，祖考罔極之深恩，庶得報於萬一焉！」見頁1641。

〔註4〕參閱程大學《祭祀公業問題之初探・參・沿革》，見《臺灣文獻》三十六卷第三、四期合刊。

〔註5〕參閱唐羽《移民的跳板、尋根的門戶（廈門）》。見《自立晚報》七十七年十月三日本土副刊。

倒棄置之葉氏二世祖十三郎（頤）之墓碑。始知該處原為一林木蒼鬱之墓園，為葉氏蓮溪開基之祖塋，亦仍毀而未修。此種厚彼而薄此，雖曰時勢使然之作法，然豈無悠久之其他基因，滲雜於人心哉。

蓮溪渡臺之葉氏，由清中葉繁衍至今，已為茂族矣。然而在溪尾之情形，亦始終未有宗祠之建，而祭田之立，由通過共同信仰之非血緣享祀者而立。個案之原因何在？亦頗耐人尋味。至此，個人乃就多年來，蒐得之各種文獻記述、墓誌、行狀、族譜、契券等，持與相互比較，理出本文，為初步之探討。除首從族系之出，提出若干質疑外，次就共同信仰之由來，末即以渡臺之族系，試論四個祭祀田之建立，為其斷代。並期從中找出傳統漢人社會之信仰方式，在臺灣之情形，唯著述止於調查而已。內容之充實，猶待方家之指正與後日之有期。

二、葉氏之得姓與臺灣之葉氏

（一）葉氏得姓源流

葉氏之得姓來源，若據宋紹興間《吳郡葉氏世譜》序文之說云：

> 葉氏出自姬姓，周文王子武王同母弟聃季之後〔註6〕。

蓋武王之有天下，封聃季於沈，沈在汝南，後人因以為氏。世次莫可紀，至其裔孫尹壽為楚惠王令尹，族人尹射、尹戌，皆相繼仕於楚。尹戌之子諸梁，字子高，是為葉公，平楚難有功〔註7〕。其後，葉公退老於葉，更以地為姓，自別為沈，是為「葉」為姓之始，時約為春秋之末年〔註8〕。

至於「葉」之為地，在後之南陽葉縣〔註9〕。其字之本音，《唐韻》作「與涉切」，讀為「涉」。《集韻》為「失涉」，音「攝」。傳及後世，始轉讀為「枝葉」之「葉」，為其音變〔註10〕。世乃以望出下邳、南陽，遂以望為其郡號〔註11〕。

〔註6〕《蓮谿葉氏家譜》：唐羽輯校〈宋紹興吳郡葉氏世譜序〉，見卷一，頁7。74年。

〔註7〕按《史記·卷四十楚世家》：葉公救楚在惠王二年云：「會葉公來救楚，楚惠王之徒與共攻白公，殺之。惠王乃復位。」《世譜》之作楚桓王，當為楚惠王之誤。見《史記》新校本，頁1718。

〔註8〕《蓮谿葉氏家譜》，並參閱《史記·十二諸侯年表·魯哀公十六年》。

〔註9〕《讀史方輿紀要》卷五一「河南六南陽府葉縣」條：「春秋為楚地……楚遷許於葉是也，秦曰葉陽，漢為葉縣，屬南陽郡……。」六十一年新興影印刻本，頁1079。

〔註10〕參閱楊緒賢《臺灣區姓氏堂號考·葉氏》，頁250。省文獻會六十八年。

〔註11〕同註10。

其次，葉氏之登上歷史舞臺，若由出現於正史人名列傳為探討，猶在唐、宋以後，其族人之派別在宋以前，非但難考，且尚屬稀姓之列〔註12〕。

（二）臺灣葉氏之概略

葉氏之為姓與族裔在臺灣，若據《臺灣省通志・氏族篇》之說，其在全省姓別順序為第二十位〔註13〕。此項資料來源，係以戶數為準之統計，所論資料來自民國四十二、三年間，各縣市填寄之調查表〔註14〕。

其次，再徵引民國四十五年全省戶口普查之資料，雖統計方式與依據不同，其姓氏順序卻降為二十二位〔註15〕。迨及近年之較新資料，亦言序次大姓列二十二位〔註16〕云。概見後者二十二位之說，殆無庸置疑。

但前述序次列二十二位之葉，係包括臺灣葉氏之總口數而言，此中，涵蓋之範圍，又可分為祖先來自福建之閩南、廣東之客籍，臺灣光復以後，先後由大陸各省分，前來臺灣定居者，以及部分臺灣之山胞，以葉為姓者在內〔註17〕。唯本文將討論之葉氏，係以清代來自閩南之葉氏當中，出自同安縣之蓮溪一支為對象，並非通姓之葉氏概括在內，則其族之口數多寡，尚待異日別為統計。

三、蓮溪葉氏之入閩分衍與渡臺世系

（一）入閩與族譜之質疑

渡臺蓮谿葉氏之源流，若據後世其族人所使用之堂號，題曰「南陽堂」〔註18〕。說明其源係出南陽之宗。至其禰遷之地，又言為：「同安縣嘉禾里」亦即後之廈門云〔註19〕。由此，今若據渡臺葉氏子孫所抄存，各房之不同殘卷，加以考訂後之《蓮溪葉氏本紀》有云：

〔註12〕據梁啟雄《廿四史傳目引得》：葉氏族人名字之見於正史，始於唐葉法善，而唐得一人，宋得十三人、元得二人、明得二十七人，計四十三人。
〔註13〕《臺灣省通志・卷二・人民志氏族篇》，頁22下，「葉姓」。
〔註14〕同註13，頁22上。
〔註15〕陳紹馨、傅瑞德《臺灣人口之姓氏分布：葉氏》。五十七年亞洲學會中文資料研究中心。
〔註16〕參閱楊緒賢《臺灣區姓氏堂號考：葉氏》，頁250。
〔註17〕按前揭註15資料：全省葉氏人口（口卡四分之一）外省籍未計為18,490人，乘之以四，當為73,960人。
〔註18〕（一）參閱楊緒賢《臺灣區姓氏堂號考：葉氏》，頁250。（二）唐羽總纂《蓮谿葉氏家譜》參閱。
〔註19〕同上《家譜》卷一，淡北葉氏原籍作：「福建省泉州府同安縣二十三都瑞德鄉嘉禾里變連堡蓮坂仙岳社」。

始祖文炳公，字晦叔，號五郎。祖居北京河間府，生三子，顏、頤、顥。長次皆不仕，三子顥，宋紹興中登進士第，宦遊京師。時遭金虜南侵，朔地雲擾，議欲遷而避之未得其寧止之方。顥之友，監生劉上舍，清漳人也，指示其途，遂舉家依焉。甫二歲而五郎卒，卜地於龍溪縣平和里葉浦社塋墳，葬畢，有同安縣嘉禾嶼往吊者，遂招與之移居於同，囑其次子元淵偕往瞻之。道其鄉山川仁厚，稱形勝之地，乃將原買五郎墳塋祭掃之資辭去，移居銀邑嘉禾嶼浦源之左，……是歲隆興元年（1163）正月念日也。次年，將市木築室，術者云：「浦源平陸，不如蓮坂寬曲，背有余山起伏……左右龍虎，盤環交會，中有蓮溪清勝尤珍。所云：『三公不以易也』。」於是銳志而經營之，築居於同。落成之日，乾道乙酉年（1165）菊月既望也〔註20〕。

以上記述，據其譜上之題名，係出自宋王十朋之手。真譌雖待考正，見於文字之年代，大致可信。蓋隆興、乾道，皆為宋孝宗之年號〔註21〕。故由文中記述論之，概見葉氏一族之入閩，為始於葉文炳，原籍河間府人氏〔註22〕。於宋、金之際，避亂入閩。

然而對於上述記述中，將葉文炳列為南遷之祖，葉顥列為文炳之第三子一事，則存在頗多問題，無法解決。

此中之原因，係蓮溪葉氏之譜，曾言其祖文炳：「任晉江主簿，歷閩縣丞……官至奉議郎〔註23〕。」此一記載與人物之出身而言，應與出自宋真德秀所撰《通判和州葉氏墓誌銘》之墓主：「葉文炳」者同屬一人。其文云：

公姓葉氏，諱文炳，字晦叔，世家河南，後有以客省使刺泉州者，過浦城，睹山川秀異，因居焉。……登淳熙甲辰第，調晉江簿〔註24〕。

此間，非但名諱、取字相同，「世家河南」，亦與「河北河間」，以及任官晉江之說法，相同或語氣相類似，證其同出一源。唯若據此相同而認為此一「調晉

〔註20〕前揭《蓮溪家譜》卷一「源流」：《蓮溪葉氏源流》與《蓮谿葉氏族譜：環公支譜》重訂稿。唐羽校訂，77 年 4 月。

〔註21〕隆興：始西元 1163 年至 64 年；乾道：始 1165 年至 73 年，明年改元淳熙。齊召南《歷代帝王年表》參閱。

〔註22〕河間府：《方輿紀要》卷十三「直隸河間府」條：天寶初為河間郡，乾元初為瀛州。宋大觀二年，升為河間府。見頁 275。

〔註23〕前揭《蓮谿家譜》卷三，世譜一世始祖文炳條，頁 163。

〔註24〕真德秀《西山集》卷四十六〈通判和州葉氏墓誌銘〉。見《四庫·集部》一一七四冊，頁 740。商務印書館景印全書本。

江簿」之葉文炳，即為葉氏入閩初祖？而與「任晉江主簿，歷閩縣丞」之葉文炳為同一人。求之其他事跡，前舉《墓誌》曾言：「登淳熙甲辰第」，亦即舉進士在宋孝宗之淳熙十一年（1184）甲辰科。又言「疾終，實嘉定九年（1216）十月二十日、年六十有七」〔註25〕云。準此，《墓誌》所言葉文炳，當生於孝宗紹興十八年（1148）戊辰。

唯其《蓮溪本記》曾言：文炳之三子顒，宋紹興中登進士第。其後，且於乾道二年（1166）拜相〔註26〕。此一葉顒，當為二年拜相，三年十一月，以「郊祀雷」罷相之葉顒〔註27〕。《宋史》曾有列傳，諡為「正簡」，傳作「興化軍仙遊人」〔註28〕。前引《墓誌》復言，葉文炳在嘉定四年（1211），知仙游縣時，曾「像故相葉正簡公於學，與蔡忠惠並祠〔註29〕」。已見此一「葉文炳」之為蓮溪葉氏之入閩初祖，以及宋故相葉正簡之父輩云，實已無法成立。至於言其「姓名、取字、任官、里籍」偶同，即亦不免牽強。

（二）定居於嘉禾嶼蓮溪

然而蓮溪之葉氏，其族系與宋相葉顒之關係，亦非殆無淵源，或文獻之根據。蓋蓮溪本宗之禰遷祖，應為〈緒言〉所提，葬於廈門烏林之十三郎頤為始。唯頤在史書，尚乏佐證資料外，其與葉顒之關係，亦待時日求證。但《族譜》曾言：「頤，行十三郎，字子平，為蓮溪之開基祖。……子二：長元潾、次元淵。」為「行十四郎」，顒之兄。

由此，元潾、元淵二人，自為葉顒之姪。因持之求諸史料，則其事猶見於《宋會要輯稿》《職官志·乾道二年（1165）》條云：

> 是歲五月，……葉顒任元潾，請求周良臣贓事，下臨安府送獄勘
>
> 鞫……〔註30〕。

此一官方史料，可證其瓜葛之事實以外。其次，復求之私家記載，則宋楊萬里

〔註25〕同註24。
〔註26〕按《宋史》卷二一三〈宰輔表四〉：乾道二年丙戌（1166）十二月甲申，葉顒自參知政事除左通奉大夫、左僕射、同平章事兼樞密使。頁5573。又參見前揭《蓮谿家譜》「蓮溪葉氏源流」，抄本作《葉氏本紀》。
〔註27〕《宋史》，卷三十四，孝宗紀二：「十一月癸酉，以郊祀雷，葉顒、魏杞並罷。」頁641。
〔註28〕《宋史》，卷三八四，〈葉顒傳〉。見新校本，頁11819。
〔註29〕同註24，〈墓誌銘〉。
〔註30〕《宋會要輯稿》卷一一、四二一職七八之五一乾道二年條，頁4201，世界書局景印。

《誠齋集》，有一〈宋故尚書左僕射贈少保葉公行狀〉，文中提及元潾於慶元三年（1197），請求楊萬里撰行狀，向朝廷請諡事云：

> 公葬後二十有八年，元潾敘公之言行，以書抵萬里曰：「元潾先伯父，
> 應諡不可不請，非行狀何以請。」〔註31〕

據此資料，對於元潾與葉顒之關係，係屬齊衰以內之親，殆無容疑以外〔註32〕。葉氏一族，就蓮溪之譜而言，應亦始於元潾父子，較為有足信者。

（三）蓮溪葉之分衍與渡臺世系

葉元潾曾於紹熙初，出知昌化軍時，從邦人之請擴建昌化軍新學〔註33〕。並與楊萬里同官於曲江。死後，葬於嘉禾嶼，事見《鷺江志》云：

> 宋葉元潾墓在古樓徑旁，石勒官榮二字，相傳宋丞相陸秀夫所贈。
> 元潾為宋丞相葉禺（顒）之姪，才能科□，又詩：「百年骸骨表榮名」
> 之句〔註34〕。

《鷺江志》此一記載，似本於早期蓮溪家傳之「十五郎元潾行實」。且錄有「陸君實詩一首」於譜上〔註35〕。元潾自應為蓮溪葉氏之祖。

葉氏奠基之蓮坂蓮溪，地理位置，後出之《廈門志》有詳細記述云：

> 蓮溪在城東北，出洪濟山，經蓮坂社，達筼簹港入於海〔註36〕。

指出其溪係由嘉禾嶼洪濟山發源，流向筼簹港之半途。至於洪濟山則為嘉禾嶼諸山之冠，上有方廣寺，山南又「和尚石」。明代蓮溪十三世裔葉普亮，曾有詩刻其中〔註37〕。

蓮溪周圍由於土地平曠，且近於海而兼有魚米之利。故明代李賢祐於景泰二年（1451），遊嘉禾嶼，曾撰一《蓮溪志》貺葉氏族人，文中有云：「蓮溪一帶，肥田沃土，寬而厚也。雲頂仙岳，回拱環衞，垣固而聳也，……族

〔註31〕 楊萬里《誠齋集》卷一一九行狀〈宋故尚書左僕射贈少保葉公行狀〉。見《四庫·集部》一一六一冊，頁508。商務景印全書本。
〔註32〕 李子冀〈五服圖解〉：本族之圖參閱。見西南書局景印元刊本。
〔註33〕 王邁《臞軒集》卷五〈序記〉：〈昌化軍修軍學記〉。見《四庫·集部》一一七八冊，頁508。商務景印全書本。
〔註34〕 周凱《廈門志》卷二分域略一墳墓引《鷺江志》。見《文叢》九五，頁70。
〔註35〕 前揭《蓮溪家譜》附錄〈元公行實（二）〉。又，陸丞相詩一首云：「分憂為主逐紅塵，矢志回天不憚行，萬里河山尋淨土，百年骸骨表榮名；天寒水冷魚龍泣，雪暗風霾鴻鷹驚，□得重與綸八旅，掃清羶穢恨方平。」見頁176。
〔註36〕 前揭《廈門志》卷二分域略，山川，頁32。
〔註37〕 前揭《廈門志》，頁20。

載千家，……富甲禾島之英〔註38〕。」蓋紀實也，並見其地之宜衍宗族。

葉元潾傳下六子，為作球、挺、有功、國良、勉功、六郎等，分為六房份。此六房份在分爨後，各擁有一個房號，而傳衍或禰遷之情形，製成表格可得如次：

蓮溪六房分衍表

三世	四世	房號	分衍情形
元潾	作球	長房	作球八傳至十三世真祖遷漳洲充龍社，號龍山葉氏〔註39〕。
	挺	大厝份	傳至十八世分衍漳州、溫州、湖廣等地〔註40〕。
	有功	三房份	傳至十一世以後無考〔註41〕。
	國良	學裏份	再傳至二十四世、二十五世、二十六世裔，部分遷居臺灣北路〔註42〕。
	勉功	門口份	再傳至十二世遷鷺廈，二十一世有八支渡臺居竹南〔註43〕。
	六郎	安宅份	再傳至二十一世、二十二世部分遷臺分居臺灣南北路〔註44〕。

上述六房之中，安宅份在降及十三世時，曾再分為六支，長子廣民，字普惠，為仙岳西份；次子廣厚，字普隆，為塾裏份；三子廣禎，字普祥，為東山份；四子廣熙，字普亮，為官廳份；五子廣孚，字普忠，為仙岳東份；六子廣由，字普道，為枋湖份。並以各宗支分居之仙岳、西廓、東山、枋湖、後坑、嶺下、嶼後、竹坑湖、西林、西山、埭頭、浦南、雙涵等為十七祖社，連同母社蓮坂，共十八社而有十八鄉正派同堂之稱〔註45〕。

並且，在降及清代中葉，臺灣之開發推及淡水廳之臺北盆地以後，上述十八社之部分族人，相率渡臺加入墾耕，成為蓮溪一族在臺之開基。

〔註38〕輪山李先生《蓮溪志》，作者題云：「戶部員外郎通家眷生李賢祐」，時在「景泰辛未春二月」。見《家譜》卷一「源流」，頁十三。按：李賢祐，同安人，見民國《同安縣志》。
〔註39〕據《蓮溪家譜》附錄〈龍山續修家乘小引〉，頁177。
〔註40〕據《蓮溪家譜》卷二世系。
〔註41〕據《蓮溪葉氏資料》二十九世廈門蓮坂葉東榮整理。
〔註42〕據葉金全「蓮溪葉氏家譜輯本」。蓮溪二十七世葉金全輯。
〔註43〕同註42。
〔註44〕同註42。
〔註45〕據「蓮溪葉氏資料」二十九世廈門蓮坂葉東榮整理。

附見於蓮溪葉氏家譜之上代

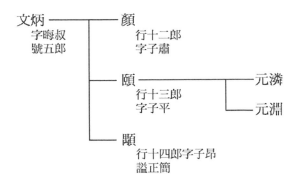

四、葉煌山之渡臺與入墾溪尾

　　清代之臺灣，在早期之康、雍年間，由於地廣人稀，草萊初闢，因而招徠閩、粵沿海人民，相率渡臺，加入墾耕行列，已見於早期之公私史料〔註46〕。唯就南陽葉氏之裔，以來自同安一地者而言，最早可溯及康熙末年，葉仲勤之入墾彰化〔註47〕。其次，又有葉雄一支，入居臺灣北部〔註48〕。

　　但葉仲勤之系出，其名並未出現於蓮溪之譜，推之當非蓮溪之後。至於葉雄一支，雖為系出蓮溪，其渡臺係來自金門山云〔註49〕。疑係上代分自蓮溪之十八鄉社，其族久遷，世系亦未見於蓮溪流傳之譜。由此，有譜可稽之蓮溪族人，持譜之記載為資料，要以安宅份二十一世載泰於乾隆初年，率其嫡長子煌山，渡臺居諸羅縣之瓦厝庄為其濫觴〔註50〕。迨及稍後之年代，由於北路淡水廳之開發，已普遍擴及臺北盆地。二十二世葉煌山乃於乾隆十五年（1750），以二次移民方式，入墾淡北興直堡。

　　葉煌山，諱燕，字坤山〔註51〕。又次，煌山亦作皇山，見於《臺北縣志》。其入墾之地在內港二大溪之南溪，今淡水河流域左岸之溪尾一帶，當

〔註46〕沈起元《條陳臺灣事宜狀（雍正□年）》：「昨聞之王鎮云：近日臺民比前加多幾倍，……所以禁愈嚴而人轉多……」。見《清經世文編選錄》，頁4。《文叢》二二九。
〔註47〕參閱楊緒賢《臺灣區姓氏堂號考：葉氏》，頁250。
〔註48〕參閱楊緒賢《臺灣區姓氏堂號考：葉氏》，頁250。
〔註49〕據葉金全《蓮溪葉氏家譜輯本》。蓮溪二十七世葉金全輯。
〔註50〕見《蓮谿家譜》卷三世譜廿一世載泰條。頁168。按「瓦厝庄」地名有二：今嘉義縣竹崎鄉瓦厝埔，舊名竹崎庄其一也。又，太保鄉過港村舊名瓦子厝其二也。參閱《省通志》疆域志嘉義縣竹崎鄉與太保鄉「疆域沿革表」。
〔註51〕同註50，「家譜」。

時尚屬草萊之區，地為武勝灣社番所有。分為竹圍子莊與溪尾莊二部分，在臺灣光復後，劃分為永安、溪尾、慈化三里〔註52〕。《臺北縣志》曾紀其開闢之經過云：

> 永安里：緣吉祥語立名。為昔日後竹圍子莊地區，乾隆十五年，同安縣龍美社人林姓開闢。……溪美里；以昔日溪尾莊得名。以溪尾不雅，乃改稱溪美。乾隆十五年，同安縣雙連保二十三都連板仙岳社人葉皇山開闢，地處小溪下游，以名。慈化里：以觀音大士廟得名。亦昔日溪尾莊地區。乾隆十五年，同安縣仁德里十二都英倉社人汪昌、汪麟兄弟開闢〔註53〕。

由以上三里之記述，窺見當年之開墾，係屬林、葉、汪以三姓之同籍人聯手入墾之性質，各自劃分部分土地。就行政區言，在淡水廳時代是劃分為「城北兼東興直堡十九莊之三重埔莊〔註54〕」。東臨大河，西鄰武勝灣，北接洲仔尾，南連車路頭、下竹圍等地，位淡水河本流舊「內港二大溪」之北岸，而與鄰近地區，形成一純同安人為主之聚落。

乾隆三十年代，興直堡所屬三重埔莊乃至武勝灣莊一帶，若由現存契券之書字窺看，尚屬旱作之埔園地帶〔註55〕。但在三十一年（1766）以後，由於泉籍業戶張源仁聯合武勝灣社社番開鑿海山大圳，並由通事瑪珓具名，負責由新莊以北至二重埔之水圳，為新莊東北向之扇狀平原增置一大水利設施〔註56〕。使流路所經之地，土地獲得改良。且亦重大改變下游三重一帶，土地之農業收益。次則圳路之延長與地區農耕作物之改變，亦造成葉煌山在其間崛起之契機。

〔註52〕按葉坤山於乾隆三十四年所立「杜賣根字」上面蓋有「業主：三重埔庄章天圖記」一方。四十六年由署名「武勝灣社」所立「墾佃字」云：「立招墾佃批人武勝灣社業主章天」字樣，並蓋同上圖記。參閱唐羽《溪尾庄古契彙編（上）》一號、四號二契。見《臺北文獻》直字第七十九期。

〔註53〕盛清沂《臺北縣志·卷五開闢志》第二十七，三重鎮永安、溪美、慈化等三里條，頁45。

〔註54〕陳培桂《淡水廳志·卷三建置志》，街里條：城北兼東興直堡十九莊條參閱，《文叢》一七二。

〔註55〕據乾隆三十四年「延長永安陂水圳合約字」，見同註52《古契彙編》二號契。

〔註56〕參閱尹章義《張士箱家族移民發展史·第四章》，頁142。又，《淡水廳志》卷二水利條：「永安陂（又名張厝圳）在海山堡……圳長三十里。……灌溉海山莊及擺接堡之西盛。……興直堡之新莊頭，二、三重埔等田六百餘甲。」頁74。

　　前言葉煌山之入墾溪尾係乾隆十五年（1750），因由《世譜》推算，時年十八歲〔註57〕。其後，直至中年以次，最早於三十二年（1767），始娶當地番社潘姓社番之女鶯娘為妻。《世譜》云：

> 妣潘氏諱鶯娘，煌山公之妻。生於乾隆十八年癸酉（1813）三月初四日未時，卒於道光元年辛巳（1821）……享壽六十九歲。子二：
> 長增專、次增德〔註58〕。

潘氏之生在乾隆十八年（1750），唯其下嫁漢人之葉煌山，並為葉家產下長子增專，據其家傳之《抄譜》云：「二十三世增專，生於乾隆戊子年十二月一日……」，戊子亦即乾隆三十三年（1768）。是年，葉妻潘氏為年十六而已。因而其娶最早應不過於三十二年以前。

　　清代對於漢人之婚娶番婦，原列「邊禁」之一，定有重罰〔註59〕。但葉以甘冒不韙而娶番婦，已露出其身家處境。另外，葉之經濟環境而論，其於三十四年（1769），曾將「明買過埔園壹段，……問與族姪葉智蔡養觀二人合買，……價銀伍拾大圓正〔註60〕」，而顯見經濟之一斑。但迨及三十七年（1772），由於三十四年前舉三重埔庄眾曾向永安埤水主張廣惠給買水源，分撥三重地區之旱園成田。圳路必由武勝灣北勢社邊埤田經過，並攔拾埤底田中水尾入圳，以致屢被社番阻塞，庄眾無奈乃前來央求煌山與社番潘煥章等勸解買願，永勿阻塞得以圳水長流。交換之條件為庄眾等願將除買水主張廣惠水源甲數外，餘拾社番埤田水尾源流批約，付與煌山收取租費，作為酬山辛勞〔註61〕。此一由葉煌山出面；漢、番糾紛之能順利運行。在可窺之範圍，應與調解者與潘姓社番之間，具一重通婚關係以致。

　　「水尾收租」之事，迨及三十九年（1774），由於水主之提出爭執，認為葉煌山出租「水尾權」係屬違法，但仍念「山為通庄向番懇求息爭」，並為息爭而「向張華日」者，借取「番劍銀三十大元盡付烏有，無可清還」，因由公親黃尚叔向墾主張廣惠從中提出銀三十大元與葉煌山，以為「息爭」時代墊之使費〔註62〕。唯灌溉之能順利運行，係由葉煌山辛勞，故在小小之溪尾庄地

〔註57〕據《家譜》生於雍正十年壬子（1732）。
〔註58〕《蓮溪家譜》卷三世譜廿二世妣條，頁169。
〔註59〕《清會典》臺灣事例吏部處分例邊禁（禁娶番婦）：「乾隆二年（又）議准：臺灣漢民不得擅娶番婦。違者……各杖九十。」《文叢》二二六一，頁27。
〔註60〕見註52葉坤山所立「杜賣根字」。
〔註61〕據乾隆三十九年三月葉坤山立「退約字」。見《古契彙編》三號契。
〔註62〕據乾隆三十九年三月葉坤山立「退約字」。見《古契彙編》三號契。

區，無異已將其由一平凡之墾戶，提升為地方「頭人」之列。

五、學裏份與安宅份族人之招引渡臺

清人之領有臺灣，由於屢施嚴屬之「渡禁」，在降及清乾隆初代以後，渡臺之方式見於史料者，如十三年（1748）閩浙總督喀爾吉善之奏云：

> 奸民偷渡過臺，一由內地客頭之包攬；一由在臺回至內地民人之接引〔註63〕。

又次，福建巡撫潘思榘之奏云：

> 臺灣北路，多有漳、泉之人在彼搭蓋寮廠，招夥養鴨〔註64〕。

復次，三十四年（1769），閩浙總督崔應階之奏云：

> 臺灣流寓內，閩人約數十萬、粵人約十餘萬，而渡臺者仍源源不絕〔註65〕。

由以上文字論之，清人雖在乾隆一代，仍一貫執行各種「嚴定偷渡來臺灣奸民治罪之例」〔註66〕。實際卻已無法徹底制止移民之渡臺。

此種偷渡者在臺，若以葉煌山入墾之興直堡一帶而言，係地處臺北盆地最大河流內港大溪之流域，成一扇狀之地帶，早期除農耕以外，養殖業中之「搭寮飼鴨」，亦為此一地區未佔有土地者，主要出路之一。由此，自從葉煌山以後，自嘉禾嶼之蓮溪本籍，相率湧入臺灣北部之葉姓各支族人，就大抵以血緣與地緣之關係，來臺以後即以溪尾為僑居之地，或先移居溪尾，然後，再向周圍之扇狀地區找尋可耕地，或以傍流養鴨為其出路。此中之著者，如溪尾與下溪尾二地〔註67〕、和尚洲之水湳〔註68〕、二重埔之頂崁〔註69〕、三重埔之後埔〔註70〕、更寮之鴨母港〔註71〕、八芝蘭之公館〔註72〕、浮線〔註73〕，以

〔註63〕《清高宗實錄選輯》，乾隆十三年閏七月初五日，《文叢》一八六，頁69。
〔註64〕《清高宗實錄選輯》，乾隆十四年四月初六日，頁74。
〔註65〕《清高宗實錄選輯》，乾隆三十四年十月二十五日，頁198。
〔註66〕前揭《會典·臺灣事例》海防，頁30。又，《高宗實錄選輯》乾隆三十五年五月廿四日諭「溫福請嚴定諭渡臺灣奸民治罪之例」，頁205。
〔註67〕盛清沂《臺北縣志》，卷五，「開闢志」。
〔註68〕水湳：今臺北縣蘆洲鄉水湳、水河、保佑三村一帶。
〔註69〕頂崁：今臺北縣三重市二重里之地。
〔註70〕後埔：同上德厚里，舊名後埔。
〔註71〕鴨母港：同縣五股鄉更寮村。
〔註72〕公館：今臺北市士林區公館里，舊名公館地。
〔註73〕浮線：同上中洲里一帶：舊名為浮線。

及擺接堡之江子翠〔註74〕、滬尾之沙崙仔〔註75〕等，皆有蓮溪族人之分布，成其放射狀之展開。

如此，計自乾隆中葉迄於嘉慶年間，就現存各支族譜記載，以及其間成立之祭祀公業名冊等為資料統計，單舉蓮溪十八鄉社之學裏份與安宅份二支，即有五十二房遷居於臺北盆地，乃至部分移居中部地區。另外，又有早期由蓮溪移居鷺廈之門口份後裔八支，入墾竹南，以及更早期遷往龍溪充龍社之長房作球後裔，亦有數支入居臺灣。

此種含有某程度，相互倚附之移民方式，若將之易成表圖，將更容易了解其中之瓜葛關係。下表僅將以溪尾為中心之學裏與安宅二房份渡臺情形，列表如次（見附表）。

今由以上關係表來看，渡臺之蓮溪二房族裔，學裏份以次之渡臺，大致在廿三、廿四、廿五、廿六各世之間，並且上代之排行越小，就輩份越高。又次之安宅份，因係季房六郎之後，傳世更晚，渡臺族裔，渡臺族人大致維持其輩份在廿一世迄廿三世之間。此種代遠而輩份相差懸殊之例，閩人謂之「屘房出叔公」，或「論輩無論歲」。另外在渡臺之行動上，以及定居之地緣上，均維持在期功或五服之內。並且，可由此服內之血族集團，再追溯五代前乃至十代前之共祖關係。概見蓮溪葉之此種渡臺方式，頗符合前引喀爾吉善所云：「偷渡過臺⋯⋯一由在臺回至內地民人之接引」。以上，再推及「期功強近之親」，亦為乾隆中葉以降，移民方式，似已不再限制於早期之個人行動、兄弟檔方式。

復次，蓮溪一族之「相接引」渡臺，非但由關係表可窺其內容，其在渡臺以後之若干年代，復有祖籍地共同祭祀在臺延長建立，更值稍作深入之探討。

六、蓮溪祖籍之共同信仰渡臺先賢之崇祀

蓮溪葉氏主要二支之族裔，在乾隆中葉以次相引渡臺以後，迨及末葉以至嘉慶年間，由於在臺墾耕有成，漸次將祖籍共同信仰之祭祀，延長於臺灣而成立四個祭祀田來。此四個祭祀田，名為：葉蓮記、葉合記、葉孝記、葉順記等。此中，合記又有葉振合、順記又有葉本記之別稱，其原因似與成立時之客觀環境與推動之人事有關。但所奉祀之共同信仰，並非來自血緣之祖先崇拜，而是崇祀非血緣之康濟明王、劉府元帥、順德侯等三位古代之人格

〔註74〕江子翠：今臺北縣板橋鎮江翠里一帶，舊名江仔翠庄。
〔註75〕沙崙仔：今臺北縣淡水鎮沙崙里，舊名沙崙仔庄。以上八條，並參閱《省通志》臺北縣各鄉鎮疆域沿革表。

神，而劉府元帥又尊稱之為孝義侯。四會之中，蓮記與合記，奉祀同一康濟明王，分香為舊王與新王。第三會之孝記，奉祀孝義侯劉府元帥，最後之順記則奉祀順德侯。

臺灣在墾耕社會時代，由移民設立同一血裔為派下員之祭祀體，原屬淵源於古制之祭田而來〔註76〕。日人於光緒二十一年（1895）據臺以後，在臺灣進行舊慣之調查，並出現「祭祀公業」一詞，以泛指此項祭田。之後，日人姊齒松平著《祭祀公業及在臺灣特殊法律之研究》，文中有云：

祭祀公業，有將祖先之一人或數人特定為享祀者，以行其祭祀目的而設立者〔註77〕。

是為血緣關係之祭祀。其次又云：

又有以祭祀祖先以外其他享祀者為目的而設立者〔註78〕。

此二種不同性質之祭祀，前者為常有之例，後者則屬於稀見之例〔註79〕。但葉氏之族，宋建立祖厝之祠或共同之宗祠，為通族共同信仰，卻奉祀非血緣之人格神，其性質自屬於姊齒所論「稀見之例」。

蓋若欲據此「奉祀非血緣之人格神」，認為具有「神明會」之色彩，為之歸類〔註80〕。於葉氏之情形卻在奉祀該尊人格神以外，於祭典之際，又從祀所謂「渡臺先賢」之渡臺祖若干位書寫於「卷輻」上面，名為「先賢旗」云。顯然雜有若干程度之前者：「常有之例」。至於較後期見於官方之登記依據，至今尚在繼續蒐集以外，若據前述四祀中，部分自日據之民國二年（日大正二年）傳下迄今之流水「總簿」，扉頁雖書為「祭祀公業」而出現，內容部分，通常用於一般祭祀公業之「吃祖」，在此卻以「福食」見於賬目〔註81〕。祭典之後，又不同於一般神明會而有「分錢」之事，名「分去金若干」〔註82〕，含有「分胙」之義。從而「神明會」與「祭祀公業」之界線，十分昧諳。

此種特殊之傳承；「先賢旗」之從祀，似起於紀念渡臺之開基祖以外，主祀之人格神信仰，似與乾隆以前，蓮溪葉氏合族之不建立宗祠，具傳承與習慣

〔註76〕參閱程大學《祭祀公業問題之初探》。
〔註77〕姊齒松平《日據據時期祭祀公業及在臺灣特殊法律之研究・第二章》，頁9。《省文獻》譯本七十二年。
〔註78〕姊齒松平《日據據時期祭祀公業及在臺灣特殊法律之研究》。
〔註79〕姊齒松平《日據據時期祭祀公業及在臺灣特殊法律之研究》。
〔註80〕周宗賢《臺灣的民間組織・第一章壹神明會》參閱。《幼獅文化》七十五年三版。
〔註81〕祭祀公業葉孝記，大正二年至民國七十二年總簿，歷年流水帳「福食費」條。
〔註82〕祭祀公業葉孝記，大正二年至民國七十二年總簿：「分去金」條。

之深遠關係。蓋蓮溪之建立宗祠，時在乾隆以後。《廈門志》葉其蒼傳云：

> 葉其蒼，字子遠，號鴻齋，蓮坂仙樂人。雍正五年丁未歲貢，任連江訓導，在官十二歲，勤於勸課，寒士依為慈母，及歸，攀戀如嬰兒，歲時存問不絕。先是葉姓分南北房，不建祠，其蒼諭以「敬宗合族」之義，遂合建焉〔註83〕。

傳中所指「葉姓分南北房」，亦即蓮溪四世六房份時代所傳，仍族居蓮溪同安二十三都之仙蓮上堡與仙蓮下堡，學裏份與安宅份二支之謂。所謂：「不建祠」，雖非指摘其「不祀祖先」，或不重視祖先之祀。但「諭以敬宗合族之義」，「遂合建焉」，所指應係自葉其蒼以後，始有「宗祠」之建。

葉氏有此宗祠之建，若果以葉其蒼之提倡為始，即其建立之時代，當在「在官十二載」，致仕以後而降及乾隆之中葉以次。但前述三位共同神之信仰，在蓮溪祖籍地相傳已有數百年之久。其中之後二尊：孝義侯與順義侯，且有壇廟之建，見其信仰之根深蒂固。

蓮溪三尊主祀神祇之中，康濟明王之來歷，若據來自蓮坂族人之資料，云係「五代時之閩王王審知，因治閩有方，興修水利，有恩於民，俗稱王祖爺〔註84〕。」但王審知在臺灣而言，或稱為「開閩聖王」，為河南固始人，姓王名審知，字信通。因愛騎白馬，又稱「白馬三郎」，福建一般寺廟，尊之為「白馬尊王」〔註85〕。

其次一尊為劉府元帥，此神之由來為蜀漢後主劉禪之第七子，名諶，封北地王。於炎興元年（263），鄧艾破諸葛瞻於綿竹時，後主用譙周策，奉書欲降於艾，王殤國家之亡，力爭「背城一戰，同死社稷，以見先帝。」後主不納，王遂哭於昭烈之廟，先殺妻子而後自殺〔註86〕。蓮溪之葉，未知始自何時，敬其孝義，塑像崇祀，稱為孝義侯，或俗稱「元帥爺」〔註87〕。至今，蓮坂等地猶見其廟。

最後之順德侯，來歷尚待考正。蓮坂之資料云：「疑為惠德尊王」〔註88〕。唯若以客觀認為來自血緣之信仰，當以出於「沈姓」之「武德尊侯」，應較為

〔註83〕《廈門志》卷十二〈宦績葉其蒼傳〉，引《鷺江志》，頁476。
〔註84〕據前揭〈蓮溪葉氏資料〉。
〔註85〕（一）仇德哉《臺灣之寺廟與神明》二冊，頁61。開閩聖王王審知。（二）《新五代史·卷六十八閩世家第八王審知傳》，見新校本，頁845。鼎文六十五年。
〔註86〕《三國志·蜀書·卷三十三後主傳》引《漢晉春秋》參閱，見新校本，頁900。
〔註87〕據前揭〈蓮溪葉氏資料〉。
〔註88〕據前揭〈蓮溪葉氏資料〉。

接近〔註89〕。蓮溪之資料有云：

> 順德侯，疑為惠德尊王，俗稱北山宮，廟在莊北之北山宮。吾族四
> 世祖兄弟六人，在北山宮告神分家。因幼弟六郎出家為僧，將其應
> 得田產充為北山宮香火之資，成為一社壯觀之地，廟於日本侵佔廈
> 門時，被燒毀〔註90〕。

資料中之所謂「六郎」，亦即安宅份之祖。稽其原因，可溯及宋代而見於「十
五郎元潾行實」：

> 公生有子六，時以國朝武備無經，輒以丁多雄壯為保正，二丁者執
> 一，戎時皆患之。作球以開籍事謀兄弟，皆曰可。……乃相與詣本
> 邑山神祠祝而矢曰：兄弟今欲分開，願始以和字為心。但季弟葉六
> 在清漳南山寺披緇未回，合將舊有田盧，高下廣狹，均作六分。遂
> 同告官開作五戶圖書，叩言乞印，及公據畢，議將季弟一分充北山
> 神祠，因俗與淳熙八年閏三月初五告廟。將本神香火載歸別立神祠
> 於本社之北，亦曰北山廟，子弟份下田土充之。神誕之日，各房佃
> 客獻壽設有齋供，遂成一社壯觀之地〔註91〕。

由此綦深之遙遠關係，順德侯乃享有葉氏一族之俎豆千秋，血食不替，終至於
宗教信仰，加入倫理的關係。

除以上三尊神祇以外，初於乾隆初葉，葉煌山之父戴泰由蓮溪渡海來臺
時，曾隨身攜有上列劉府元帥神像一尊外，又攜有媽祖與土地公各一尊偕行，
其意顯見係欲藉媽祖之為「航海神」，庇祐其平安渡過臺灣海峽，而土地公即
係閩南人通俗之信仰，亦為土地之守護神而與墾荒營生，具密切之關係。此三
尊神像，其後均隨同葉煌山二次移民進入溪尾。但媽祖與土地二神，其後並未
設立祭祀體成為享祀者。

由以上諸神之與葉氏之悠遠關係，以及未建有祖祠之前，卻已立有各該
未具血緣之享祀者祠宇云，因而其族人在相引渡臺，復於墾耕有成之後，緣因
承受祖籍地傳統方式，欲將之延長於新墾之土地，似為當時設立祭祀田之基本
精神。唯其成立之過程，仍不免含有強烈血裔祖先之崇拜，卻由祭典之同時，
另外又舉行開拓先賢之「渡臺祖」祭祀，以及在「渡臺祖」名字之「先賢旗」

〔註89〕前揭《寺廟與神明》四冊二七「武德尊侯沈彪」，頁68。
〔註90〕前揭《蓮溪葉氏資料》。
〔註91〕十五即行實（一），見《蓮溪葉氏家譜》附錄，頁175。

上面，加上蓮溪葉氏之入閩初祖，「文炳公」書之於首位，可以看出。

七、溪尾莊蓮溪葉立四祭祀田之意義與實質探討

溪尾莊之蓮溪葉氏，在臺建立祖籍地共同信仰之三尊神為四個祭祀田，年代上大抵由乾隆末葉迄於嘉慶年間完成。但成立之確切時間，由於年代已遠，至今尚未能找出成立當時之原始資料，得深入瞭解其設立之內容。唯其來自現存「先賢旗」以及其他間接資料為參考，仍可循迹找出成立之層次，以及建立之意義。此中之建立層次，大致以蓮記、合記、孝記、順記此一時間之相先後。由此，下面且分二節，進行探討：

（一）康濟明王之奉祀與新舊二祭祀田之建立

前言康濟明王在溪尾葉氏族人之間，係分為舊王與新王二尊，此新舊二王，亦即說明新舊二個信仰群體之不同年代。新王所屬之葉合記成立在後，舊王之葉蓮記成立年代在先。再則「葉蓮記」三字之命名，亦含有濃厚代表其祖籍地「蓮坂」或「蓮溪」之「葉」此一意義。其次，若據口碑之說，在成立當時，並立有文字之合契〔註92〕。但因年代久遠，原始文件雖殆已失落，其成立年代在四會之中為最早一事，仍可由派下員之相沿系統、代數，以及先賢旗上面，曾列有初代入墾者葉煌山與學裏份二十四世之葉志光名字，可以看出。蓋葉煌山之事蹟，在前面已曾敘述，次之葉志光係二十五世原本、原龍之父，由二子奉母負其骸骨來臺，尊之為渡臺祖，昆仲合伙至嘉慶十八年二月，始在「族長」葉煌（坤）山見證之下，進行分鬮〔註93〕。由此，原本昆仲以其父名字加入祭田，則為時間之證明。

蓋此一時代，地方之開發尚處於草萊初闢時期，耘田、闢土、興築水利，尚含濃厚之初期移墾色彩，其在時代之意義上，頗與唐末五代，王審知之率眾入閩、治閩與「興修水利」，具相同之意義，且為祖籍地之原有信仰。從而在意義上更高於葉煌山一家由原籍請來之孝義侯劉元帥，因而獲得其他族人之認同，遂被奉出建立為首會祭祀田之享祀者，自亦順理成章。

蓮記組成時，共分為十份。其後，隨即醵金購置祭田，藉收益維持祭祀，規定不得增加與祭之成員。因此，派下員若有去逝者時，其份額則由死者之後人繼承，永久保持十位成員。每位成員擁有一份，傳子傳孫，而於若干年後，

〔註92〕報導者葉金全云：「渠曾於數年前尚看到合契」。
〔註93〕葉原本兄弟分鬮「鬮約字」，立於嘉慶十八年。見《古契彙編》四十一號契。

由於第一代成員相繼去逝，乃將之奉為「渡臺先賢」，將名記入卷幅，則為「先賢旗」之產生，互約永不得增損、更名以外，神誕之日，並列為從祀。此十位先賢之名字與墾地為：

> 貌生廿一世譜名繼貌，入墾二重。志光廿四世譜名志公，入墾溪尾下。燕山廿二世譜名煌山，諱燕，又名坤山、皇山，入墾溪尾頂。轉生世次待考，入墾浮線。恆山世次待考，入墾草山公館。樹生世次待考，入墾新莊。珠生廿五世入墾五股。佛生廿五世入墾五股。鉗生世次待考，又名合生、士咸、蚶仔等，入墾溪尾後竹圍。九重世次待考，入墾五股〔註94〕。

此中除四名世次不詳外，其餘六名，均自廿一世迄廿五世之間。並且，各來自不同墾地所在，質言之，非但代表十處「角頭」之跨聚落性。且亦結合學裏份與安宅份之成員在內，含有睦族之寓意，分別紀念其各支之渡臺祖。

但因參加祭祀田與出席上香、食福、分錢之成員，始終均圍限於此早期之十股，成十支直系傳承，亦不准分裂，增加。較晚期抵臺之蓮溪族人，以及來臺後由於分爨至衍為二房以上之宗人，除一子能繼承其「份額」以外，餘子即無法參與此一傳統之祭祀。顯著之例，若志光二子，原本與原龍之情形，二人原皆屬於渡臺祖，卻因奉父骸骨渡臺，至不得不屈居二世，而祭祀日只得一人列席。

其次，另一有力之刺激作用，則為設立蓮記公業田之十位族人，由於先後作古，名登「先賢旗」成為享有後人之俎豆血食，此種作法，毋異將開基先驅加以「神格化」手段。從而繼承之第二代成員即無此一優遇。因而稍後而有「合記」祭祀田之產生，而據置產契券之寫法，又作「葉振合」〔註95〕云，蓄意頗有再結合合族之力量，開創另一境界之義。

合記之成立年代，以及原始之契約，亦一如前舉蓮記，至今尚未出現。唯口碑之說，仍由一族宗人三十七人為發起成立〔註96〕。其中，且不乏名見於前揭「遷臺關係表」中之渡臺先驅。概見此一時期，仍屬開闢草萊之時代，且同樣共尊蓮記之享祀者康濟明王為主神，寓意其精神意義外，為識別時代與個體之不同，分香塑像名為「新王」。合記之先賢，名字見於先賢旗者，共舉三十

〔註94〕據「葉蓮記先賢旗」與葉金全調查「派下員繼承名冊」。
〔註95〕同治四年葉合本記承買楊家土地「找洗字」同治十年葉孝記、葉振合合買楊家土地「找洗字」。同治七年葉孝記、葉振合合買林家土地附件「鬮書合約字」等。見前揭《古契彙編》十六、十八、十七各號之契。
〔註96〕報導者葉金全。

七人，概見成立時為三十七份。其名字據「先賢旗」之順序，參酌調查資料所得為：

> 仕強世次待考。仕管廿五世入墾蘆洲南港仔。仕山疑為煌山。仕講世次待考。仕接世次待考。仕鶴世次待考。仕勇二十世入墾士林公館。仕招廿四世又名士昭、昭生，入墾溪尾。仕衆世次待考。仕參廿五世墾地待考。仕珠仕參之弟又名珠生，入墾五股。仕清世次待考。仕誌廿五世譜作志，入墾溪尾。三結仕誌子廿六世佃、血老、日等三人合為一份。仕爽世次待考。光印世次待考。仕菊世次待考。文魏廿四世居溪尾。仕供廿五世又名拱照，入墾溪尾。仕桃廿六世入墾林口。興旺世次待考。祖成世次待考。興宗廿五世入墾士林浮線。仕祿世次待考。向老廿五世入墾溪尾。意誠世次待考。杜仲廿五世入墾士林浮線。增向廿三世又名增要居溪尾。仕端廿六世譜名端生。復興廿四世譜名克己居溪尾。夸生世次待考。有本廿五世譜名原本，入墾溪尾。伯達廿四世譜名克立。三光廿四世居溪尾。仕點世次待考。興山世次待考〔註97〕。

上列先賢名字中，先是仕山疑為蓮記之燕山，亦則葉煌山其人。仕珠為蓮記之珠生。其餘仕管、仕勇、仕招、仕參、仕誌、文魏、仕供、仕桃、興宗、向老、仕仲等十人為已知之渡臺祖，三結為仕誌之長子以外，三個兒子之墾號。又次有本為蓮記志光之長子、端生為長孫。伯達、克立為葉煌山長子之後，三光為次子之後。其中之成員，已不乏渡臺衍生之第二代、第三代加入。實見此一「新王」之祭田，並非有意在與早前之蓮記別立門戶，而是以增份額另創機會，平均再次分配，使後至之同族墾荒者，既能側身開基先驅，而二、三世之新生代，亦得以參加傳統之祭典與分胙；神祇相同，分香塑像，同日祭祀，地點不同。雙方非但不產生牴觸，且可重疊加強親睦之力量。

（二）孝義侯與順義侯祭祀田之建立與意義

孝義侯與順德侯在蓮溪本籍，被葉氏一族奉為享祀者，前者雖乏年代可考，後者卻始於宋淳熙八年（1181），迨至乾隆末葉，已歷六百餘年。由此，其與已成立新舊二祭祀田之康濟明王，在崇祀之時代與精神意義，稍有不同以外，本無所謂孰輕孰重。《春秋傳》云：

> 夫民，神之主也，是以聖王先成民，而後致力於神。故奉牲以告曰：
> 「博碩肥腯，謂民力之普存也。謂其畜之碩大蕃滋也。謂其不疾瘯蠡

〔註97〕據「葉合記先賢旗」與葉金全調查「派下員繼承名冊」。

也。謂其備脂咸有也。」……「謂其三時不害，而民和年豐也。」……
故務其三時，備其五教，親其九族，以致其禋祀，於是乎民和而神
降之福〔註98〕。

應為傳統祀神之真正意義。

　　蓮溪葉氏之先後渡臺墾荒者，自從葉煌山入墾溪尾有成，踵而招徠同血裔
之族人，以點狀定居臺北盆地之若干所在，建立聚落以後，所謂三年成墟，五
年成市。經過乾隆之大半葉與嘉慶一代之經營，已將近七十年。故若以三十年
為一世，折中以二十五年為傳衍之年代，即自渡臺一世迄嘉慶末葉，第三代子
孫亦已分別長成，而基於枝分則葉茂，以及尚分而不尚合之家族傳統，在同一
時代已不斷出現兄弟、叔姪，進行鬮分而別立門戶營生之例。此一趨勢與現象，
非惟葉氏一族，在同莊之其他墾首之後；亦相同而「葉茂」至於「枝分」。

　　至於葉氏而言，學裏份之原本與原龍二支，為最大之強族，前者且於道光
間，入為淡水廳儒學訓導吳焯卿之幕賓〔註99〕。昆仲亦於嘉慶十八年（1813）
二月，進行首次分產，次及道光十八年（1838）正月，再分一次〔註100〕。由
此，在時勢需求之下，族人至再發展出另二個祭祀田，藉以容納由蕃衍而增加
之同血裔。

　　此二祭祀田之成立，由成員之年代推斷，要以葉孝記之奉孝義侯為享祀
者在前；其次，再設立葉順記而奉祀順德侯。蓋神祇之選擇，亦寓時代之意
義，至符合客觀之環境，此種選擇前已見於移墾期之康濟明王，奉祀而富有
建設性。至嘉慶中末葉，臺北盆地之墾耕時代已成過去，而進入守成時期。
大家族之衍分、分伙，固時代必然之趨勢，其在傳統之中國社會，「分家」之
事仍為眾所不願多見之事。是以古代之執政者，更定有成文法之規定，藉以
寓禁於刑。如《唐律》之凡尊長健在而「別籍異財」，「徒三年」〔註101〕。《明
律》則規定為「杖刑」〔註102〕。至於早期之臺灣社會，亦承受此一傳統，墾
耕有成則期保有幾代同堂，為一種美德與社會地位之提升〔註103〕。

〔註98〕《春秋經傳》卷二桓公六年，頁60，六〇年新興書局。
〔註99〕據《蓮溪葉氏家譜輯本》與〈葉有本墓碑銘文〉。
〔註100〕道光十八年（兄本弟能）「再新鬮分合約字」。見《古契彙編》十二號契。
〔註101〕長孫無忌《唐律疏議》卷十二戶婚。商務人人文庫。
〔註102〕薛允升《唐明律合編》卷十二戶婚上，頁252。商務五十七年《國學叢書》。
〔註103〕按早期之移民，對於「幾代同堂」之看法，其例常見於分產時「鬮約字」之
　　　　首云：「竊謂九世同居，公藝之遺風未泯；枯荊復茂，田真之盛事猶存。自古

　　孝義侯之祀在蓮溪曾設有祠宇，如其祠宇之一；「映蓮宮」且有對聯云：

　　　　映日旌常長昭孝義，蓮鄉俎豆崇祀君侯〔註104〕。

「旌」者「表」也〔註105〕。「常」，見於「舜典」之「慎徽五典」，《傳》云：
「五典、五常之教，父義、母慈、兄友、弟恭、子孝」〔註106〕。嘉慶十八年
（1813），學裏份之葉原本以儒生而取代已死之葉煌山為族長。因而在其見識
與推動之下，孝義侯為主祀之葉孝記祭祀公業；在時代與環境之需求中建立。
神祇之來源係由宅份前族長從原籍請來〔註107〕。並由繼起之新族長，將之組
成規模建立祭祀田，就更具有維護團結之意義。但此一孝記之組成，若由「先
賢旗」上面所列三十二人，依其順序，擱置名字難解者，餘加以考出則為：

　　　　仕寬待考。贊成待考。光顏待考。子而待考。要生廿三世溪尾。仕日廿六
　　　　世溪尾。金星廿七世譜名金盛溪尾。金波廿七世譜名波溪尾。光領待考。有
　　　　本廿五世溪尾。溪老待考。有在待考。媽生廿五世譜名振財溪尾。媽讚廿五
　　　　世譜名振美溪尾。生老廿六世。烏龍廿六世譜名明能南港仔大旗尾。磨石待考。
　　　　振提待考。天吉廿四世譜名克安溪尾。光貌廿一世繼貌二重。柳老廿四世下
　　　　竹圍。天鄰待考。昭生基隆。孔老待考。拱照廿五世溪尾。叔齊待考。光
　　　　魏廿四世溪尾。光惜待考。光房待考。天助廿三世蘆洲南港。光宜大稻埕。
　　　　光義廿五世譜名媽義溪尾〔註108〕。

由上列先賢名字之世次與居住窺探，三十二股份額之中，雖有十四股，尚難
考出〔註109〕。其餘之十八股，有十一股是在溪尾本地，蘆洲祇存二股，二重
一股，增加下竹圍、大稻埕、基隆等地各一股，餘不詳。另外，由列有三十
二股繼承派下員之「總簿」，統計出之分布地址，即為：溪尾一六股、蘆洲五
股、下竹圍三股、二重、基隆、臺北各一股，餘五股不詳。況且，溪尾之前
列十一股之中，仕日、金星、金波、星老同出「合記」三結之三代同堂〔註110〕。

　　　　先人創業，無不欲子孫世守相承勿替已焉。」抑或：「張公九世同居，陳氏七
　　　　百共食，我兄弟非不欲效之。」參見《私法物權編》頁1612、1615等契。
〔註104〕見《蓮溪葉氏資料》。
〔註105〕《廣雅釋詁》四：旌，表也。
〔註106〕《尚書孔傳》卷一舜典第二。見《四庫備要》，中華刊本。
〔註107〕參閱本文第六章末段。
〔註108〕據「葉孝記總簿（大正二年——民國七十二年）先賢芳名」與葉金全調查「派
　　　　下員繼承名冊」。
〔註109〕據同上〈調查表〉與《家譜》對照。
〔註110〕據《蓮溪葉氏家譜》卷二世系，頁99、122，志系。

媽生、媽讚、天吉、光義，則出於葉煌山長子增專之大家庭〔註111〕。觀此情勢，更意味渡臺墾荒者之子孫，至此已醞釀出由個數分裂為多數，至於從前跨聚落性之藉血裔團結，亦已呈現萎縮成為聚落性徵兆。

唯其族大而分，既屬必然之理，至有「五世而遷」之說〔註112〕。存留之問題，則為如何收族，以達到親睦之目的。於是順義侯之祀，再次被推出，圖藉以挽頹振廢。其事亦即「祖先故事」之重用。蓋前於第五章已引《十五郎行實》，上世六房份相與詣「本邑山神祠祝而矢曰：兄弟今欲分開，願始以和字為心〔註113〕。」之後，非但建立「北山廟」為其共同信仰。《行實》之末段更云：

> 分房之後，議將十三郎考妣原有蒸嘗田地，俱載鬮書與各房輪流追薦……甲、丙、戊、庚、壬屬外房；乙、丁、己、辛、癸係本房。……後之子孫支分疏遠者，亦要追思輪流如初。敢有廢墜失祀蒸嘗田業者，並告官以不孝從事〔註114〕。

由此，相傳抄而下之族譜紀述探記，概見在數百年後，順義侯之再被設立祭祀田，時代不同，精神與意義卻一脈貫通。順記之設立，原始文件，已失去向。唯在「先賢旗」上面，仍可列出三十名，其中，末後之三名，據云：係後來加上者，準此亦得二十七名為：

> 天赤廿三世南港仔。福生廿五世南港仔。殿老廿五世南港仔。光列待考。光成待考。恩生廿五世南港仔。元西廿五世南港仔。光富待考。堯老廿五世溪尾。能生廿五世譜名原龍溪尾。再生廿五世南港仔。向老廿五世溪尾。端老廿六世溪尾。福興廿四世譜名克己溪尾。有本廿五世溪尾。仕溪待考。含生又名士成、蚶仔、蚶生溪尾。順興廿六世溪尾。必達廿四世溪尾。文通待考。章遠待考。永成待考。樹林待考。仕發待考。仕永廿五世溪尾。清圳廿四世溪尾。肯來待考〔註115〕。

然則就此二十七名之分布，可見之地區不但只存南港仔與溪尾二地，成員之中，除去福興、必達、清圳三人為安宅份以外，其餘已殆為學裏份之派下云，非獨分配已失均衡，範圍亦更為萎縮，至於限於較近之地區而已。

〔註111〕 據《蓮溪葉氏家譜》卷二世系，頁112，煌山世系。
〔註112〕 參閱梁啟超《中國文化史·第三章·家族及宗法》，頁八。中華五十九年。
〔註113〕 十五即行實（一），見《蓮溪葉氏家譜》附錄，頁175。
〔註114〕 十五即行實（一），見《蓮溪葉氏家譜》附錄，頁175。
〔註115〕 據「葉順記先賢旗」與葉金全調查「派下員繼承名冊」。

但是上述孝記與順記,雖在成員與地域性方面,已不若早前之蓮記與合記。其在成立以後,雙方卻未形成對立或分有彼此,卻從道光二十四年(1844)十一月,合記與孝記共同購置祭祀田,以及保持共同契券一事,可以看出,祭祀對象之不同,亦未形成對立。反而持以宗族的、倫理的、通過信仰之力量為彼此之團結。抑或將祖籍地漢人之傳統方式,設法選用於臺灣。

八、結　論

綜合以上溪尾之蓮溪葉氏:家藏族譜、契券以及來自祖籍地蓮坂之資料,概見葉氏一族,初自其族之有譜開始,上世之部分,則存在諸多問題,尚待疏清。此中,最大之錯誤,存在於入閩初祖與二世之間。

蓋試以葉顒為例,楊誠齋之〈行狀〉,應為資料中之足為可靠者。舊時代國人治譜,譜中登載人物,常見之例:固有所謂「譜名」,使用不同於字、諱。但其排行與行誼等,即無以易位而有踪跡可尋,藉為糾正紀事之謬。誠然,則葉氏之譜在初祖之紀傳部分,已誤抄第三者之行誼為其入傳。毋奈譜之傳世,習慣已久,今後之修,或書或削,猶賴其人之取捨,為明智之抉擇而已。

其次,對於血裔之享祀者與非血裔之享祀者,兩者之間,初自宋代六房份分爨開始,界線之劃分,已缺十分明顯。此種悠遠之傳習,應為後世,血裔之祀,非血裔之祀,主賓易位之原因。

又次,迨及清之中葉,葉氏族人渡臺墾耕,由於傳統之習慣,對於前述二項之祀,界線既未分明,處於草萊社會時代;固知彼此均為同一共祖之後,但傳世已遠,血緣之號召,究不若非血緣之信仰,來得潛力十足,且可藉神庥,降福祐祥所處之環境。葉氏四個祭祀田之產生,至將二項之祭祀,混而為一,亦為客觀所見、表裏不一之原因。

最後,就其祖籍地之現狀而言,非血緣之壇廟,已見修葺,而血緣之祠,乃至於先塋之廢,卻仍未見有何措施,救於浩劫之後,似亦前項主賓易位之心理使然。何況,修血緣之享祀,須敘譜系,序輩份,認同血裔。唯非血緣之祀,究不若前者之須條件齊備。古人所云:「非其鬼而祭之,諂也〔註116〕。」血緣之祀,既有不可不慎者,「與其媚於奧,寧媚於竈」〔註117〕,寧非時勢之使然耶。

〔註116〕　《論語・為政篇》,孔子語。
〔註117〕　《論語・八佾篇》:王孫賈問孔子語。

其他參考資料

1. 蓮溪葉氏手抄譜
2. 載泰後裔手抄葉氏族譜
3. 蓮溪葉氏順淵公系家族譜
4. 二五世福生系生卒簿
5. 廿七世寬居由祖居抄回宗譜
6. 祭祀公業葉合記會員名冊（民國六十七年）
7. 江翠里蓮溪繼隆公派下薦祖簿
8. 大正十五年族譜毗對抄承私譜簿
9. 中洲里（浮線）葉氏手抄譜
10. 礁溪繼俊公派下系表
11. 蓮溪廿三世宏淵公系家族生辰譜
12. 江仔翠葉啟明治二三年相續戶籍臺帳
13. 廿五世渡臺祖拱照系神主抄錄簿
14. 蓮溪葉氏族譜環公支譜
15. 溪尾佛鎮葉氏抄譜殘卷
16. 溪尾汪氏族譜抄本

蓮溪葉氏發祥地廈門蓮坂遠眺

蓮坂葉氏聚落之一仙岳社

宋葉（頤）十三郎墓園毀於文革

十三郎墓碑被棄置一旁

近年由海外葉氏子孫重建之映蓮宮

仙岳社之集福宮內奉葉氏之非血裔共同信仰

葉志公二子原本原能興建之德茂居

建於臺北縣二重埔葉氏小宗祠堂

小宗葉經望祠堂

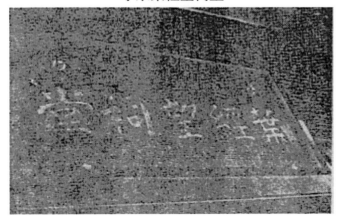

祭祀公業合記之旗幟

四房學裡份國良之後

註：最後一代表示各房之渡臺祖或再遷祖

十世	十一世	十二世	十三世	十四世	十五世	十六世	十七世	十八世	十九世	二十世	廿一世	廿二世	廿三世	廿四世	廿五世	廿六世	渡臺再衍概略
亮叔	采芳	惟永	厚詢	珏初	顯道	育華	世魁	武芳	宜質	茂正	日長	仲青	喬茂	大盛	珠	佛	渡臺再傳三房分居溪尾、蘆洲、三重、臺北等地
	禮芳	文艷	旺祖	純初	耀章	妙用	興羲	子仲	戴道	際立	旋修	媽生	義德	公受	□老		公受系渡臺居溪尾不許子孫居溪尾
			守蔭	朝支	蒼元	汝達	章煩	大秀	兆鳳	旋華	先庚	世拔		大德	媽生		偕兄渡臺居滬尾沙崙仔再傳三房
															媽吉		渡臺居滬尾沙崙仔再傳三房
												喬茂		大富	通殿	賢	喬廸系三子渡臺居蘆洲南港仔大旗尾養鴨
															管		喬廸系三子渡臺居蘆洲南港仔大旗尾養鴨
														大昭	志	文老	渡臺再傳四房居三重溪尾
															市	市	渡臺再傳三房居三重溪尾
														大桃	越		渡臺再傳三房居三重溪尾
															本	本	乾隆三十一年渡臺初居林口後遷臺北井仔頭街
															珠	參	
							富初	玉章	欽用	興俌	子權	時清	朝敏	旋萬	瑞鎮	維賢	則章	拱照
													佳仙岳		義逐	則昌	尚仲
															義典	寬裕	尚雪	尚用
															志公	原龍	原本	尚盛 舜
															佛老	堯老	向老	渡臺子孫分居士林中洲、三重溪尾以及嘉義
															開	向老		佛老與弟開之後，從兄弟渡臺子孫居溪尾
																坪老		渡臺有子孫居瓦厝庄
																營老		此二系渡臺子孫居三重溪尾
																媽生		本兄弟負父志骸骨渡臺居溪尾草厝巷二支再傳七房

左方附錄：

汝範 復熟 興動 經得 經鑾
汝繁 復抱 元輝 繼隆 經年
復光 興朝 繼韜 繼隆
　　 興科 繼俊 經喜
　　 興譚 繼向 經鑾
　　 　　 繼權 經墨

附二房份上代之關係

四世	五世	六世	七世	八世	九世	十世
國良	十九郎	六郎	廿六郎	卅八郎	招軒	亮叔
		十六郎	四十郎	五八郎	遠功	萬八郎
				大一郎	招	溁安

渡臺居板橋江子翠兄弟再傳六房
同上
渡臺居板橋江子翠再傳五房
渡臺居二重埔頂崁仔再傳九房
渡臺居二重埔頂巷仔口再傳九房
渡臺居二重埔后竹圍仔再傳二房
渡臺居蘆洲南港仔子經營再傳二房
兄弟三人渡臺子孫分居仔經營再傳五房，子進益再傳五房
渡臺再傳四房居臺北廸化街

助相

唐／羽

一、前言

二、立約之緣起

約束之內容與探討

三、結語

■溪尾庄衆守望相助公約

仝立禁約字與道保三重埔溪尾庄職員總理暨紳耆庄眾等竊聞官有正條民有私約我庄自昔稠居以來非不欲鄰里和睦共安無事之天第人類不

齊風俗為之一變則與其聽流弊於胡底就若申嚴禁於今茲爰是邀集紳耆庄眾公仝訂約立條規目禁以後惟祈出入相友守望相助庶上之科

條已布而下之禁約復行仁厚之風待以丕振於我庄矣仝立禁約字壹樣拾紙分執存炤并立條規開列於左

者均同公罰

一公議庄中置公館一所凡大小之事皆先集紳耆庄眾訂日在公館評斷曲直不得袒庇庄免強豹欺凌是非詞訟之輩如有事不先投明紳耆庄眾而遠自多放挾詞至生事端一好事控

一公議庄中或有匪人偷盜物件及園中五谷該總理紳耆庄眾等不論何姓何家均宜鳴鑼搜尋有窩藏搜出公罰加賠十倍等出外庄違者稟官究治

一公議庄中五谷竹物務應同心協力公仝守護不許私許鱷惡匪匪遶道者重罰如是鱷惡陰謀損壞不論何人何物均宜高聲疾喊公仝扭擎送官究治有一家不前者察出重罰

一公議庄中安份守已之人被賊供累并被人誣陷公具稟保結不得袖手旁觀以致分門別戶

一公議庄中或被強盜劫奪名家應執器械分途截伏有一家不前者查出重罰若被強盜賊傷者公仝延醫調治以瘥為度廢疾者公仝給養膳銀貳拾元斃命者公

給延祀銀肆拾元其銀庄中人等應當捐便付領不得挨延觀望希圖幸免

提供者:唐羽先生